U0534673

家國夢縈

——母亲廖梦醒和她的时代

李湄 著

人民文学出版社

图书在版编目 (CIP) 数据

家国梦萦：母亲廖梦醒和她的时代 / 李湄著 .—北京：人民文学出版社，2014
ISBN 978-7-02-010485-7

Ⅰ．①家… Ⅱ．①李… Ⅲ．①廖梦醒（1904 ~ 1988）—传记 Ⅳ．① K827=7

中国版本图书馆 CIP 数据核字（2014）第 285891 号

责任编辑 王一珂
装帧设计 柳 泉
责任印制 苏文强

出版发行 人民文学出版社
社　　址 北京市朝内大街 166 号
邮政编码 100705
网　　址 http://www. rw-cn. com

印　　刷 北京千鹤印刷有限公司
经　　销 全国新华书店等

字　　数 358 千字
开　　本 720 毫米 ×1020 毫米 1/16
印　　张 24.25 插页 17
印　　数 1—8000
版　　次 2015 年 1 月北京第 1 版
印　　次 2015 年 1 月第 1 次印刷

书　　号 978-7-02-010485-7
定　　价 46.00 元

廖梦醒（1981 年 10 月，香港摄影家陈复礼摄于北京。）

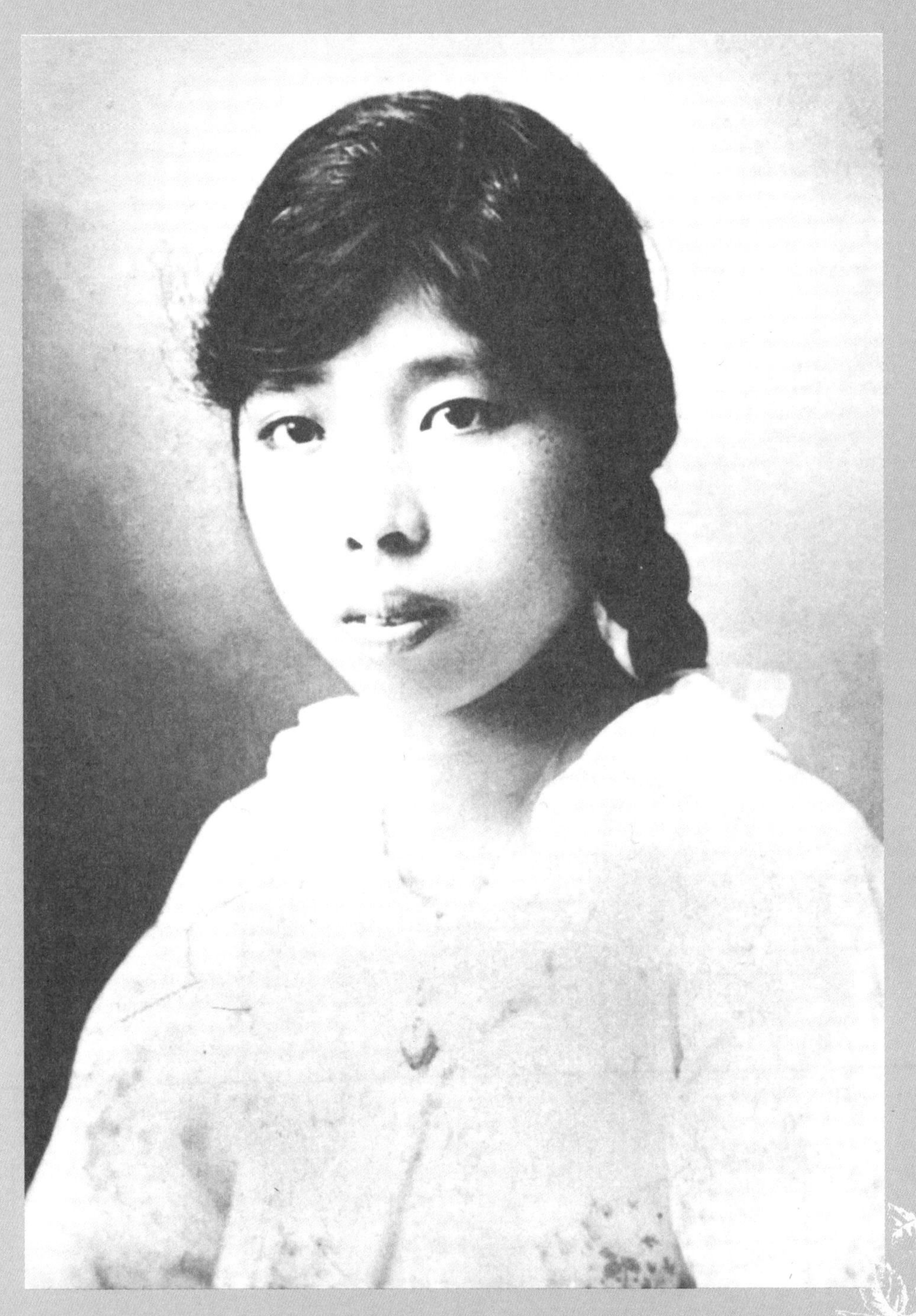

1922年9月1日，廖梦醒摄于广州

1929 年，廖梦醒摄于巴黎

1949年秋，廖梦醒参加政治协商会议时摄于北平

1959 年，廖梦醒第二次当选人大代表时留影

1977年，廖梦醒摄于上海

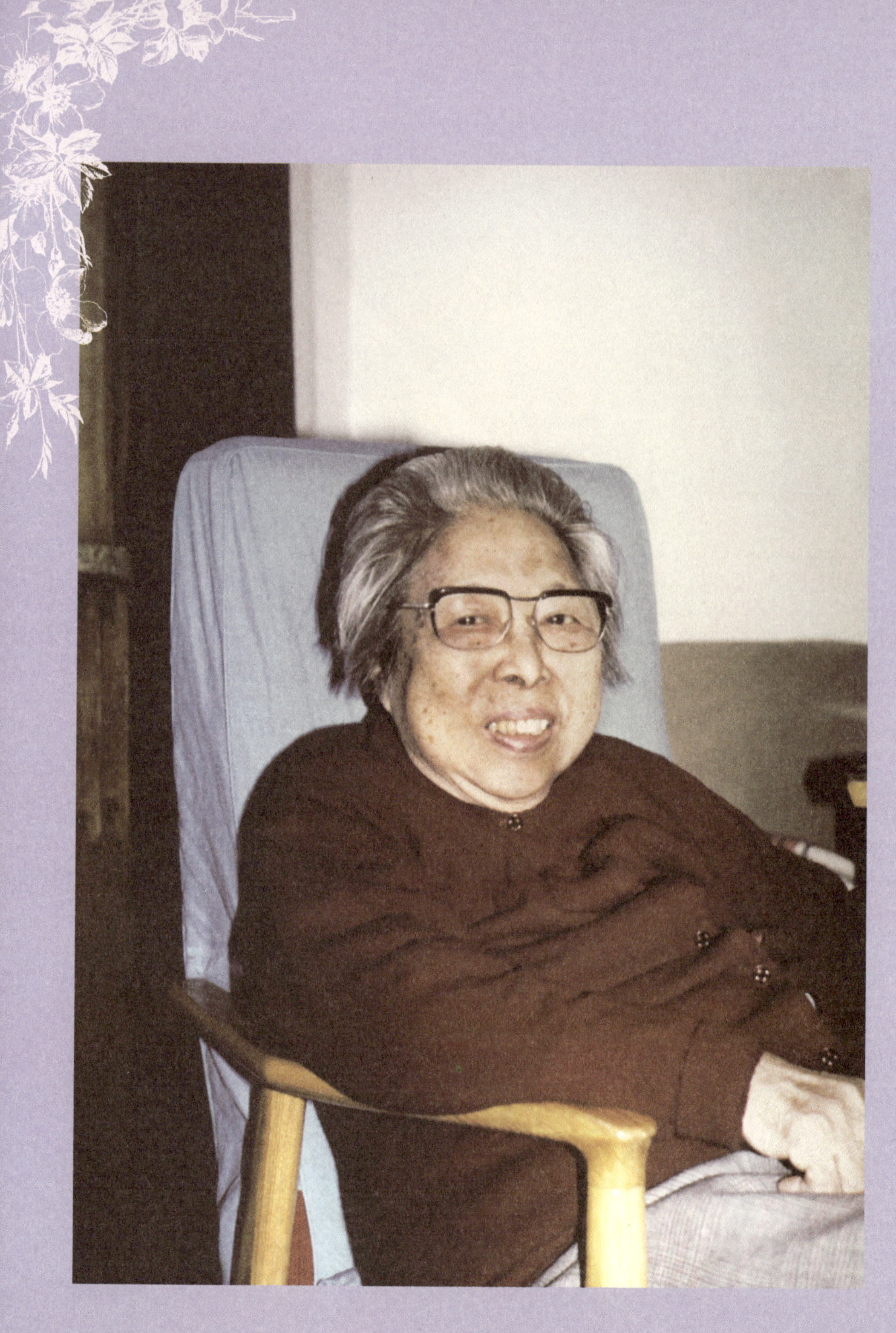

1984 年，廖梦醒摄于北京医院

1923 年，廖梦醒与廖仲恺、许崇清摄于日本热海

20 世纪 20 年代，廖梦醒与宋氏家族合影。后排左起：孙中山、宋庆龄、倪珪珍；后排右起：孔祥熙、宋蔼龄、宋美龄。前坐者为宋子文，第三排中为廖梦醒

1923 年 12 月 21 日，廖梦醒（孙中山左后）陪同孙中山（前排左一）视察岭南大学

1924 年 8 月 4 日，廖梦醒（左一）陪同孙中山步出黄埔军校

1945年8月，毛泽东、周恩来抵达重庆进行国共谈判。后排左一为廖梦醒

1949 年 8 月 28 日，宋庆龄抵达北平。左起：邓颖超、朱德、沈钧儒、廖梦醒、董必武、宋庆龄、李立三、陈其瑗

1950年，廖梦醒（右四）陪同宋庆龄（右一）视察东北

1960 年，宋庆龄、廖梦醒等在北京。左起：廖梦醒、邓文钊、宋庆龄、沈粹缜。照片背后宋庆龄写着："爱你 Aunty"

1988 年 1 月 18 日，廖梦醒遗体告别仪式在北京医院举行

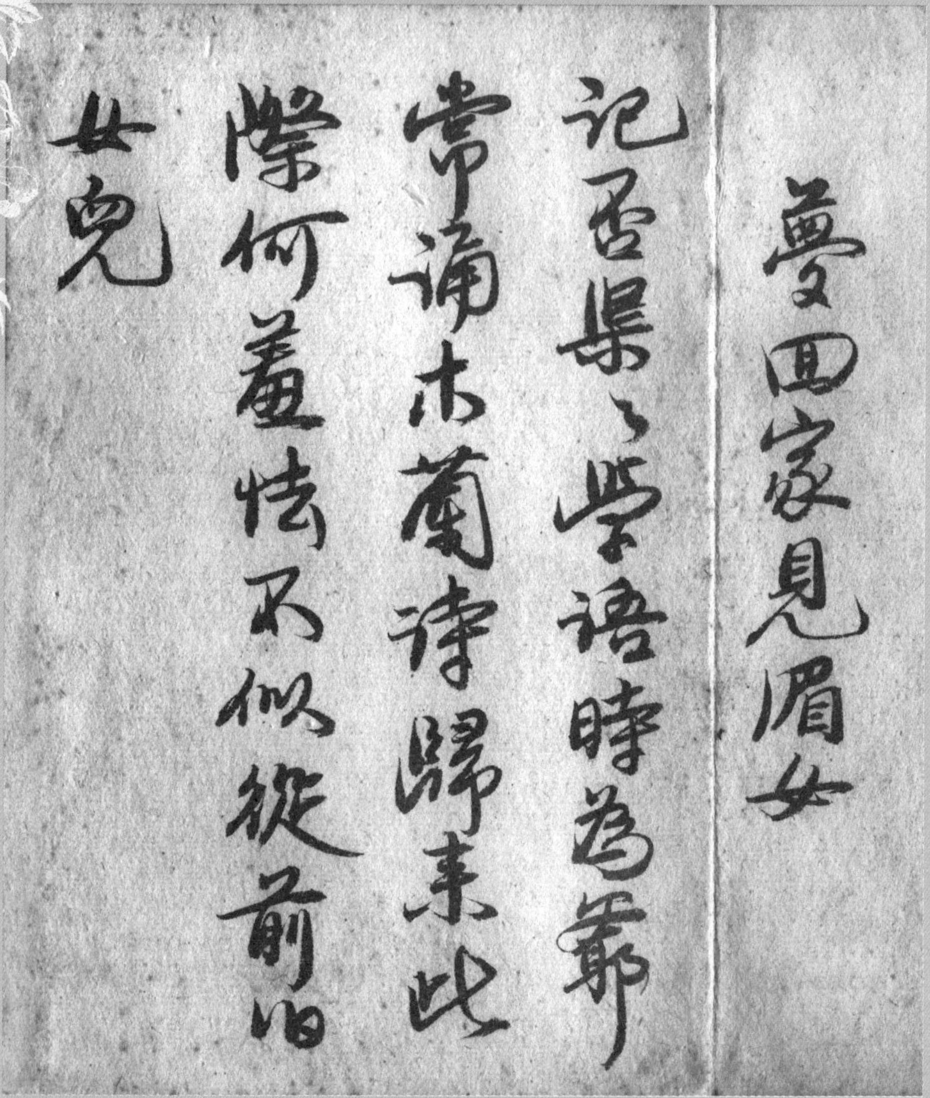

夢回家見湄女

記否渠渠學語時為爺
常誦木蘭詩歸來此
際何羞怯不似從前旧
女兒

廖梦醒录李少石诗作《梦回家见湄女》手迹

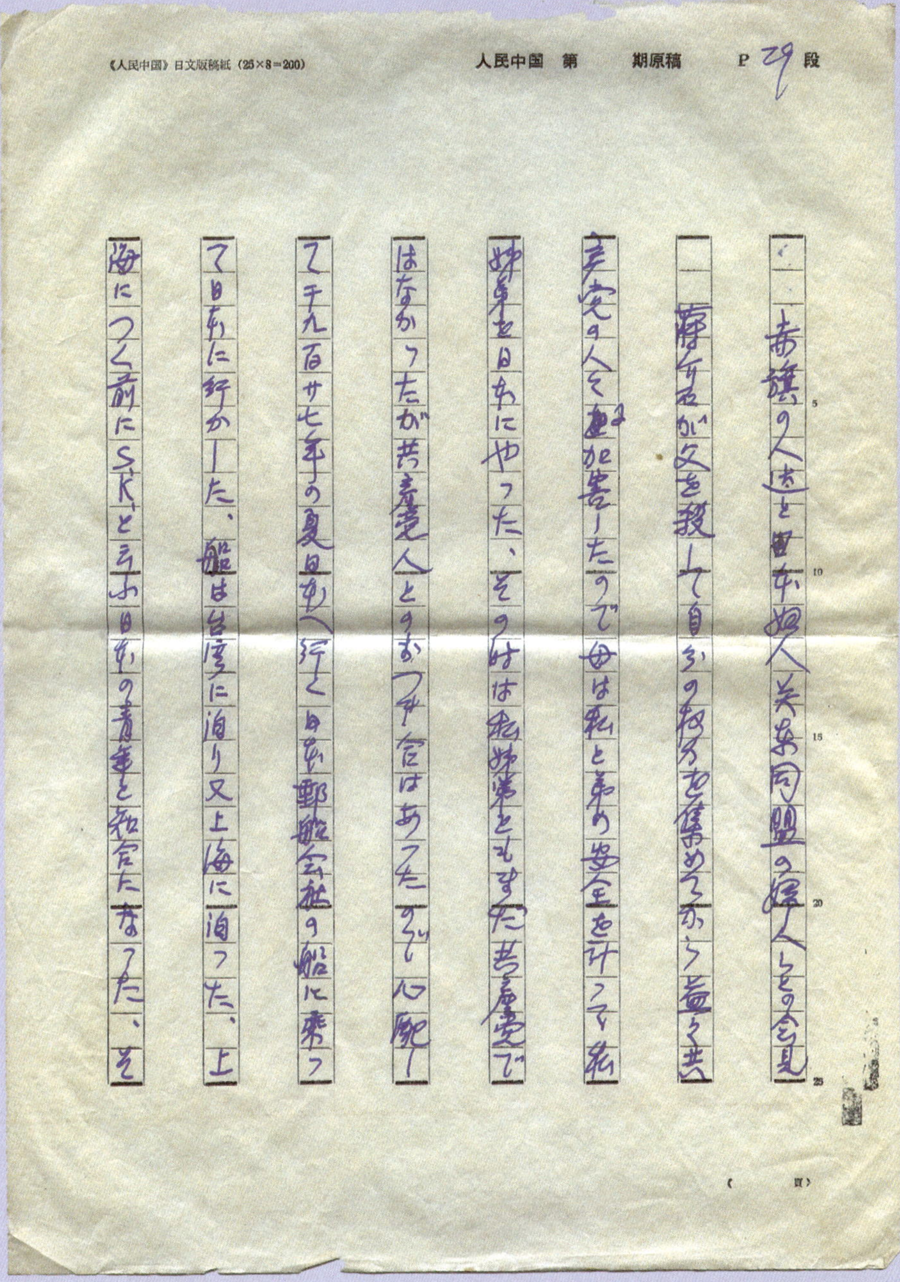

《人民中国》日文版稿紙（25×8=200）　　　人民中国　第　　期原稿　P 29 段

一　赤旗の人達と日本婦人関東同盟の婦人らとの会見

——蒋介石が父を殺して自分の勢力を集めてから益々共産党の人々を迫害したので母は私と弟の安全を計って私姉弟を日本にやった、その時は私姉弟ともまだ共産党ではなかったが共産党人とのおつき合はあったので心配して千九百廿七年の夏日本へ行く日本郵船会社の船に乗って日本に行かした、船は台湾に泊り又上海に泊った、上海につく前にS.K.と云ふ日本の青年と知合になった、そ

（　　頁）

廖梦醒为《人民中国》所写的日文稿件

Sunday

Dear Elsie & Eppie,

I am so sorry not to find you in having looked for the place for about 3 quarters of an hour, not remembering it any more in the dark. How have you been all these months? I'll try to drop in again another time but hope you will drop in at my place too & talk about old times.

With love to you both,

Your friend

Cynthia

How the baby has grown & so beautifully too!

廖梦醒写给爱泼斯坦和邱茉莉的英文信

目 录

香港老家族

1904年2月4日，我的妈妈廖梦醒在香港那打素医院出生。前一年，我的外婆何香凝曾怀过一胎，在日本流产，是个男孩。她怕再次流产，便回香港娘家待产。那时，香港人都是把产婆请回家接生，他们不相信西医。外婆因为在日本已接触到西方文化，所以去医院生产。外婆家附近有一家那打素医院，又名雅丽士医院，成立于1887年，属教会管理。尽管香港绝大多数居民是华人，但在英国殖民统治下，早期华洋界线分明，西医医院不收华人住院。那打素医院是香港第一家接收华人住院的西医医院，也是香港第一家产科医院。孙中山就是它附属的华人西医书院（现在的香港大学前身）的首届毕业生。

外婆和外公廖仲恺是1902年去日本留学的。外公就读于早稻田大学政治经济

19世纪末的香港

1904 年的香港那打素医院

学系，外婆就读于东京女子美术学校。他们在日期间结识了孙中山，受孙的影响，树立起推翻腐败的清王朝，振兴中华，唤醒中国睡狮的理想。因此，他们给自己的第一个孩子，我的妈妈，取名为“梦醒”。妈妈刚满月，外婆就返回日本继续学业，把我妈妈留在香港交给她的母亲陈二照管。

外婆的娘家在香港荷李活道。“荷李活”的英文，按现在的译法，就是“好莱坞”。香港的主要街道，大都以英国的王公贵族或香港历届总督的名字命名，偶尔也有很本土化的名字，可是极少与美国相关。

自从 1841 年香港被割让给英国变成商埠之后，广东许多人拥到那里“淘金”。外婆的父亲何炳恒（又名何载）就是这支“淘金”大军中的一员。初到香港，他在西区荷李活道祥发药铺当小伙计。香港人不信西医，有点儿头疼脑热，都是去中药铺抓药。药铺的顾客差不多都是妇女。为了拉拢顾客，药铺一般都备有山楂饼、葡萄干、橄榄之类的干果，抓好药附上一小包干果，让病人服药后去去口里的苦味。如果家庭妇女带着小孩去，就用它来哄小孩。这种生意经成功地拉近了药铺与附近居民的关系。

何香凝的母亲陈二当时是附近一户人家的丫头，因为经常去买药，与何炳恒发生了感情。可是陈二没有缠过脚，何炳恒在广东南海的父母不同意他娶一个大脚丫头，另外为他说了一门亲。何炳恒拗不过父母，只得讨了那个小脚女人为妻，让陈二为妾。先相好的成了妾，后说亲的倒成了妻，这一切都是大脚惹的祸。因此，陈二后来说什么也要让我外婆缠足。

19 世纪 70 年代，随着香港商业的发展，闽、苏、浙等地的商人也纷纷拥去。人多了，房价地价就上涨。早先地皮多落在英国人手里，他们盖楼，华人租住。地价房价上涨，洋人便卖楼，华人买楼，开始了炒楼炒地皮之风。这股风由西刮向东，从西营盘发展到中环，也包括了荷李活道。

早先地价便宜，一个铜板可以买一英尺地，市民可以随意向政府田土厅认购。何炳恒打工存下钱就买地，地价涨了就卖地，从地产中赚到第一桶金。香港很多老家族都是靠地产起家的。何炳恒赚钱后，先开了一家祥安茶叶庄（这是香港第一家经营红茶出口的商号），接着又开了一家丝绸店，逐渐成为一个富有的地产商和出入口商。何炳恒之所以开茶叶庄和丝绸店，是因为他到香港之前曾在澳门做过生意。凡与洋商有贸易往来的澳门商人都是从内地把茶叶、丝绸运到香港出售的。何炳恒对这两个行业比较熟悉，他的店就开在荷李活道附近的摩罗街。

19世纪末，何炳恒及其幼子何季海摄于香港

香港人称那些头上缠着白布以警察或看更为职业的印度人为“摩罗叉”。摩罗街因聚居这样的印度人而得名。后来印度人迁走了，街道名称依然不变。摩罗街分上下两条。早年的小学课本里就有这样的课文：“摩罗上街在摩罗下街之上，摩罗下街在摩罗上街之下。”摩罗街在山坡上，街道并不长，现在已经成为一条古玩街。

何炳恒在摩罗上街买了一排房子，一、三、五号靠海一侧全是他的产业，几乎占了半边街道。楼下开店，楼上住人。摩罗街不是富人区，何炳恒这栋三个号相连，三层楼，有着三号相连大阳台的楼房在附近相当惹人注目。说起荷李活道何宅，附近无人不晓。香港在没有填海造地之前，街道都是依山傍海，不像现在，从山脚到海边有些地方竟隔有五条马路之多。何宅后窗望去就是海。早期的楼房最高也就是三层。何炳恒和他的一妻五妾住在视野最开阔的三楼，二楼住着他的十二个子女。这些孩子里，有七个是陈二所出。

大家族中的异类

何香凝在十二个孩子里排行第九，原名何谏。她到底是哪年出生的，说法不一。1972 年她去世的时候，我妈妈和我舅舅就有不同说法。妈妈坚持说，外公廖仲恺是 1878 年生，外婆比他小一岁，因此是 1879 年生。舅舅则说，我外婆属虎，因此是 1878 年生。其实外公、外婆出生的时候，我的妈妈和舅舅还不知道在哪儿呢，连外婆自己都搞不清楚的问题，他们哪里搞得清楚？争来争去，不用说，自然是舅舅得胜。于是在南京紫金山外公外婆合葬墓的墓碑上刻的是："廖仲恺出生于 1877 年"，"何香凝出生于 1878 年"。

陈二的女儿，除老二早年夭折外，老四、老八都很听话，很小就缠脚，很早就出嫁，只有这位九姑娘不是省油的灯。关于她如何与兄弟们一起爬树；跟男人一样抽水烟筒；不顾父亲的禁令偷偷去读书；羡慕太平天国的女兵，一次次剪开母亲给她裹上的缠脚布……这些离经叛道的事人们早已熟知。素有"茶叶西施"之称的何香凝，举止可不像西施那么斯文。

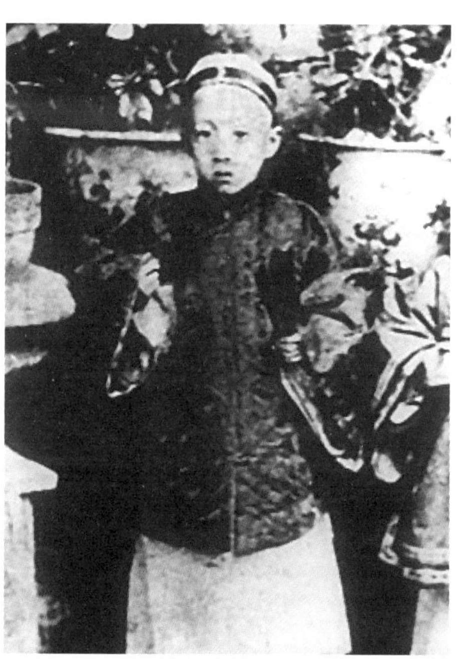
童年时代的廖仲恺

何炳恒喜欢打"十五和"。这是一种长方形的纸牌。广东人把原来木造的骨牌天九变成纸牌，为的是禁赌时在家洗牌外面听不见。他们几乎人人都会玩。何炳恒喜欢让妻妾儿女陪他玩。我外婆偶尔也玩玩，但她并不愿在这上面花太多时间。她经常是让婢女替她去陪老爷子，输了算她的，赢了算婢女的。我外婆从小就淡泊金钱。也许正因为这一点，何炳恒在众多子女中惟独相信她，把家里的财权交给她。管理一个有着六房人，主仆共二十来口的大家庭，可不是一件容易的事。

外婆出生在一个吃喝玩乐的商人家庭，却出污泥而不染，从来没有为金钱折过腰，一生清清白白。她在题画《石，牡丹》中的诗正是她自己的写照：

皎洁无尘石作家，
枝清叶净弃繁华。
前生错种朱门下，
却被人称富贵花。

1900年，廖仲恺摄于香港

由于大脚，外婆直到二十岁仍待字闺中。一个比她大一岁的美国华侨青年、皇仁书院的学生要成亲，由于他是客家人，不兴女子缠足，他的叔父打着灯笼给他找大脚女。当时女子人人缠足，找没有缠足的姑娘谈何容易？找来找去，最后找到我外婆。外婆和他正好配成一对。他就是我的外公廖仲恺。廖仲恺的叔父廖维杰是招商局的总办。相亲的时候，会看相的陈二发现廖仲恺眉中有一颗很大的痣。按照迷信的说法，这样的痣是凶兆，预示将来会死于非命。但何香凝并不迷信，因此这颗痣没有断送这段姻缘。不过“死于非命”一说，却不幸被陈二言中。

关于廖仲恺的出身，也有各种说法。我妈妈说，廖仲恺的父亲廖竹宾从小过继给叔叔，后来叔叔有了自己的孩子（即廖维杰）后待他不好，他就自己“卖猪仔”到美国去了。显然这些她都得之于外公。我想，这个“卖猪仔”不一定是直意，也许是指他自己出走美国的意思。但是比外公年长十二岁的胞兄廖恩焘则对人说，廖竹宾在香港圣保罗书院毕业后，先在香港汇丰银行工作，后来才去的美国。前几辈的事，我们这些后辈有些也搞不清楚，只能由历史学家去研究了。一般靠自己奋斗立足的华侨大都受过洋人欺负，因此都很爱国。廖竹宾从小就教育儿子不要忘记祖国，要学好中文。廖恩焘十七岁被父亲送回国读书。外公在美国时，每天课余都要到华人开的书馆去读古文。因此外公和他哥哥古文根底都很深厚。

刚结婚的时候，漂亮能干的外婆看不上外公。外公貌不惊人，个子矮小。但是外婆很快发现，这个目光炯炯、衣着整齐的男人与精神萎靡的何家男人完全不同。她的父亲妻妾成群，一个哥哥好赌，一个哥哥爱嫖。而外公不嫖不赌，只爱读书，不仅有学问，还很有头脑，有理想。她开始和他切磋学问，交谈国事，彼此逐渐产生了感情。后来外婆告诉我，她是“先结婚，后恋爱”。

当时，正好戊戌变法失败，有志青年痛感清朝腐败，纷纷到国外寻找救国真理。日本离中国最近，赴日留学成了时尚。外公也想到日本留学，可是没有钱。去日本留学须有三千元作旅费和学费。外婆本有私房钱两千余元，再变卖了红木桌椅香案等嫁妆和珠宝首饰，终于拿出三千元供外公留学。1902 年秋，外公东渡日本。两个月后，外公的哥哥廖恩焘被清政府任命为驻古巴领事，取道日本去上任，外婆便搭他便船也去了日本。外公就读于早稻田大学政治经济学系，外婆不会日文，先入女子大学日语班。

参加同盟会

1903年春，外公外婆在一次留学生集会上认识了孙中山。那时孙中山办兴中会，在日本向留学生宣传反清，还训练他们击剑和射击。外公、外婆很佩服孙中山，参加了他组织的活动。年底，外婆怀着我妈妈要回香港生产。孙中山介绍她去见在香港办报纸的陈少白。陈少白在香港设立了一个专门联络广东的三合会、哥老会等会党的机构。1900年惠州起义时，兴中会的史坚如在广州接应，去炸广东巡抚衙门，不料炸药只震塌了墙的一角，史坚如却被清廷逮捕杀害。陈少白参与了惠州起义的活动。此次见面，他给外婆讲了很多反清的事，这对外婆起到了一定的启蒙作用。后来陈少白也有了一个女儿，叫陈英德，和我妈妈的年龄差不多，

1920年，廖梦醒（左）与陈英德（陈少白之女）摄于广州

她们成了很好的朋友。

外婆生下我妈妈后，自己返回日本继续学业，把我妈妈交给陈二照顾。陈二让一个淳朴灵巧的婢女巧钗带我妈妈。巧钗很疼她，妈妈也很依恋巧钗，因为年幼舌头不灵，发不出“钗”的音，她管巧钗叫“柴姐”。第二年，外公、外婆钱用完了，外公回香港去取外婆留下的一千元积蓄时，把我妈妈带往日本。可是我妈妈晚上摸不着柴姐不肯睡觉，外公只好也让巧钗一道同行。

外公外婆最初住在东京小石川，房间只有八叠大，没有电灯，也没有自来水。孙中山当时住在一个叫“高阳馆”的小旅馆，他和黄兴、黎仲实、张继、冯自由等人开会就在外公家，这么多人挤在一个小房间里实在不方便。孙中山当时正在筹建同盟会，外公外婆便在神田租了一个独门独户的房子，供孙中山作为开会和收发信件的地点。出于保密需要，孙中山要求我外婆不要雇请“下女”，于是家务只能由外婆自己来做。在日本，人们进门要脱鞋，外婆不仅要给每次来开会的人收鞋子，还要自己做饭。外婆以前没有做过饭，现在需从头学起，开始相当狼狈。外婆后来回忆道：

> 为了革命，夫人学婢子也算不了什么。我细心地看佣人淘米、下锅、添水、烧火。米的多少，水的分量，火烧多久，我都注意。至于做菜，日本菜简单，看几次便会。佣人不懂为什么我忽然对烧饭感兴趣，哪知我的用心是学了她的手艺就请她走呢？
>
> 孙先生不喜欢吃米饭，我就给他准备面包、牛油，煎一个荷包蛋，冲一碗汤。后来胡汉民来到，他的夫人吃不惯我做的饭菜。开始她还客气，不说，挨了几顿，实在熬不住了，便自己出钱去买烧鸭吃。我当时做的菜也似乎太不高明了。

1905年，孙中山的同盟会与黄兴的华兴会联合成立同盟会时，外公正去香港接我妈妈。作为同盟会第一批会员，外婆的介绍人是黎仲实和孙中山本人。外公回到东京随即也加入了同盟会，外婆是他的介绍人。入盟的时候，要举起右手宣誓：“驱除鞑虏，恢复中华，创立民国，平均地权，有始有终，如有渝此，任众处罚。”

外公从香港回东京的时候，胡汉民夫妇与他同船抵达。外公把他们夫妇带到自己家，介绍他们认识了孙中山。发展胡汉民入同盟会时，他不同意“平均地权”的提法，与孙中山争论到半夜。外婆睡醒一觉，还听见他们在争论。孙中山坚持说：

1912年4月6日，孙中山（立者前排右起第五人）与廖仲恺（立者前排右起第二人）在上海出席藤濑政次郎欢迎会时留影

“革命不解决民生问题是不行的”。胡汉民认为提这口号还不是时候。直到夜深胡汉民才被说服。在“平均地权”的提法上，国民党不少人都与孙中山有分歧。外公是华侨出身，与中国的土地没有密切关系，因而很容易就接受了这个提法。十来年后孙中山提出“联俄、联共、扶助农工”三大政策时，受到国民党大多数元老的反对，这就是伏笔。

同盟会最初成立时带有秘密结社的色彩，会员之间接头有许多暗号。如：握手时不伸直手指，而是弯曲着互相勾一下；有固定暗语，问：“你是什么人？”答：“中国人。”问：“你穿的衣服是什么布？”不管穿的衣服是土布还是洋布，都要答：“中国布。”同时还要连续举起三样东西，说：“中国的。”这样才能证实会员身份。那时大家都像一家人，外婆是惟一的女性，于是她充当了管家的角色。汉族女子都裹小脚，连思想激进的秋瑾也是小脚，外婆的大脚十分突出。同盟会的人当面叫她“奥巴桑”，背后就叫她“何大脚”。孙中山手头没钱的时候，就会向外婆要：“奥巴桑，给我几十块钱。”外婆从娘家带去的钱都用在了这个大家庭里，大家不分彼此。

同盟会成立几个月后，在日本加盟者已有十几个省的上百名中国留学生。孙中山充分发挥这批留学生的作用，他派朱执信回广东发动学生，派胡汉民、汪精

1906 年，廖仲恺（左三席地者）、何香凝（左四）、廖梦醒（前排左一）与胡汉民（左五）等摄于日本东京

卫去南洋筹款，派黄兴回国作军事上的准备，派外公去平津、东北等地与外国革命者联系。外公投身吉林都督陈昭常麾下当翻译作掩护。过了一年，一个同盟会会员被捕，外公设法营救，暴露了自己，无奈逃往北平。北平当时也在追捕同盟会会员，外公不得已从天津乘船回到东京，行李都顾不得拿。

同盟会成立约一年，孙中山就定下将来的国旗样式是“青天白日满地红”。它的涵义是：要争取天青日白就要流血牺牲。那时外婆已经在东京女子美术学校学习绘画，孙中山把这个意图告诉她，让她绘制出样品。

童年回忆

这时的妈妈只有三四岁。令人吃惊的是她在七十七岁时居然对这段生活还记得非常清楚。她回忆道：

> 我的记忆最早是在东京大久保。
>
> 天在下大雪。我自己到门口穿上木屐，打开栅栏门，跑出花园去玩雪。柴姐听见有人开门，以为有客人来，打开纸窗一看，原来是我在外面搞得满身是雪。柴姐非常爱我，她怕我弄湿身上又生病了（因为我小时候经常生病）。
>
> 她说："赶快回来。不回来我去告诉妈妈了。"

1906年，廖梦醒（左一）、廖仲恺（左二）、何香凝（左三）等摄于日本

我说："妈妈上学去了。"

刚巧父亲在家。他听见了，出门口叫我回来。那时我才三岁，已经会反叛了。我没有答话也没有服从命令。父亲是顶爱我的，但也生气了，拿起门口的一把雨伞，就打在我的棉袄上。其实我一点儿也不疼，却依然大声哭起来。

柴姐马上抱起我，拍着我的背说："乖乖，不要哭。下次爹爹说话就要听了，啊？"我点点头不哭了……

还是在东京的时候，柴姐出嫁了。她嫁给了神田"中华第一楼"饭店老板伍琼石。我在家百无聊赖，便找了一个小凳子，轻轻地放在母亲的画桌旁，爬上去看母亲绘画。我一声不响，兴趣十足。母亲开始没有注意到我，后来见我看得入神，便说："当心跌跤！"——"跤"字还未说完，我果真跌下去了。母亲把我扶起来时，我已满口鲜血。

当时还不知道是怎么一回事。母亲让住在我家的表哥去叫救护车。一路上从我口里还不断流出鲜血。到医院一检查，原来是我从小凳子跌下时，自己把舌头咬断了一半！于是赶快把我送到口腔科，医生先给我打止血针，后来又打麻药，然后给我缝接。血总算止住了。可是这事却把母亲吓坏了。

至今我吃东西都要很小心。因为舌头神经断过，知觉迟钝，吃冷的东西，比别人吞得快。吃热的东西，感觉不到热，待到了喉咙才发觉滚烫，往往热汤含在口中不知如何是好。

柴姐在家听说我咬断了舌头，吓得脸色都变了，急忙跑来看我。我一见柴姐，便扑向她，抱着她的腿大哭起来。这时舌头已快长好了。我觉得，受一场剧痛换来柴姐的爱抚还是挺值得的。

宠　儿

1908年，外婆在东京生下承志舅舅。外婆实在没有精力在学习和革命工作之余再照看一个婴儿和一个四岁的孩子。因此，她又把我妈妈送回香港。

妈妈回到摩罗街，立刻成了全家的宠儿。这时她正是好玩的年龄，又会哇啦哇啦说日本话，姨妈们、舅妈们都喜欢逗她。表哥表姐们和妈妈在宽阔的阳台上玩“捉匿人”和“娶新娘”游戏时也都让着她。陈二可怜她远离父母，特别宠她。开饭时，陈二总是叫人下楼去买两个铜板的烧鸭给她加菜。那时，卖烧鸭的小贩经常挑着担子沿街叫卖，担子里放着烧鸭、卤水鸭翅膀、鸭胗肝、鸭头。晚上，妈妈和老表们坐在大床上玩“抓子”“挑绳”，姨妈就下楼给她买牛肉粥宵夜。

这次照料我妈妈的是她七舅的小妾，妈妈叫她细舅母。细舅母青楼出身，又漂亮，又温柔，是一个虔诚的佛教徒。她自己没有孩子，所以很疼爱我妈妈。她上街买东西一定带我妈妈同去，店里的人奉承她，说妈妈像她：“是你的姑娘吧？”她听了很高兴。

大家庭里每人每年发十元服装费。何炳恒待我妈妈和其他孙儿孙女一样，每年也发她十元服装费。这笔钱由细舅母管理。细舅母时常坐在缝纫机旁做衣服，有些是给妈妈七舅的儿女做的，有些是给我妈妈做的。一次，妈妈耍脾气，非要穿一件藕色的缎子衣服不可。绫罗绸缎，那是过年过节才穿的衣服，细舅母不让她穿。她放声大哭。细舅母拿她毫无办法，叫她作“扭纹柴”——木纹扭结的柴，劈也劈不开，麻烦可想而知。

外公把我妈妈一个人留在香港，很心疼她，临走的时候，买了一大罐“肚脐饼”给她。“肚脐饼”是一种小小的圆饼干，大小像人的肚脐，上面还有一朵红红绿绿的糖花。细舅母认真地保管着这罐饼干，每天发给我妈妈几粒。这是我妈妈的特殊待遇，别的孩子没有。有一次，外公到广东办事，特地去香港看我妈妈。他带来了一盒玩具，里面是一张小铁床，有褥子、被子以及一个圆顶的蚊帐，还有一男一女两个黄头发的外国小娃娃。细舅母把它们锁起来，不让妈妈天天玩，只

1908年冬，廖仲恺、何香凝与子女廖承志、廖梦醒摄于日本东京

有当她在房间的时候才拿出来，因为大家庭里孩子多，怕玩坏了。

妈妈的七舅死后，细舅母用七舅留给她的遗产，与何炳恒的第五个妾（妈妈叫她五婆）合伙在九龙沙田买了一块地，修建了一座尼姑庵。何炳恒去世后，两人一起到尼姑庵带发修行。妈妈去过那里。庵内有个“真身佛”，是她们的师傅死后用金子漆成的。妈妈看了很害怕，可是细舅母她们整天对着那个漆了金的尸体念经，处之泰然。

大宅里有个女佣常到陈二那里告状，说孩子们调皮，不喜欢她。她长着一只疤瘌眼，孩子们就唱一首广东话的儿歌气她。广东话“朦鸡眼”是疤瘌眼的意思，“戚”是往上吊的意思。歌词是：

20世纪初，廖仲恺摄于日本

朦鸡戚，戚鸡翼，阿婆拜神你偷食。
门口有条朦鸡棍，打得朦鸡吱吱震。
河口有条朦鸡艇，撑得朦鸡叫救命。

这首歌是妈妈晚年的时候念给我听的。八十年前的事，她还记得那么清楚。“告状也没用，”她得意地说，“婆婆喜欢我和苏妹表姐。”苏妹是妈妈八姨妈的女儿。八姨妈早死，陈二心疼没娘的孤儿。

大家庭平时就人多热闹，过年过节更加红火。离过年还有好几天，大人就开始忙着蒸萝卜糕、马蹄（荸荠）糕、芋头糕、炸煎堆（麻团）、炸油角。油角即油炸的饺子，不过饺子的边是波浪形的。最普通的油角是豆沙馅、花生白糖馅、芝麻馅。还有一种用糯米粉做皮，肉馅，咬起来发软，叫咸水角。最好吃的是炸芋虾，把芋头擦成丝，拌上少量面粉、芝麻和盐，放在笊篱里下油锅，炸好之后又香又脆。大人忙的时候，小孩就围着转，争取先饱口福。过年不仅有许多好吃的东西，还能跟大人去逛花市，买玩具，而且还收“利市”（压岁钱）。姨妈姑爹越多，“利

1908 年冬，廖梦醒（左）、廖承志摄于日本东京

市”越多。

香港人节日特别多，中国节、外国节全都过。过完旧历年（春节），还有上元节（元宵节）、清明节、端午节、中秋节、复活节、圣诞节、新年……老香港还有一个节，就是农历七月初七的“七夕”——牛郎织女相会的节。到那天晚上，全家一起吃菱角，然后女性跪在阳台上烧香拜织女星乞巧，祈求织女赐给她们一双巧手。妈妈那时还太小，不会拜。长大成人后，她和我爸爸两人大部分时间都像牛郎和织女，分隔在银河两边。

据说，人的性格在十岁前形成。妈妈十岁前接触的三个女性——陈二、巧钗和细舅母，对她性格的形成显然有很大的影响。她们对我妈妈的溺爱造成了她的娇气和任性。像妈妈那么挑食的人是很少见的，凡是黑色的食物都不吃：冬菇、木耳、发菜、茄子、皮蛋、巧克力……凡是带味儿的菜都不吃：葱、姜、蒜、辣椒、香菜、韭菜、芹菜、香油……还有生活上的一些忌讳，如吃饭时筷子不能直插在饭上（拜祭死人才这样）；不能穿一身黑；说了不吉利的话要摸摸木头，等等。这些习惯妈妈一直遵守，虽然她不是一个迷信的人。然而这三个人身上传统中国女性的温柔、贤惠也潜移默化地传给了我妈妈，因而妈妈的性格与我外婆完全不同。外婆刚强、有主意、脾气急；妈妈真诚、直率、重感情。

有人说，女性的大脑构造特别易于留住情感记忆。妈妈晚年的时候，有一次突然对我说，她最爱的三个老人是她的外婆、柴姐和细舅母。她的话令我吃惊。也许这三位老人对她的爱，正好填补了当时她所渴望的母爱吧。她的外婆和细舅母去世时她都不在场。柴姐后来随女儿住在上海，1977 年病危时，妈妈正好也在上海。遗憾的是那天她吃错了药在医院昏睡一天，待醒来时柴姐已经去世，失去了见最后一面的机会。妈妈后来跑到殡仪馆抚尸大哭了一场。

炸弹惊魂

妈妈六岁的时候被送进私塾，香港人称“卜卜斋”。这时香港已经有了洋学堂，官办的和教会办的都有，不过都是中学。小学生大多就近入私塾，一个老师教十来个学生，基本上只有古文课。妈妈在“卜卜斋”读了五年。这时国内宣统皇帝登基。香港和这件事没有什么直接关系，人们只是作为一个消息谈谈而已。不过这期间发生的另一件事，即香港报纸报道的“湾仔鹅颈桥炸弹惊魂”，倒是和妈妈有着直接关系。晚年的她忆及此事时说：

> 辛亥革命前不久，母亲带着弟弟回到香港，住在外婆家。一天，汪精卫的妻子陈璧君来，在家里的神厅跟母亲低声说话。我听见母亲说：“带着两个孩子不方便。”陈璧君说：“有孩子更好，没有人怀疑。”母亲点点头，陈璧君就走了。
>
> 她走后，母亲收拾好一个小包袱，领着我和弟弟以及带弟弟的小保姆，乘电车到跑马地坟场附近邻近摩罗庙的一所房子。那里离湾仔鹅颈桥不远。我们去是为陈璧君看家。其实这个“家”里什么都没有，连家具也没有几件，空空洞洞，根本不像个家。究竟去为她看守什么东西，当时七岁的我觉得莫名其妙。
>
> 这是个很幽静的地方，门前有几株大榕树，不时从摩罗庙传来钟声和念经的声音。母亲不许我们出门口玩，我姐弟俩和小保姆只好在家里想方设法找好玩的事情。这里真不如外婆家，那里有表哥、表姐、表弟、表妹，大家一起玩，多么有趣。我正无精打采地坐在藤椅上发呆，忽然隔壁发出轰的一声巨响，接着有人大喊“救命！”我吓得从藤椅上跳起来。母亲赶快出去看，看完回来脸色都变了。她匆匆忙忙收拾起包袱，让小保姆提着它，自己一手抱着弟弟，一手拉着我，急忙逃回外婆家。
>
> 后来才知道，鹅颈桥那房子是同盟会的一个机关，隔壁是制造炸弹的秘

2

命了。母親和弟弟住在外婆家。我每信她的故。有一天陈璧君来了，在外婆的神廳跟母親說話。她們兩人要談了幾句，母親說「帶着兩个孩子不方便」，陈璧君說「有孩子更好，更沒有人怀疑你」。大約母親答应了，陈璧君就匆匆忙忙走了。

她走后，母親為我们母子姊弟收拾好一个小包袱，带着弟弟的一个小保姆就乘電車到了跑馬地鵝頸橋墳場附近靠近摩囉廟的一所房子，為陈璧君「看家」，其实这个家没有什么好「看」的。空空洞洞，並不像一个家。連傢私也沒有幾件，究竟為她看守什么东西，連只七岁的我也覺得莫明其妙。这里除了经常听见摩囉廟傳来的念經声和鐘声，倒是非常幽靜的。屋门前有很多大榕樹，似乎很好玩的地方，可母親不許我们

20×15=300　　广播局国际台

廖梦醒《炸弹惊魂》手稿

密地点。那时革命党人最喜欢的武器就是炸弹，所以连陈璧君也参与了制造炸弹的事。那个制造炸弹的人独自住在二楼。二楼没有厨房，他就在楼梯口做饭。那天他生炉子，火老是不旺，他想往炉子里倒些酒精，不料酒精洒到火炉上，引起爆炸。燃烧的酒精流到楼下，两个小孩在楼梯口玩，酒精就淌到了他们身上。不巧他们家大人去买菜了，不在家，两个孩子不懂得自救，便遭此难。制造炸弹的男人身上着火后，起先还想自己扑灭身上的火，但是连头发都烧着了，他自己根本没有办法，只好喊救命。待警察到来，那个人已烧成一团，两个无辜的孩子也因抢救不及死了。

事后母亲很生气，说陈璧君完全没有谈到隔壁的情况，想让我们做她的替死鬼。幸好母亲机警，警察未到之前带着我们离开那个地方，否则警察一定会查问邻居，后果不堪设想。

“肥仔”不肥

1911 年 10 月辛亥革命成功，清朝被推翻，1912 年 1 月民国建立，在南京成立了临时政府，孙中山被推举为临时大总统。不久，孙中山提出南北议和，辞去临时大总统职务，让位给袁世凯。可是袁世凯并不满足，他要当皇帝。1913 年 1 月袁世凯称帝，改国号为“洪宪元年”。于是，孙中山进行“二次革命”讨袁。

“讨袁”期间，外公曾奉孙中山之命去北京对国会议员策反。不料外公的行动被袁世凯的密探得知，他被列入了黑名单。幸好一个朋友得到消息报信，他立即逃出北京，经天津回到广州。袁世凯进行了大搜捕，外公认识的一个议员伍汉池惨遭杀害。力量薄弱的讨袁军失败了，政治迫害随之而来，外公一家又东渡日本。

这年妈妈九岁，承志舅舅五岁。由于挑嘴，妈妈长得又瘦又小，外婆说她“泡在油缸里都泡不肥”。（广东话里“肥”是“胖”的意思。）其实舅舅也不肥，他属猴，

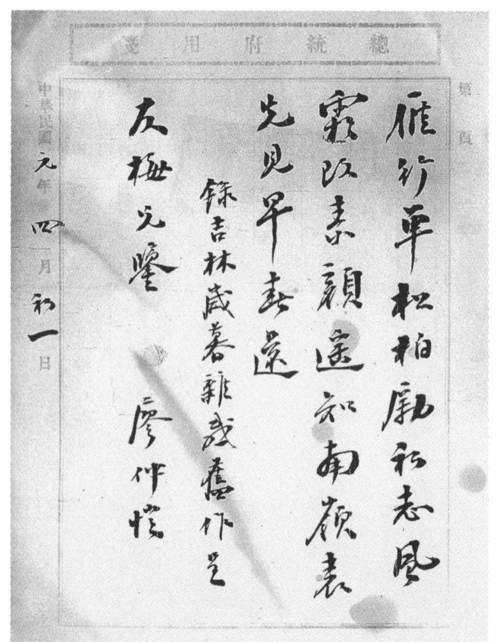

總統府用箋

雁行華松柏勵初志風
霜改素顔遠知南嶺表
先見早春還
錄吉林歲暮雜感舊作呈
友梅兄鑒
廖仲愷

中華民國元年四月初一日

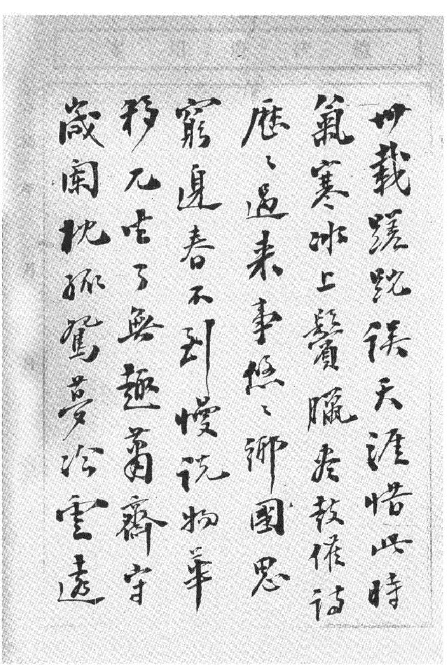

總統府用箋

卅載蹉跎誤天涯惜此時
氣寒冰上鬢臘盡鼓催詩
歷歷過來事悠悠鄉國思
窮邊春不到慢說物華
移瓦上了無趣蕭齋守
歲闌枕孤鴛夢冷雲遠

1911 年，廖仲恺书赠萧友梅手迹

像猴子一样，又瘦又顽皮，一刻也停不下来。现在有些传记说外婆自小就叫他"肥仔"，完全是想当然。瘦皮猴怎么可能被人称为"肥仔"呢？有照片为证。他发胖是 20 世纪 30 年代后期的事了。关于舅舅的顽皮事儿妈妈有如下记载：

廖梦醒《弟弟的木马和我的丑娃娃》手稿

> 这年新年除夕，父亲买了一套酒具，有酒杯、酒瓶和一个漂亮的托盘，他把托盘放在客厅中间的一张桌子上，桌子当中放上一瓶葡萄酒和酒杯。父亲看着很满意，他吩咐我们姐弟注意别弄翻了酒杯、酒瓶。
>
> 第二天元旦，天气晴朗。胡汉民、胡毅生、谢持、戴季陶等人陆续来拜年。父亲为每个客人斟上一杯酒，但很少人喝，因为是拜年，坐一会儿就走了。我跟在父母后面送客人到大门口。回到客厅，发现刚才倒给客人喝的酒，原本杯杯都还有的，现在已经干干净净。我们以为是来家里帮忙的姑娘那么快就收拾干净了，没有在意。
>
> 到晚饭做好了，不见弟弟回来吃饭。早先没看见他，还以为他上街找小朋友玩去了。可是等到天黑他还不回来。母亲吓得脸发青，出去打电话，每个他可能去的人家都问遍了，仍然全无踪影。饭菜摆在桌上谁都没有心思去吃，就只差没报警了。
>
> 忽然从墙上放被褥的柜子里传来"砰"的一声，大家都跑过去，把大柜门拉开，原来弟弟在那里蒙头大睡，脸红得像关公，酒气喷得满柜都是。父亲母亲开始目瞪口呆，继而大笑起来，小闯祸者仍醉得不省人事。父亲说："让他睡去吧。别关柜门！"大家才在笑声中围着饭桌吃晚饭。

舅舅的顽皮是出了名的。后来才知道，原来这有遗传。外公小时候的淘气，比舅舅有过之无不及。有一次他居然爬出五楼的窗口，掉了出去，只凭一只脚钩住百叶窗悬在半空，直到家人发觉才把他拉回来。这是外公的三妹廖静仪回忆的。

凡是熟悉我家的人都知道，外公偏爱女儿，外婆偏爱儿子。外公很多时间都是到处跑，在家时候不多，但只要在家，几乎每天给我妈妈梳小辫儿。妈妈在香港外婆家像个小公主，到了东京，因为挑嘴总受外婆责备。偏偏娇气的姐姐碰上顽皮的弟弟，弟弟总喜欢扯姐姐的小辫儿。他一扯，姐姐就尖声大叫。她一叫，外婆就骂女儿娇气，而外公就骂儿子顽皮。外公对淘气的舅舅很严厉，太出格是要打屁股的。

外婆无疑是中国一个很杰出的女性，但却不是一个成功的母亲。对外婆的偏心，妈妈一直耿耿于怀。她晚年写了一篇短文，叫《弟弟的木马和我的丑娃娃》，讲的是一次外婆带两姐弟上街，花了四点八日元给舅舅买了一只木马，却只给了她一个值零点四八日元的小人形。妈妈很伤心，她觉得在母亲眼中，她只值弟弟的十分之一！

妈妈刚去东京的时候，家住千驮谷。后来搬到涩谷青山七丁目。那是一栋两层的小楼，楼上两间房，楼下一间房加一个门厅。比起香港的大家庭，东京的小家庭冷清多了。外婆在东京要学画，又要忙同盟会的事，根本没有什么时间照顾孩子。不过小家庭也有它的乐趣。外婆初到日本时去买鸡蛋，由于不会说日语，她就想出一个办法，一面“咯咯、咯咯”地叫，一面张开两臂一扬一扬地，做出母鸡下蛋的样子。鸡蛋成功地买到了，外婆的哑剧表演却成了顽皮的舅舅和妈妈的笑料。

外婆靠从娘家带来的钱维持生计，并没有收入，因此家里只能省吃俭用。鸡蛋便宜，就总吃鸡蛋。后来外婆在隔壁实践女校后园旁边养了三十只鸡，孩子的营养更全靠鸡蛋。外婆每天逼他们吃鸡蛋，以至于姐弟俩直到长大成人看见鸡蛋都怕，说一吃就觉得有鸡屎味。见姐弟俩拒绝再吃，外婆就找个篮子，装上鸡蛋，让他们把蛋送到青山六丁目的同盟会事务所。外公只要在东京，天天都去那里；孙中山也常去。

在东京上学

妈妈小时在东京的幼儿院学会了日语，与日本小朋友玩耍时进行交流毫无问题。中间回到香港住了五年，学了中文，日语全忘光了。这回再次去日本，外婆经常请隔壁人力车铺老板的女儿小梅来家玩，以便儿女有说日语的机会。小梅一来，舅舅就发“人前疯”，跟着她后面转。小梅比舅舅大一点儿，穿小和服，头发盘在头顶。外婆留她在家里吃饭，她坐在饭桌前规规矩矩，像个小大人一样。后来舅舅在一篇文章里居然称她为他“最初的女友”，其实那时舅舅只有五岁！后来外公家搬到涩谷青山七丁目，外婆就正式请家庭教师给妈妈和舅舅补习日本小学的功课。不久，舅舅上了晓星小学，妈妈插班入佛英和小学六年级，天天从涩谷乘电车去上学。这样断断续续直到初中三年级。

妈妈之所以入佛英和小学，是因为外公认为，这是一所法国学校，外语环境一定会好些。不料一天妈妈在家里念英语，发音之难听，令外公目瞪口呆。他气得一把夺过妈妈手上的课本扔到地下。从此，他亲自教我妈妈英语。外公是在美国旧金山土生土长的华侨，英语发音好自不必说。妈妈的英语好，全靠外公打基础。后来美国人安娜·路易斯·斯特朗访问我外婆，妈妈做翻译，斯特朗在她的书里说，廖梦醒“讲得一口完美的英语”。安娜·路易斯·斯特朗就是日后采访毛泽东，听到毛泽东论述说“一切反动派都是纸老虎”的那位女记者。

宫崎寅藏

现在人们都知道廖承志日文呱呱叫，可是廖承志经常对人说："我姐姐的日文比我好。"妈妈从小习惯使用的敬语，现在连日本人自己也不那么严格使用了，所以日本朋友都说她的日语"比现在有些日本人还好"。不过舅舅用日语骂人出口成章，我妈妈不行。舅舅经常和日本孩子打架，妈妈不打架。

宫崎寅藏和宫崎民藏兄弟是外公在日本时期的朋友。宫崎寅藏是个文化人，又是演员，艺名白浪庵滔天。他很受孙中山信任，曾经和孙中山一起参加惠州起义。孙中山在日本的时候，到过宫崎民藏的家。宫崎民藏的儿子宫崎世民后来成为日中友协理事长，他是妈妈的好朋友，他们的友谊一直持续到耄耋之年。当国内还没有压力热水瓶的时候，宫崎世民特地从东京带了一个压力热水瓶给我妈妈，那是他小心翼翼亲手提上飞机带来的。

"地　震"

1914年同盟会改名为中华革命党，外公的工作主要是向华侨筹募经费，他本身就是华侨，活动比较方便。一次，孙中山在欧洲结识了在巴黎做古董生意的商人张静江。分手时，张静江对孙中山说，以后革命事业需要用款，随时可打电报给他，数目以A、B、C、D代替1、2、3、4就行了。当时孙中山半信半疑。后来一次急需用钱，孙中山就让我外公打电报给张静江，数目不敢多写，只试探性地写了一个B字。出乎意料，很快从巴黎汇来了一笔款——不是以B字表示的两万元，而是五万元。从此，孙中山与张静江的友谊日渐加深。

外公在日本留学的时候是留日同学会会长。他常常去皇室图书馆阅读英文的经济学书籍，看到什么有意思的，就去和朱执信交流心得，谈论某人的著作清楚明了，某人的著作晦涩难懂，某人的经济学是以社会学、数学、哲学、历史学观

1914年，中华革命党在东京成立，孙中山（左五）、胡汉民（左六）、廖仲恺（左八）等人合影

点为基础，等等。一次，朱执信抱着他的幼女听外公讲话，外公越说越兴奋，声音越来越大，小女孩儿以为外公在骂人，吓得哭了起来。

胡汉民和我外公都是孙中山的得力助手，两家关系密切。胡汉民夫妇当时还没有子女，他们便认我妈妈做干女儿，还带她上街，买了一件昂贵的“羽载”（日式披肩）作为认干亲的礼物。外公外婆难得的一次拌嘴就与胡汉民有关。这件事，妈妈风趣地记在她的一篇短文《地震》里：

> 母亲和父亲感情甚好，惟一的一次龃龉发生在我们住在东京九段的时候。那时，父亲和胡汉民、汪精卫都是留日学生。一次，大家相约到江之岛去玩。江之岛是神奈川县海边的一个小岛，夏天很多人到江之岛去游泳，因此那里有不少旅店招徕游客。母亲因为我和承志要上学，先带我们回东京。她本来要父亲也一同回家，可是父亲和胡、汪，还有朱执信的同父异母弟弟朱秩如在一起，谈笑正高兴，便不肯同回。
>
> 汪、胡二人平时都是道貌岸然的，朱秩如可是个活宝。他的母亲是汪精卫的姐姐，他叫汪精卫舅舅。当时他在日本九州念书，因为不习惯日本的厕所，所以每天到山上方便。可是朱秩如和汪精卫一样，顶怕狗。汪精卫之所以怕狗，是因为他去炸摄政王时因狗败事。朱秩如听了他舅舅讲(因狗坏事的经过后)，也跟着怕狗。他在山上（方便时）一见野狗来，不管三七二十一拔脚就跑，常常闹出笑话。汪精卫还讲了他的另一件趣事：一次，他到汪精卫家，汪留他吃饭。那时汪精卫和陈璧君已经结婚。朱秩如说：“承舅父舅母之命本当在这儿吃饭，但是，哎呀……”他忽然皱起眉头，双手抱着肚子，接着说：“肚子痛！”说罢就弯着腰走了，出了门却直起腰来。原来肚子痛是装的。
>
> 父亲回到家，没想到母亲生气地跟他吵起来。原来母亲怀疑父亲不跟她回家是与江之岛旅馆的侍女有关。父亲一向有惧内之名，从未听说过他有寻花问柳之事。这次与“十二叔”（胡、汪、朱三人都排行第四，我和承志在江之岛统称他们为“十二叔”）在一起，母亲不知听到什么风声，疑及父亲了。
>
> 我和承志看见父母在吵，而且母亲大有动武之势，于是承志急忙拉住她的衣襟，我则赶快把父亲拉进我的房间。日本的房间是由纸糊的间门相隔的，我看见母亲举起父亲的英日字典，急忙把纸门拉上。说时迟那时快，字典已飞过来，发出“啪”的一声巨响，几乎把隔门穿了个洞。不过，就这么一扔，母亲的气也消去了一半。战争于是告终。

当晚，父亲、母亲和承志睡在纸门的一边，我独自睡在另一边自己的房间里。我迷迷糊糊正要睡着，忽然觉得楼板震动。在日本生活的人都对地震很敏感。我惊叫起来："妈妈，地震！"同时爬起来打算开门到他们房间去。"不是地震，快睡吧！"果然，地震没有了。我安心躺下睡觉。不久，"地震"再次开始，我又惊叫起来。母亲这次严厉地说："不是地震！！快睡！"奇哉，地震果然又停了。如是反复数次，我已在震震停停的困扰中睡着了。

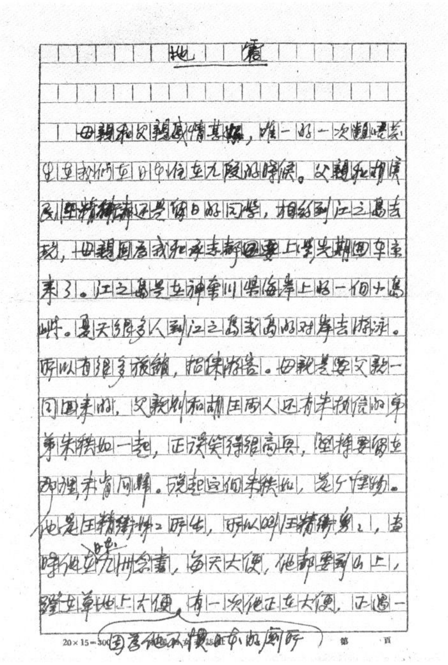

廖梦醒《地震》手稿

第二天，我说承志："地震那么多次，你还睡得那么死！"父亲对母亲微笑。我可一直认为那晚确实发生了地震。

孙中山结婚

妈妈第一次见到宋庆龄，是在 1915 年 10 月 25 日孙中山和宋庆龄结婚的那天。那年孙中山四十九岁，宋庆龄二十二岁。

关于他们的恋爱，外公曾对我妈妈讲过一件有趣的事。在日本的时候，一次，孙中山、宋庆龄和我外公，还有胡汉民、戴季陶、张静江等人到某风景区去玩，一行人爬上一个小山坡。宋庆龄年轻先到达山顶，孙中山紧随其后，接着是我外公。外公平时就动作迅速，走路很快，因此把胡汉民等人远远抛在后面。张静江是坐轿子上山的，更落在后面。快到山顶时，孙中山回转身向我外公摇摇手，示意不要跟上去。外公会意，就让大家停在半山坳休息。过了一会儿，孙中山和宋庆龄两人满面春风的样子下山。据说，那天孙中山正式向宋庆龄求婚。由于年龄差距，宋庆龄怕父母不同意，没有马上决定，但答应考虑。随后，宋庆龄就到上海向父母提出了这件事。

他们结婚那天，外公外婆带着我妈妈和舅舅去贺喜。妈妈虽然只有十一岁，但日语已经讲得不错，那天就充当小翻译。上午，他们在东京和田瑞的家中举行婚礼，由和田瑞作证。下午大家到孙中山寄居的日本友人梅屋庄吉家用茶点。然后新婚夫妇回他们的新居。我妈妈那时正是爱美的年龄。她看见新娘子佩戴着一条漂亮的项链，十分羡慕，便问道："Aunty（即姑姑），将来我结婚，你能让我也戴一戴这条项链吗？"宋庆龄笑了。这个美丽端庄的新娘子让我妈妈着迷。虽然宋庆龄只比我妈妈大十一岁，但辈分上她是长辈；因此，妈妈和舅舅都叫她"Aunty"。

年轻的宋庆龄留美归来，习惯于打扮得漂漂亮亮。我外婆生活仅靠娘家接济，穿戴比较朴素，两人在一起反差很大。有一次，孙中山指着我外婆对宋庆龄说："你看'巴桑'多么朴素。你应该以她为榜样。"宋庆龄温顺地微笑点头。孙中山是个严肃的人，对宋庆龄来说，他更像一个老师，她一直都称他"Dr.Sun"。

对于孙中山、宋庆龄的婚姻，后来有些闲言碎语，宋庆龄一生都耿耿于怀。

其一，说孙中山还没有和原配夫人卢慕贞离婚就和宋庆龄结婚，因此他们的婚姻不合法。实际上，在此之前孙中山已经与卢慕贞在东京办理了离婚手续，双方都在法律文件上签了字，是和田瑞办的。孙中山与宋庆龄的结婚也是由和田瑞作证，符合法律手续。其二，说孙中山是宋庆龄父亲宋耀如的朋友，宋耀如不愿意女儿嫁给一个年纪比她大得多的人，而且孙中山还有妻子，所以反对他们结婚。美国作家埃德加·斯诺在《始复之旅》一书中甚至说，宋耀如把宋庆龄反锁在房间里，宋庆龄离家出走是从窗户爬出去的。宋庆龄本人对此很恼火。20世纪70年代，她给她的朋友邓文钊之子邓广殷写信谈及这点，请他为自己辟谣。她写道：

My parents were not so stupid and cruel! Poor Ed, I don't know why he ever created such falsehoods, just to cause sensation for his book!

My parents did not wish me to go to Japan to work, wishing to protect me from possible slanders, but they never "locked me up"! I left the house for the steamer where a comrade and his daughter were accompanying me to Japan. It was 6 a.m. when my parents were not awake. That was the Truth!

20世纪70年代，宋庆龄致邓广殷书信手迹

“我的父亲宋查理和孙先生早在国外相识时就是好朋友。父亲是同盟会的第一批会员。为了进行反清革命活动传播革命道理，父亲在自己家里印传单……我的父母不是那么愚蠢，那么冷酷的人！确实，我的父母不希望我去日本，不想我招人非议，但他们从来没有把我‘反锁在屋里’。我是清晨六点钟离开家上船的，船上有一位同志和他的女儿陪我一起去日本，那时我的父母还没有起床。”

宋庆龄信里提到的这个“同志”就是朱卓文，他的女儿是宋庆龄的朋友。孙中山和卢慕贞离婚的事就是他处理的。后来朱卓文极力反对国共合作，他是刺杀我外公的幕后人之一。政治斗争很复杂，友化敌、敌化友的事情实在是太多了。

1916年4月9日摄于日本东京。前排左起：梅屋小姐、廖梦醒、梅屋夫人、宋庆龄、孙中山、廖承志、何香凝、萱野长知夫人；后排左起：殷先生、廖仲恺、胡汉民、梅屋庄吉、戴季陶、萱野长知、田中先生

1917年，宋庆龄（左四）与何香凝、廖梦醒、廖承志等人摄于上海。照片上题字系宋庆龄手迹

1916年3月，袁世凯称帝还不到三个月，就因全国人民反对而被迫取消帝制。4月6日，广东省宣布独立。流亡在日本的孙中山等人十分兴奋。4月9日，他们在梅屋庄吉家中聚会庆祝，称这次聚会为“帝政取消一笑会”，并隆重地摄影留念。外公外婆把我妈妈和舅舅也带了去。孙中山高兴地把我舅舅搂在怀里，女主人梅屋夫人把我妈妈拉到她的身边。这张照片现在已经成为著名的文物，经常被引用，但没有一次对在场者做出过完整的说明。据妈妈回忆，照片上的人，前排左起依次为：梅屋小姐、廖梦醒、梅屋夫人、宋庆龄、孙中山、廖承志、何香凝、萱野长知夫人，还有一位女士不记得姓名；后排左起依次为：殷先生、廖仲恺、胡汉民、梅屋庄吉、戴季陶、萱野长知，举旗者为田中先生。拍完这张照片不久，外公、外婆一家随孙中山回国。

然而，袁世凯倒台并不等于实现孙中山所盼望的共和。袁世凯建立的北洋军在他死后分化为直、皖、奉三系，各系军阀争权夺利，不断混战。孙中山在担任南京临时政府大总统时，曾颁布过一个宪法性质的文件叫《临时约法》。北洋军阀违背了《临时约法》，孙中山便提出“护法”口号。“护法运动”进行了两年。

“护法”期间，外婆带着我妈妈和舅舅回到香港，住在西环紫兰台。一天，陈二让我外公、外婆一家回摩罗街祥安茶叶庄三楼家里吃晚饭。外公第二天就要去广州，陈二为他饯行。原来，孙中山在此之前曾派我外公去上海策动海军支持“护法”。海军最大的两艘军舰“肇和号”和“永丰号”都支持“护法”，启程南下。于是，

1919年，廖仲恺、何香凝、廖梦醒、廖承志在日本汤河原

外公赶去广州打前站，为迎接孙中山返粤作准备。孙中山到广州后说："此行是要把广东作为军事基地，因此邀请整个舰队到广东来，建政府……"不久，我们全家也跟着去了广州。遗憾的是，"护法运动"最后以失败告终，孙中山再次东渡日本。外公、外婆又带着我妈妈和舅舅追随左右。

孙中山没有自己的军队，无论"讨袁"还是"护法"都只能借助军阀的力量。而军阀不过是借孙中山之名来扩大自己的势力而已，他们惟利是图，倒戈是家常便饭。每次孙中山以为国内形势大好，把工作重点从海外移到国内，外公、外婆就把全家搬回国内。形势突然变化，威胁到生存，他们又逃亡到日本。民国初年，中国政局变幻莫测，混乱之极。妈妈的学业在这个动荡的时代里被分割得乱七八糟，不断地休学、复学、跳班、插班，学校教育完全没有系统可言。幸好外公对家庭教育抓得很紧，妈妈才学有所成。

回　国

妈妈彻底回国是1919年。中华革命党改名为中国国民党，在上海环龙路四十四号设立事务所，外公天天去办公，妈妈和舅舅也天天去——当然不是去办公，是补习功课。他们只会粤语和日语，不会普通话，更不会上海话，在日本学的内容又与国内接不上轨，无法在上海入学。外公只好自己抽空教他们。他不但自己教，还把他的朋友也动员起来一同教。外公教英语，胡汉民教汉语（诸如《左传》），李章达教几何、代数。外公教英语的时候，朱执信和李章达也旁听。

那时，苏联十月革命已经成功。孙中山曾向法、美、日等国寻求援助，都没有结果，他感到"中国革命非以俄为师断无成就"，决定派人去苏联取经。他让我外公、朱执信、李章达等人学俄语，准备让他们赴苏考察。他们请了一个白俄来教课，课堂就设在长滨路民厚里外公家中。外公便让我妈妈也去听课。新中国成立后，当我学俄文的时候，妈妈得意地对我说："我正经还是学过俄文的呢！"不过因为教她的是白俄，因此妈妈的发音是旧俄发音。

当时与我妈妈一起旁听的还有汪精卫的妻子陈璧君。几个学生中，朱执信学得最好，妈妈第二，陈璧君最差，因为她总是缺课。外公工作太忙，根本坚持不了学习。朱执信也只学了很短时间就随孙中山回广东工作去了。李章达学习时间最长，几人中只有李章达去过苏联。他去苏联的时候列宁还没有去世。后来孙中山任命他当总统府警卫团副团长，因为他曾经进过广东陆军小学和南京陆军中学，有一定的军事知识。陈炯明叛乱围攻总统府的时候，李章达保卫孙中山脱险有很大功劳。

20世纪20年代初，北京是北洋军阀统治，上海是帝国主义堡垒，武汉是吴佩孚的地盘，只有广州的军阀力量较弱。孙中山依靠在福建的邓仲元、陈炯明、许崇智等粤军，驱逐了盘踞在广州的桂系军阀，回到广州。当粤军打广州的时候，为了在广州布置内应，孙中山派朱执信到广东策动民军起义。桂系军阀设陷阱害他，散布假消息，说虎门要塞部队打算起义。朱执信信以为真，赶到虎门后，即被杀害。

朱执信最早认识到革命必须要有自己的武装。武昌起义不久，他就着手整顿民军作为建立革命武装的基础。当时的民军其实就是农民秘密结社的武装，也包括地方豪强的家丁，甚至还有土匪。朱执信收编过不少农村中的绿林好汉。外公和朱执信是最好的朋友，我妈妈称他朱三叔，他的儿子是我外婆的干儿子。噩耗传来，外公非常难过，回到广州立即与汪精卫等人筹建执信学校纪念他。

妈妈随外公、外婆回到广州已是1920年冬。在广州，语言不成问题了，妈妈就进入教会学校培坤女中，开始接受正规的学校教育。执信学校建成后，第一批学生就是培坤女中校长带过来的。执信学校最高班是高中一年级，转校后妈妈就是高一学生，全班只有三个学生，有一个是陈璧君的同父异母妹妹陈淑君。每次学校列队外出，当然是最高班的学生当大队长。最高班的三个人里，妈妈的英语和数学成绩最好，尽管她中文不如别人，但大队长仍是非她莫属。

在执信学校，妈妈和陈淑君一起参加了反帝团体“反基督教大同盟”。这是妈妈首次参加社会活动。“大同盟”推选妈妈和陈淑君负责财务。人们选我妈妈，可能因为外公当时是孙中山任命的代理财政总长。外公是学经济的，不管换多少头衔，总是管财政，妈妈自然觉得管财政很光彩。她根本不了解，筹钱是一件多么要命的事。

1922年，廖梦醒在岭南大学预科参加舞蹈表演后

原来，“反基督教大同盟”内部也分很多派，有进步学生组织“新学生社”的成员，也有国民党右派控制的“士的派”（“士的”是手杖之意，指拿手杖的绅士）。斗争很激烈，谁掌握经济大权，谁就有发言权。陈淑君的男朋友是“新学生社”的成员，她支持他，就得拿出钱来。陈淑君的亡母给她留下大笔遗产，她捐出了很多钱，也要求我妈妈分担一部分。

外公的清廉是有名的。他虽然管钱，家里并没有钱。他是学经济的，他

1922年，孙中山、宋庆龄在广州总统府与卫队官兵合影。前排席地者右一为叶挺，右二为张发奎

说，经济是“经国济民”，不是赚钱。他有一句名言：“为官不能爱钱，爱钱则民穷，民穷则国弱。”执信学校的总务主任何博回忆，外公自己生活很简朴。一次，外公去执信学校演讲，没有带烟，他就向何博借烟。何博抽的是便宜的“地球牌”香烟，不好意思拿给他，可是外公不在乎，照样抽得很开心。何博两次因学校的事去家里找我外公。一次，外公正在吃饭，何博发现他吃的是糙米。还有一次，他看见我外公正在吃点心，点心就是白薯糖水。何博感叹地说：“没见过生活这么简朴的财政总长。”

外公不但自己清廉，对子女也管得很严。我妈妈没有很多零用钱，就是这点零用钱，用了也要向父母报账，因此她无钱捐给“反基督教大同盟”。可是她又不甘心落于人后，想来想去，陈淑君母亲的遗产启发了她——何不向表姐苏妹去借呢。苏妹是妈妈八姨妈的女儿，从小和我妈妈一起长大。八姨妈早死，给苏妹留下不少遗产。于是妈妈向苏妹借了一百元去捐。一百元在当时可不是一个小数目。这笔钱妈妈直到十年后才还完，而且压根儿就不敢让她的父母知道。

孙中山就任非常大总统时，总统府在观音山麓。执信学校就在总统府旁边。外公家离学校远，妈妈每天带面包上学，中饭就吃面包。本来妈妈就因为挑嘴营养不良，长期不好好吃中饭更显得面黄肌瘦。一次，外公偶然和孙中山谈起女儿瘦得不像样子，孙中山就让我妈妈每天到他家去吃午饭。妈妈每天中午十二点从总统府大门口入内，顺着天桥走进孙中山的住所。

孙中山是素食主义者，平时夫妇俩加我妈妈三人也就是四小碟素菜，除了鸡蛋就是豆芽菜、素馨花之类，偶尔有些荤菜也是为宋庆龄准备的，孙中山并不下筷。有一次，孙中山和我外公聊天，孙中山又宣传起素食的好处，说："两根香蕉的营养价值顶得上一块牛排。"外公说："那么，中国的牛排就长在树上了。"孙中山比较严肃，平时很少与人闲谈，不过只要说起国家大事，他就精神焕发，连谈几个小时都没问题。他说起广东话来香山县（后改为中山县）的口音很重。宋庆龄广东话说得不好，她平时只说英语和上海话。孙中山不会上海话，他们夫妇交谈都是用英语。妈妈就是这时学会用英语和宋庆龄交谈的。此后一生，她们两人交谈和写信都是使用英语。

孙中山非常清廉，筹到的钱全部用于革命事业，自己两袖清风。上海莫里哀路的房子还是华侨集资为他修建的。他从来不做寿。外公、外婆跟了他二十多年都不知道他生日是哪天。一次，有个远道来的老太太无意中问孙中山："明天不是你的生日吗？"外婆在旁听见，才知道孙中山的生日是 11 月 12 日。

当时，妈妈是个孩子，和孙中山距离很远。在他家吃饭这段时间才有机会近距离接近孙中山。这段时间虽然并不长，但孙中山给她留下了很深的印象。妈妈晚年的时候，我替她管家，每月发了工资，她全数交给我，由我支配。一次，我和她开玩笑："我是你的荷包（广东话"钱包"的意思），就像廖仲恺是孙大炮的荷包一样。"没想到妈妈听罢瞪大了眼睛，不悦地说："连你也叫他孙大炮？"广东话里"车大炮"是吹牛的意思。孙中山的建国理想很多都是超前的，不被人理解，因此当时有人给他起了个外号叫"孙大炮"。这外号有嘲讽的意思，所以妈妈听了不高兴。她对孙中山的敬重，一生都没有改变。

何香凝救夫

1922 年夏天，陈炯明叛变，外公被陈炯明抓了起来。外婆怕陈炯明加害子女，把妈妈和舅舅送到香港，自己留在广州营救丈夫。那时，广州、香港两地来往并不需要签证。妈妈走的时候还不知道发生了什么事，到香港后才知道。

陈炯明本是粤军的一个军官，因驱逐桂系军阀迎孙中山返粤有功，孙中山就任非常大总统后任命他为陆军部长。陈炯明不同意孙中山的北伐计划，6 月 16 日把我外公囚禁在石井兵工厂，得意地说："锁住孙大炮的荷包，看他怎样北伐！"接着还派数千士兵包围并炮轰总统府，想置孙中山于死地。

孙中山对陈炯明的叛变毫无思想准备，叛军突然包围总统府，孙中山悲愤得几乎想以身殉职。当时城中陈炯明部有两万五千人，革命军只有五百人，其余的

1923 年 8 月，孙中山、宋庆龄在"永丰号"军舰上

人都北伐去了。幸好总统府警卫团是忠于孙中山的，千钧一发之际，他们保护了孙中山和夫人。孙中山化装逃上了“永丰号”军舰。宋庆龄怕拖累孙中山，不肯与他一起走，自己单独在警卫保护下化装逃跑。他们离开总统府的时候，大火已经烧到天桥。宋庆龄在逃跑途中流产。

这时，孙中山已经与苏联有了来往，有些文件孙中山看完给我外公看，让他阅后烧毁。可是外公没有烧掉，保存在财政部的保险柜里。陈炯明扣押外公后派人去打开保险柜，抄走文件并拿到香港去发表，攻击孙中山“亲苏”“卖国”，以讨好帝国主义和北洋军阀。

在此之前，外婆一直是默默做着自己该做的事，竭尽全力支持孙中山，就像孙中山所称的“奥巴桑”。（“奥巴桑”日语是“老妈妈”的意思。）但是，当陈炯明的魔爪伸向她崇敬的孙中山和她的丈夫时，她表现出了惊人的勇气，真像她的属性老虎一样咆哮起来。

外婆千方百计找寻孙中山和夫人的下落。可是那时广州全城戒严，没有口令哪里也去不了。她奇迹般地通过陈炯明的手下弄到了通行证。奇迹的出现，当然不会是无缘无故的。原来，前一年宋庆龄和我外婆曾组织过一个“出征军人慰劳会”，号召全广州的中、小学生上大街卖花，筹募了十几万元捐给讨伐桂系军阀的陈炯明部。陈炯明部人人都知道这件事，都认识、尊敬宋庆龄和我外婆。

外婆找了两天，才在岭南大学一栋小楼里找到宋庆龄。两人相见都很悲伤。外婆得知孙中山上了海军的“永丰号”，立刻登上军舰去见他。看到孙中山又黑又瘦的样子，外婆很难过。那时很多人都逃到香港去了，只有外婆还留在广州，因为她要设法救自己的丈夫。后来外婆又上过三次“永丰号”军舰，给孙中山送衣物，送信息。

直到外公被囚十天后，外婆才得以说动陈炯明部下的一个军官让她去看外公。外公被三道铁链锁在铁床上，手上一道，脚上一道，腰部还有一道。外公本是个有洁癖的人，当时他的衣服已被汗溻得不成样子，但被铁链锁住无法脱下。外婆看见心如刀割。

回程坐在电船上，外婆感到世道险恶，人心奸诈，革命前途渺茫，悲观得几乎想一头跳进珠江。她一面掉泪，一面划火柴点烟。偏偏一盒火柴划得只剩下一根，烟还没有点着。她难过地想，莫非真是此命该绝了？对着最后一根火柴她暗暗祷告：“如果孙先生和仲恺命不该绝，这根火柴就能点着。”一擦火柴，果然着了。外婆吸一口烟，脑子逐渐清醒起来。她想，为什么自己要去死？除非遭到敌人毒手，否则，只要还有一口气，就要和他们斗下去，绝不能自杀。

第二次去探望外公的时候，外婆带上干净衣服和剪刀，把外公的脏衣服从背后剪下，将干净的套上。这时，正值酷夏，外婆四处奔走，得了痢疾，住进医院。在医院里，她听说陈炯明的一个同宗弟弟在香港被人暗杀，行刺者声称，因为陈炯明囚禁廖仲恺，所以要杀陈炯明的人报复。同时，又有传言说，陈炯明很快就要枪毙廖仲恺了。外婆大惊，顾不得治病，立刻出院，想尽一切办法来营救。她的痢疾还没有好，只得每天像婴儿一样带着尿布四处奔跑。

外婆第三次去看我外公的时候，外公身上的铁链已经去掉。这是外婆找陈炯明手下的熟人，要求他们的。外公也知道陈炯明很可能要下毒手，于是写了两首诀别的诗，一首给外婆，一首给我妈妈和舅舅。给我妈妈和舅舅的诗是：

诀醒女、承儿

女勿悲，儿勿啼，阿爹去矣不言归。
欲要阿爹喜，阿女、阿儿惜身体！
欲要阿爹乐，阿女、阿儿勤苦学。
阿爹苦乐与前同，只欠寻常一躯壳。
躯壳本是臭皮囊，百岁会当委沟壑。
人生最重是精神，精神日新德日新。
尚有一言须记取：留汝哀思事母亲。
汝姊弟二人必熟读之。

这次探监，五个卫兵在旁看守。外婆和外公相隔有一丈远。当外公把这两首诗递给外婆时，卫兵用枪挡在当中，不许外婆接。外婆大怒，一面伸手去抢枪，一面叫道：“开枪吧，开枪吧，我不怕！”卫兵被她吓了一跳，不敢开枪，也不再敢拦她。

海军是支持孙中山的。“永丰号”军舰天天向广州开炮。陈炯明知道外婆上过“永丰号”军舰，派人劝外婆带两个他的人登舰，与孙中山商谈停止打炮的事，说如果事成马上就放我外公。外婆虽然很想外公获释，但又担心他们加害孙中山，没有答应。

汪精卫的妻子陈璧君悄悄从香港到广州，约外婆到英租界沙面岛维多利亚酒

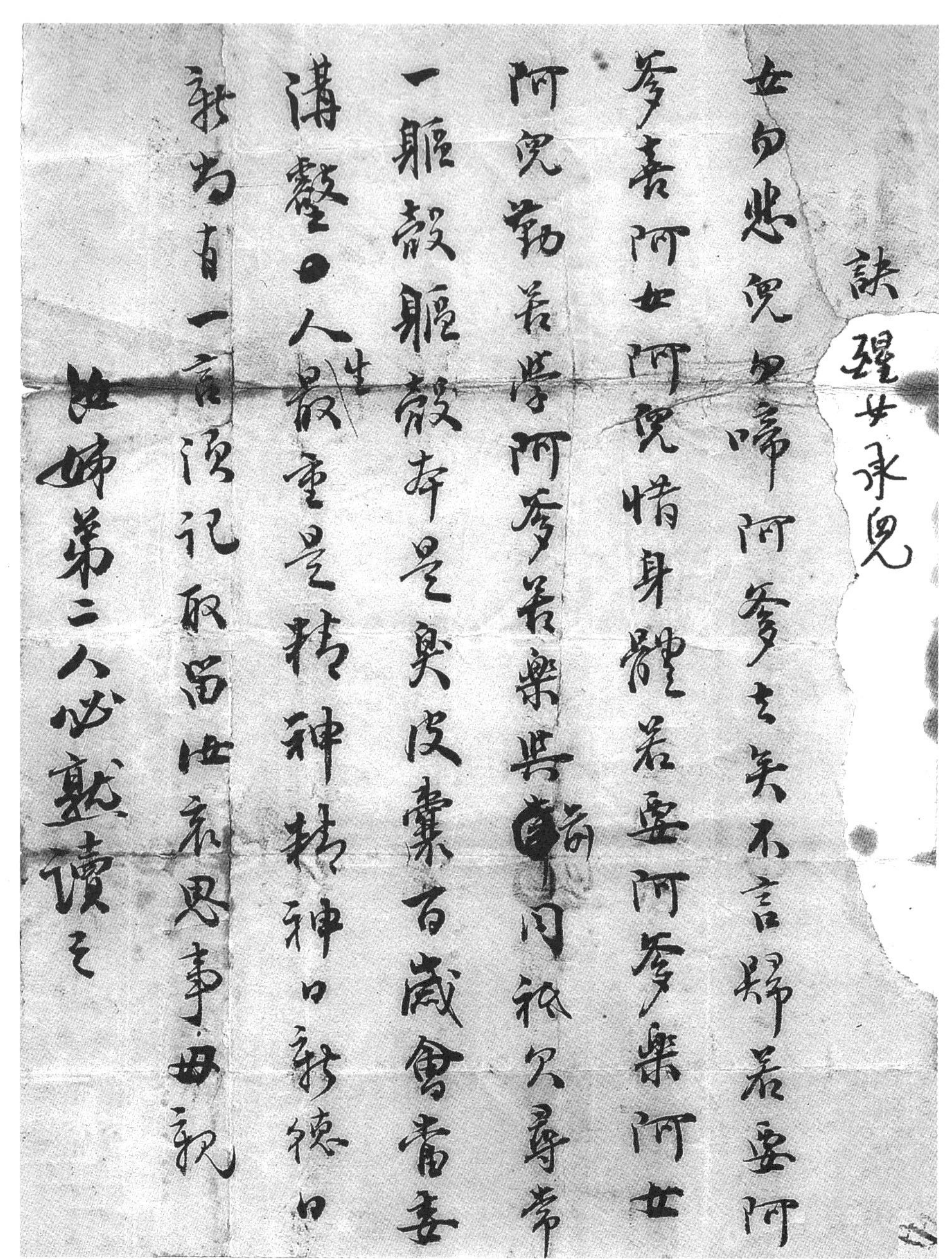

訣醒女承兒

女勿悲兒勿啼阿爹去矣不言歸若要阿
爹喜阿女阿兒惜身體若要阿爹樂阿女
阿兒勤苦學阿爹苦樂與[illegible]同祗欠尋常
一軀殼軀殼本是臭皮囊百歲會當棄
講靈[illegible]人生最重是精神精神日新德日
新爲有一言須記取留此哀思事母親
汝姊弟二人必熟讀之

廖仲恺《诀醒女、承儿》诗作手迹

店见面。陈璧君说，他们和伍朝枢等人打算收买绿林人物去劫狱。外婆鉴于兵工厂重兵把守，外公又个子矮小、眉毛有痣，很容易被人认出，不同意劫狱。在酒店里外婆看到报上消息说，本该回师平叛的北伐军梁鸿楷第一师发生兵变，投降了陈炯明。外婆叹道："糟糕，北伐要失败了。"陈璧君以小人之心度君子之腹，说："你是不是想，北伐失败仲恺就可以出来？"外婆非常气愤，给了她一记耳光，说："我再怎么自私，也不会牺牲孙先生来搭救仲恺呀！"陈璧君自知失言，不再讲什么。第二天她就走了。

当晚，外婆住在维多利亚酒店。夜间，一个日本人敲门，自我介绍说他是山田良政的弟弟山田纯三郎。山田良政是孙中山的朋友，1907 年参加惠州起义时牺牲了。山田纯三郎说，他的朋友有一艘小船，就停在河边，他可以护送我外婆去香港。外婆婉谢了他的好意，告诉他，廖仲恺和孙中山都在广州，她是不会离开的。言语间，外婆百感交集，掉下眼泪。山田纯三郎也陪着掉泪。说起山田纯三郎，此人还做过另一件事。1916 年，戴季陶与一个相好的日本女子生下一子，蒋介石仗义收养了这个孩子。这个孩子由山田纯三郎从日本带到上海交给蒋当时的妻子姚治诚抚养，取名纬国。

孙中山在军舰上待了五十多天，看见北伐军回师平叛无望，再这样下去也没有意义，就到上海去了。"永丰号"军舰因为保护孙中山有功，后来改名为"中山舰"。孙中山离开后，军舰不打炮了，陈炯明和海军的对立缓和下来。陈没有枪毙外公，可是也不放他。

到 8 月中旬，外公已被囚两个月。一天，有个在日本留学时的朋友龙荣轩去看我外婆。他要上白云山陈炯明的司令部开会，表示要劝陈炯明释放外公。外婆请他带自己同去。当他们的车子抵达白云山时，忽然下起大雨。下车后还要步行一段，外婆全身淋湿，还跌进沟里滚了一身泥。

陈炯明正在开军事会议，外婆湿淋淋地闯了进去。陈炯明停下会议，假模假样给外婆端把藤椅，送上一杯白兰地，并请她先去换件干衣裳。外婆既不坐也不喝，大声质问："仲恺有什么地方对不起你，你要把他关起来？仲恺为孙先生筹款，你就要把他锁起来，可是民国九年（1920 年）仲恺也为你们筹过款啊。孙先生几次把上海莫里哀路的房子抵押出去为你们集资，不都是仲恺经手的吗？帮你就对，帮孙先生就不对？今天我来就没打算走，把我剁成肉酱也不怕。你今天一定要回答：对仲恺是杀，还是放？！"

陈炯明佯称关押廖仲恺是手下干的，他并不知情，然后写了张条子，叫我外

1924 年 7 月 23 日，孙中山、宋庆龄、何香凝等前往追悼苏俄军事顾问巴甫洛夫会场

婆和龙荣轩去把外公带上白云山。外婆把条子撕了，说：“这不是真释放。真释放就让他和我一起回家。”在座的有些军人批评外婆发脾气也要有个分寸，可是外婆的愤怒已积压了两个月，现在见到陈炯明自然要爆发。其实陈炯明部很多人对外公有好感，陈炯明也知道，因此他不便发作。更主要的是，孙中山已经去上海，陈炯明认为革命势力对他已不构成威胁，便同意让外公回家。

外婆一分钟也不敢耽搁，立即去石井兵工厂把外公接走。到家已是黄昏。外婆催外公马上去香港，以免夜长梦多。外公因为叛军围攻总统府时殃及旁边的执信学校，而执信学校是纪念他最好的朋友的学校，他想多停留两天，处理好学校的事再走。两人一直争论到凌晨三点半，外公才被外婆说服，两人连夜坐船去香港。

外公走后第二天，陈炯明果然后悔了，清早就派人去抓他。幸亏外婆果断，救了外公一命。外公从 6 月 16 日被囚，到 8 月 16 日被释放，整整关了六十二天。三年后，1925 年 8 月 20 日，外公还是没能逃脱敌人的毒手。外婆事后心酸地说：“我只给他抢回了三年的命。”

廖仲恺教女

早在1921年中国共产党刚成立不久，孙中山就会见过派到中国的第三国际代表马林。马林向孙中山提出了国民党与共产党合作，以及创办军官学校等建议。当时中国共产党只有几十名党员，而国民党党员号称几十万。孙中山一直希望得到苏联支持，从广州脱险到达上海后，便立刻与苏联派来的特使会谈。但由于特务干扰，会谈进行不下去。孙中山就对我外公说："你们到日本去继续谈吧。你和'巴桑'可以暂住驻日使馆。你的哥哥不是代理公使吗？"

这样，外公便借口带他哥哥廖恩焘的准女婿许崇清去日本与他的女儿完婚为名，和我外婆一起去了东京。1922年9月25日，他们一行乘"克利夫兰总统号"轮船自上海经横滨到东京。当时廖恩焘是北洋政府驻日使馆的代理公使，而北洋政府正是孙中山的敌对方。外公在东京以使馆作掩护，用使馆的汽车外出联络。可是他们到达不久外婆的父亲何炳恒就去世了，外婆只得提前离开日本去香港奔丧，留下外公一人。

1924年夏，廖梦醒摄于广州岭南大学宿舍门前

这时妈妈和舅舅已经回到广州复学。妈妈进岭南大学读预科，舅舅上岭南大学附中。岭南大学的英文校名叫广州基督教大学，是教会学校，在广州的对岸河南康乐区，属于外国人的势力范围。外婆认为这样安全些，因为陈炯明仍盘踞在广州。

妈妈进了新学校，便写信去东京给外公报告学习情况。妈妈三年前才从日本回国，常常会把日语中的汉字和中文混淆起来。她给外公的信中，把“教戒不要犯错误”写成“教戒非行”，把“这代青年”写成“若辈”，受到外公批评。外公在10月26日给我妈妈的回信中严厉地指出，她的汉语退步了，“若不自行修补，恐遂趋于文盲一流”，同时教她自修的方法。外公还利用在东京的日子给妈妈和舅舅买日文小说，并且不厌其烦地教妈妈怎样到邮局取书。至于妈妈先斩后奏用掉的钱，他表示既往不咎，只说以后注意就是。他真是一个既严格又慈爱的父亲。在这封信里，爱女之情跃然纸上，怪不得妈妈把它看作至宝，一直珍藏在身边。信的全文如下：

醒览：

英文、汉文信各一封先后收阅。前次款项既出于正当用途，自可不论，嗣后宜力求节俭，崇实去华可耳。岭南学校，于国文一科，太不注意，教师亦乏宿学之士，故在学界，无甚光彩。阅汝来书，汉文渐形退步，继此以往，若不自行修补，恐遂趋于文盲一流，不可不慎也。修补之法，宜于校课之余，择一时间阅《资治通鉴》。一星期内以二时间读文选或古文。如致某人书，答某人书，及小启之类，最有味，且有用。星期日以二时间读诗词。如此做去，必可超出侪辈之上。王抑道文字，颇可造就，汝可邀其同伴自修，互相资益。学问之道，一分在自己，一分在取友，教师之功，只居一分而已。汝来书有“教戒非行”语，“非行”二字乃日文，非汉文所当用。“若辈”二字为日本名词，在汉文当用“青年”。如此之类，非十分注意不可。能多读汉籍，此弊自去，否则一握笔便如日本人作汉文，令人不知所谓，遂成不通矣。前由凡善书屋速寄汝及志儿日文小说数本，已收到否？岭南隔沙面甚远，日本邮局或不送递，汝宜寄一日文信与该邮电局询之，得其回信，即可托人往收也。汝六姐前晚完婚，来客约四十余人，而无外宾，不如汝三姐时之闹热。余有千秋岁词一首，本欲使汝七姐谱入风琴歌之，但渠既不能作曲，而外国已成之曲，熟者亦少，故不成功。汝好学音乐及英诗，故余欲汝同时兼读中国古诗乐府及词曲诸名作，以备将来之用。余十一月初即归沪，当购寄诗词数种，分别先后，使汝研究也。此谕。

父书二十六日

外公在日本待了四十多天。他大概很少有这么多空闲时间给我妈妈写长信，所以这封信是很难得的。从信中可以看出外公心细如发，妈妈继承了他的传统，覽英文漢文信各一封，大誤收悉。前次款項既出於正當用途，自可不論，嗣後宜力求節儉，崇實去華，可耳。嶺南學校於國文一科，本不注意，教師亦乏宿學之士，故在學界無甚光彩。閱汝來書，漢文漸形退步，繼此以往，若不自行修補，恐逐趨於文盲一流，不可不懼也。修補之法，宜於校課之餘，擇一時間閱資治通鑑，一星期內以二時間讀文選或古文（如致某人書、答某人書及小啓之類，最有味且有用。）星期日以二時間讀詩詞。以此做去，必可超出儕輩之上。至於道德學，顧亦造就，汝可邀其同伴自修，互相資益。學問之道，一分在自己，一分在取友，教師之功，只居一分而已。汝來書有「教戒非行」語，「非行」二字乃日文，[illegible]非漢文所當用。「若輩」二字為日本名辭，在漢文當用「青年」。如此之類，非十分注意不可。然多讀漢籍，此弊自去，否則一提筆便如日本人作漢文，令人不知所謂，竟成不通矣。前由丸善書店逕寄汝及志兒日文中級教本，已收到否？嶺南隔沙面甚遠，日本郵局或不送達，汝宜寄一日文信與該郵便局詢之，得其回信，即可托人往收也。汝六姊前晚完婚，來客約[illegible]餘人，而無外賓，不如汝三姊時之鬧熱。余有詞（千秋歲）一首，本欲使汝七姊譜入風琴歌之，但渠既不能作曲，而外國已成之曲，熟者亦少，故不成功。汝好學音樂及英詩，故余欲汝同時兼讀中國古詩樂府及詞曲諸名作，以備將來之用。余十一月初即歸滬，當購寄詩詞數種，分別先後，使汝研究也。此諭

父書 廿六日

1922 年秋，廖仲恺致廖梦醒书信手迹（抬头的“醒”字被妈妈在 1941 年底香港沦陷时撕掉）

20世纪初，廖恩焘摄于古巴

也很细心。言教不如身教。妈妈也像外公一样爱看书，很守时，爱清洁。十八岁时，外公对她的教导，她一直铭记在心。新中国成立前做地下工作，不可能看几十卷的《资治通鉴》，20世纪50年代有了可能，她特地到东安市场旧书摊买了一套线装的《资治通鉴》。然而《资治通鉴》部头太大，她虽然买了，却少见她读，有空的时候她宁愿看日文小说。

外公在信里还附上了他为祝贺新婚夫妇而写的《千秋岁》词。新娘是廖恩焘的六女，也就是我妈妈的六姐廖承麓，新郎是许崇清。许崇清和廖承麓相识是外公介绍的。许崇清是许崇智的叔伯弟弟，当时是一个很有为的青年，不久他就当了广东政府的教育厅长，新中国成立后是中央人民政府任命的第一任广州中山大学校长。中国著名物理学家朱光亚是他的女婿。

廖恩焘共有十个子女。我妈妈的二姐、三姐结婚时，廖恩焘正任清政府驻古巴大使，她们的婚礼都很热闹，很多外宾参加。如今两岸都熟悉的陈香梅，就是妈妈的二姐廖香词的女儿。但信中提到的妈妈的七姐，命运就不如她的姐姐了。她所遇非人，一生坎坷，与廖家几乎没有什么来往。

廖恩焘、廖仲恺两兄弟是各走各的路。一个是清朝的外交官，一个是反清的革命家；后来一个做了北洋政府驻外国代表，一个又进行北伐，要推翻北洋政府。不过两兄弟有一点是共同的，就是他们的国学根底都很深，很能写诗。廖仲恺因在中国近代史上政治地位显著，人们便忽略了他的诗作。廖恩焘的粤语诗，即以广州方言写的旧体诗，就很为人所乐道。他潜心研究粤语诗三十年，写了许多粤语七律诗，对历史人物、社会弊端，竭尽嬉笑怒骂之能事。早在清朝末年，他就出了一本《新粤讴集》，我外公为这本书题了词。梁启超曾给它相当高的评价，在《饮冰室诗话》中称这些诗是“绝世妙文”。1949年廖恩焘把这些诗聚集起来，在香港出版了一本《嘻笑集》，笔名用的是“珠海梦余生”。他看人看事的角度总是出人意外，因而诗文妙趣横生，广东人看了都会捧腹大笑，但外省人可能看不懂，因为用的纯粹是广东方言。

1923年1月，孙中山终于与苏联派来的代表越飞在上海举行了会谈，讨论有关改组国民党、建立革命军队，以及苏联援助等问题。1月26日，他们发表了具有历史意义的《孙文越飞宣言》，标志着孙中山“联俄、联共”政策的确立。与孙中山会谈后，越飞应东京市长后藤新平的邀请，要去日本进行日苏复交谈判，顺便治疗足疾。孙中山让我外公到日本继续与越飞商谈一些细节问题，于是外公再次前往日本，这次的借口是带我妈妈去热海疗养。

1月29日，外公带着我妈妈，越飞带着两个秘书，还有东京市长派去上海接越飞的人员一起乘“亚洲皇后号”轮船，从上海出发，经长崎、神户、横滨抵达东京，住在筑地精养轩，2月10日转赴热海，住在热海饭店。热海在日本伊豆山海岸，是一个著名的温泉城市，很多名流都带家眷去疗养，他们去的时候，日本首相犬养毅的儿子犬养健也在那里。

这一行人引起了日本警视厅的注意。但因为越飞是东京市长的客人，外公又是中国代理公使的亲属，所以警视厅对他们还算客气。他们对外公提出一些问题，外公回答，这次是带女儿来疗养，没有什么公事；自己同越飞刚认识不久，女儿和越飞夫人接触，是因为女儿教她中文……警方派人监视，也没有发现外公与越飞有什么接触。其实，外公和越飞沟通过多次，而且谈的都是非常重要的问题。

至于外公和越飞到底谈了些什么，

1923年，廖仲恺（后排右三）与廖梦醒（前排右二）在日本热海

外公自己并没有透露过。但是，据1987年来华参加“纪念廖仲恺国际学术研讨会”的日本专家山田辰雄说，当时的国民党中央执行委员陈公博在回忆录里记述，我外公带他去见越飞，他问越飞，苏联希望共产主义何时在华实现，越飞只是摇头不答。陈公博写道：“我问越飞，六十年共产主义在华会实现吗？越飞倒很老实，说还是一个疑问。廖先生很滑稽地笑着说：‘公博，你还有什么话说？我们要做革命党，就要做现在的革命党，不要做一百年后的革命党。我们努力实行三民主义，不必再讨论了。’”

热海饭店是西式建筑，卧室里设有温泉浴室，每个客人都可以在自己的房间里洗温泉浴。越飞一到热海，就借口足疾躲在自己的房间里足不出户。日本特高课盯梢很紧，外公很难与越飞会面。后来，越飞的秘书、外公和我妈妈故意在楼下客厅热热闹闹地谈笑，或者去打桌球，在那里疗养的涩泽信雄、关口政之助、犬养健等日本人有时也参加。一次，趁特高课人员不备之际，外公悄悄上楼进入越飞的房间。妈妈玩到一半，忽然发觉父亲不在，正想去找，越飞的秘书用英文轻声叫她不要声张。就这样，靠大家掩护，外公和越飞才有了交谈的机会。

外公和我妈妈在热海住了一个多月。他们更多时候是与越飞的秘书谢瓦尔沙隆接触。几人常一起在热海的海滨散步，或是到梅园，那里一月份就开花，是热海一大景观。外公曾请谢瓦尔沙隆等人到初岛参观。与当地人交流的时候，妈妈就充当翻译。一次，外公约了越飞的两个秘书，以及我妈妈的六姐和六姐夫一起，

1923年，廖梦醒与越飞助手谢瓦尔沙隆在日本伊豆山相模屋旅馆。左起：许崇清、廖承麓、廖梦醒、越飞的助手谢瓦尔沙隆、列温（廖仲恺摄）

去伊豆山的相模屋旅馆洗温泉浴。那天外公兴致很高，亲自为大家摄影留念。妈妈因为教越飞夫人中文，经常进她的套间，不过也只是在客厅，并不进卧室。越飞神神秘秘的，很少人见过他，连我妈妈也没有与他碰过面。

Уважаемый товарищ!

Союз советских обществ дружбы и культурной связи с зарубежными странами
и
Общество советско-китайской дружбы

приглашают Вас

на вечер, посвященный 100-летию со дня рождения видного деятеля освободительного движения в Китае
ЛЯО ЧЖУН-КАЯ

1978年，莫斯科举行廖仲恺一百周年诞辰纪念会请柬

这期间，外公曾两次带我妈妈去东京中国公使馆，住一两晚才回热海。外公是去办什么事，妈妈不知道。3月16日，外公接到廖恩焘从东京转来孙中山政府的密码电报。第二天，外公就带着我妈妈离开热海，然后两人从横滨乘“加拿大皇后号”轮船回到上海。孙中山给我外公的密电，竟然是通过他的敌对方北洋政府的大使馆转交的，真是匪夷所思。

外公回国经过东京时，越飞让谢瓦尔沙隆去东京为我外公送行。可是没等到走的那天，谢瓦尔沙隆突然病了，没有送成。不过对外公在协助孙中山制定“联俄，联共”政策方面所起的作用，苏联是记住了的。直到1978年，外公牺牲半个多世纪以后，莫斯科举行了一次外公诞辰一百周年的纪念活动，还放映了有关他的纪录片。

定居广州

外公一家从上海回到广州定居已是1923年春。这一年的2月，滇、桂、粤联军把陈炯明叛军赶出了广州。孙中山回到广州，第三次在广州建立政权。

何炳恒去世，外婆得到七千元遗产。她就用这笔钱在广州东山百子路建造了两栋相连的小楼。经过二十年颠沛流离的生活，总算有了一个安定的家。

在家里，外公要求子女做些力所能及的劳动。我妈妈的劳动是浇花。外公喜欢花木，家里种了很多花。每天回到家里，他都要先看看他的花。受到他的熏陶，我妈妈也很爱种花。外婆则偶尔要求我妈妈下厨房做饭。外婆初到日本的时候，因为不会做饭，吃过很大亏，所以她一直强调“女人一定要会做饭”。一次，妈妈烧出一碟菜，外公尝了一口，连说“好吃，好吃”，同时向我外婆使眼色，意思是要她鼓励鼓励女儿，可是外婆不买账，直截了当地说：“不好吃！”

舅舅的劳动是给我外公擦皮鞋。外公有洁癖，衣服、皮鞋都要一尘不染。舅舅一回家就把他的皮鞋擦得锃亮。舅舅虽然已经进入中学，但依然是个顽皮的男

生。有一次，他的同室同学初恋失败，伤心地跑到理发店剃了个光头。他为了表示同情，也去把头剃光。当他顶着个秃瓢儿回到家里的时候，全家笑得不可开交。这段时期，开始了正常的家庭生活。所谓“正常”，是指我外婆、我妈妈和舅舅。对于外公来说，很难算“正常”。1923 年春到 1925 年秋他遇害这段时间，是外公一生中最忙碌、压力最大、对中国革命贡献也最多的时期。外公是经济学出身，尽管他在这短短的两三年里改换过许多职务，但大部分都与财政有关。然而，在广州政府库空如洗的情况下，负责财政工作不仅意味着要做“无米之炊”，还意味着总是处于凶险的旋涡中。

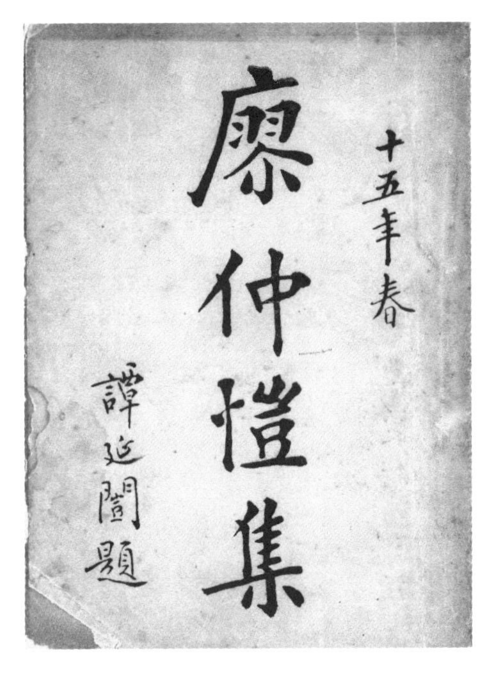

1926 年出版的《廖仲恺集》书影

赶走陈炯明，把孙中山迎回广州的滇军杨希闵、桂军刘震寰，还有湘军等军阀把广州的财权抓住不放，各军自设“军需筹备处”，自行收税，不受孙中山的大本营或者广东省财政机关管辖。他们肆意掠夺广东老百姓，光是烟赌税，滇、桂军阀两年就收了二百万元。其他苛捐杂税更是多如牛毛，连老百姓冬天晒草菇、做腊鸭也要交捐。广州不但没有革命气氛，甚至政府都面临严重财政困难。有一次，我外公去杨希闵家要十万元税款，竟然要在他的鸦片烟床旁待到半夜两点，等他抽足大烟才拿到钱。回到家里，外公气得掉泪。

孙中山对军阀的恃强专横、狂征暴敛、鱼肉百姓的行径十分不满。1924 年元旦，在大本营召开的一次会议上，他当着滇、桂军高级军官的面愤愤地说：“你们为所欲为，戴着我的帽子，糟蹋我的家乡。”外公对财政分裂更是深有感触。他提出了“统一军政、财政、民政”的主张，但在军阀势力仍很强大的时候，他的主张根本行不通。

孙中山和外公都是华侨出身，受西方教育长大，是具有民主意识的知识分子，都想把西方民主引进中国。早在同盟会时期，孙中山有感于国人开会时常不知道开会的程序和方法，会前不作准备，会上海阔天空随意乱谈，开了半天会毫无结果，便拿出一本英文的《民权初步》，让我外公翻译成中文，发给同盟会的几千名会员看，让他们熟悉民主程序。外公虽然一直在做具体工作，他不仅翻译了《全民政治》《进步与贫乏》等介绍欧美资产阶级民主的书，自己还写了很多剖析世界和中国政治经济的文章，如《三大民权》《钱币革命与建设》《立法部之两院制》《消费合作社概论》，以及后期写的《革命派与反革命派》。他对“民权”的解释是：“民权在法律上说，就是人民有不许别人侵犯他身体、言论、信仰、居住、集会等各种自由的权。”

在当工人部长期间，外公经常去工厂演讲，宣传革命主张。陈炯明关押过他的石井兵工厂青年工人学校开学那天，外公去讲识字的重要性。后来学校负责人回忆，当时觉得这个广东省省长挺奇怪的，他带着夫人到一间挤满工人、空气憋闷的房子里，一讲就是两个小时。过了两个星期，他又来了。这次是劝工人办消费合作社。他站在桌子上，反反复复地讲办合作社的好处，使人怀疑他不是什么省长，而是个工人领袖。

外公为人坦诚、直率。他跟随孙中山二十多年，非常敬重孙中山。可是，如果在什么问题上他与孙中山意见不一致，他会老老实实说出来，不会因为是孙中山，就不和他争辩。1921 年 10 月，孙中山出发北伐，拟带宋庆龄同行。外公反对，怕影响士气。两人争执起来。由于外公坚持己见，最后孙中山没有带宋同行。外公虚怀若谷，不计较名利，一切以事业为重。1924 年春，他本来是广东省省长。孙中山要他集中精力去改组国民党和筹建黄埔军校，他就毫不犹豫地辞去省长职务，只当中央执委和工人部长。几个月后，孙中山找不到合适的省长人选，又让他复职。当时孙中山的势力只在广东省内，因此，广东省省长是个很高的职务。这个职务外公几次放弃又几次恢复。连我妈妈都说，搞不清他什么时候是省长，什么时候不是省长。

1924 年，廖仲恺（右）与孙中山在广州庆祝苏联十月社会主义革命七周年大会上

外公当农民部长的时候，同共产党人谭平山一道前往中山县原九区宣传农运。他自带帆布床，住在农村。那时的做法，与现在干部下放实行“三同”不能相比。可是在当时，一个省长能常常到农民家去对话已经很不简单了。外公

1923 年，廖仲恺摄于广州

下乡并不是走形式，他是真正支持农民的。凡是农会与地主的乡团发生冲突，他总是站在农会一边。因此他遇害后，中山县原九区的农民送葬者最多。

那时还没有人提出“思想改造”这种口号，然而严于律己的外公已经有意识地主动靠近工农。一天，外公回家，帽子上沾着蜘蛛网。外公很爱干净，以前是不可能让衣服沾上脏东西的，所以妈妈惊讶地问：“爹爹，你到哪里去了，帽子上弄得这么脏？”不料外公教训起她来：“你不要学那些先看罗衣后看人的坏习气。有时外表看来很脏的人，却有着那些穿罗衣者所不及的地方呢。”

外公严于律己是出名的。他是个精力充沛、动作迅速的人，做事不喜欢拖拉，连走路都是小快步。他每天从早晨八点起床，一直要忙到半夜一点才睡，工作至少十六小时，而且不管怎么忙，睡前必看一会儿书。在当广东省财政厅长的时候，为了改变机关人员迟到早退、工作拖沓的陋习，他建立了签到制度，自己每天早晨九点前一定到办公室签到，使那些常常迟到的人感到不好意思，也变得准时起来。

任省长时，外公的午饭是在办公室与秘书一同吃。可是，常常到一两点还有人在找他办事，导致他不能准时吃饭。外婆每次去外公办公室，都要求秘书催他准时吃饭，不过这一点不容易做到。据秘书回忆，外婆这种要求提过十几次之多。

民国十二年

1923 年 12 月 21 日，妈妈还在岭南预科的时候，孙中山在夫人宋庆龄陪同下到岭南大学演讲。美国校长白斯德和我妈妈陪同他们参观学校。在此之前，1922 年陈炯明叛乱时，孙中山曾避难“永丰号”军舰。军舰自黄埔外河开到沙面外的白鹅潭，由于沙面是英租界，英国外交官竟要求“永丰号”开走，说这样会妨碍他们的侨民安全。孙中山大怒说：“白鹅潭是中国的水面。沙面租给你们，水面并没有租给你们。如果敢无理干涉我们内政，我同你开战！”就在孙中山到岭南大学演讲的前两周，又有几艘外国军舰开到白鹅潭（第二年广州商团叛乱得到它们支持）。孙中山忍无可忍，这天在岭南大学作《学生要立志做大事，不可做大官》的演讲里，愤怒地说：“中国至今不能独立，是由于帝国主义入侵。（珠江口）白鹅潭上停着七八艘外国军舰，这是中国人的耻辱。”

民国十三年，即 1924 年的 1 月，孙中山在国民党第一次全国代表大会上提出改组国民党，实行“联俄、联共、扶助农工”的三大政策。从孙中山最初与苏联代表接触开始，外公就参与了制定这个政策，自然成为它的积极推行者。外公、外婆认为，1924 年实施三大政策的国民党，才是他们心目中的国民党。因此后来外婆一直说自己是“（民国）十三年的国民党员”。

国民党改组后，一批共产党员加入国民党，开始了第一次国共合作时期。在改组国民党、建立黄埔军校、管理广州革命政府财政方面，外公都起了重要的作用。有位历史学家称他为“第一次国共合作的第一功臣”。然而这样一来，外公就处在了“光荣的孤立”状态，因为国民党元老多数反对国共合作。当时，国共合作确实是历史发展的要求，然而想达到这个要求，又存在着实际上的不可能性。无法解决的冲突从一开始就注定了外公的命运。

反对国共合作的国民党元老中，有不少原是外公的朋友，如今政见不同，成了政敌。戴季陶曾想说服我外公，给我外公写了一封信，信中有那么几句：“合作只能当作酱油之类的调味品，不能当正菜吃……”外公不以为然，说：“天仇

1923年12月21日，孙中山（左三）、宋庆龄（左二）在白斯德校长陪同下视察岭南大学。左一为廖梦醒

（戴季陶号）哪里懂得革命是什么？”有些人甚至攻击我外公“赤化”，散布说“廖仲恺已经加入了共产党”。这使正担任广东省省长职务的外公不得不发表声明：“本省长为国民党党人，非共产党党人。”

国民党“一大”之后，孙中山立刻让我外公、邓演达以及去过苏联学习军事的蒋介石等人筹建黄埔军校，目的是为建立一支新型的革命军队培训骨干。黄埔在广州以东，从广州到黄埔没有陆路交通，只能坐船。筹建黄埔军校时困难重重，蒋介石打退堂鼓，辞职不干，独自跑回上海，宣称黄埔军校不办了。外公挑起了筹建军校的重担，并先后发了二十来封函电给蒋介石催他回来。1924 年 6 月，在黄埔的陆军军官学校正式开学，孙中山任命蒋介石为校长，我外公为党代表，1924 年 11 月周恩来被任命为政治部主任。

黄埔第一期招生的时候，胡宗南因身材矮小，报名没有被录取。他不服，大吵起来说，“孙中山先生不高，党代表廖仲恺先生更矮！国民革命怎能以貌取人？”外公闻声出来，一看就乐了。他写了一张条子，给胡宗南。凭这张条子，胡宗南被允许参加考试，最终被录取入军校。

1923 年 12 月 21 日，廖梦醒（孙中山左后）陪同孙中山视察岭南大学

军校初建的时候，住房很紧张。蒋介石带着他的太太陈洁如到任，开始住在黄埔军校里面，后来外婆腾出自己在广州百子路新建小楼的一部分给他们住。陈洁如年龄和我妈妈相仿，外婆待她很好。当时，高官的太太小姐们看不起她，外婆常常袒护她。蒋介石抛弃她和宋美龄结婚后，把她送到国外“留学”。后来陈洁如住在上海。20 世纪 60 年代初，妈妈和她还有过接触。

黄埔军校成立不久，1924 年秋天，发生商团叛乱。以英

1924年6月16日，孙中山、宋庆龄、廖仲恺、蒋介石在黄埔军校开学典礼上

国汇丰银行买办陈廉伯为首的广州商团，从欧洲购买了大批军火，经香港偷运到广州，准备发动武装叛乱，推翻广东革命政府。他们效法意大利的墨索里尼，想以资产阶级右翼和反动军人为骨干发动政变，夺取政权。商团叛乱时，香港的英文报纸把陈廉伯之流与墨索里尼的法西斯党相提并论，说他们将步墨索里尼后尘夺取政权。1941年太平洋战争爆发后，日本人占领香港，陈廉伯当了汉奸。

外公作为广东省省长及平叛革命委员会成员，主张严厉惩办陈廉伯。黄埔军校学员和广东革命军最终平息了叛乱。尽管外公一再强调商团成员多为安分商人，把他们和陈廉伯之流区别对待，但是作为对付商团的“鹰派”，他还是得罪了商界。而对于财政力量薄弱的广州政府来说，商界是举足轻重的。这样，外公不得已再次辞去省长之职，让位给主张与商团妥协的胡汉民，自己只负责黄埔军校和财政方面的工作。

1924年，孙中山在广东大学（后改为中山大学）系统地讲“三民主义”——民族主义六讲，民权主义六讲，民生主义四讲。外公、外婆带妈妈和舅舅去听课，让他们受教育。1924年8月20日，外公把我妈妈和舅舅叫到他的办公室，严肃地对我妈妈说：“你已是个大学生了，应该知道些政治了。国民党是实行三大政策、反帝国主义反封建的，你们应该加入国民党。”说罢，他郑重地从抽屉里拿出两

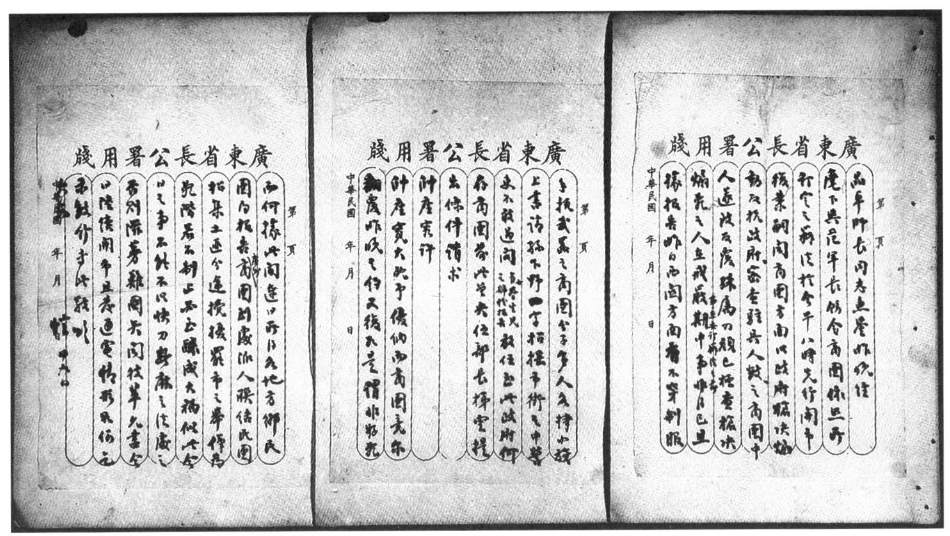

廣東省長公署用箋

第　頁

廣東省長公署用箋

第　頁

中華民國　年　月　日

廣東省長公署用箋

第　頁

中華民國　年　月　日

张表格，让他们填写。这是申请加入国民党的表格。外公就这样把自己的下一代作为新鲜血液输送进国民党。这年妈妈二十岁，舅舅十六岁。这个日子，妈妈一直认为是个不祥的日子。因为正巧第二年的 8 月 20 日外公遇刺丧命。

无忧的少女

外公很爱我妈妈，到哪里都带着她，广州政界高层人士没有不认识她的。他们知道外公疼我妈妈，见面时便有意无意地夸她几句，让我外公高兴。妈妈飘飘然。当时日本的老同学给她写信，不知道地址，只写“中国广州廖梦醒”，她就能收到。

广州东山百子路十二号外公家旁边有一块空地。一天，有辆警车开过来。那时廖恩焘五岁的孙子廖德莹正寄居在外公家，他扒着窗台，看见车上走下几个警察，押着一个犯人下车，就地枪毙了那犯人。廖德莹吓得叫道：“醒姑姐快来看！”妈妈过去一看，地下已躺着一具死尸，不由得怒火冲天，拿起电话直接找公安局局长吴铁城。妈妈质问：“为什么要在我们家旁边枪毙人？”吴铁城答应查查。警

1924年，廖梦醒（手扶方向盘者）与表姐妹们在一起

1907年，李少石与他的父亲李甘泉

车很快开走了，此后再也没有发生过这类事情。妈妈二十岁生日那天，外公送给她一件巨大的礼物。那是一本19世纪出版的精装英文小百科辞典。辞典足有十五厘米厚，身强力壮的小伙子都要双手才搬得动。这个庞然大物是妈妈的宝贝，她一生奔波，这部辞典始终伴随着她。

妈妈从岭南大学预科升入本科是1924年。岭南大学的英文校名是“广州基督教大学”。妈妈曾经参加过“反基督教大同盟”，进入岭南后，学校当局很高兴，以为她皈依基督教了。谁知她还是不信教，根本不参加教会的任何活动。学校有“圣经”课，她也不好好学，只要刚及格就行。当时她很天真，认为反基督教就是反帝，叛逆就是革命。进大学时，妈妈报的是农学院蚕桑科，这是外公的主意。外公认为，中国是农业国，农业是立国之本，广东省有几个县蚕桑业很发达，农民需要提高蚕桑业技术。当然，也不排除他受日本的影响。日本人很重视蚕桑业，历代日本皇后都喜欢养蚕。

那时，广州和香港来往很方便，不用签证。很多香港学生到广州岭南大学上学。妈妈的同班同学中，后来成了知名人士的有音乐家冼星海、画家司徒乔、香港殷商利铭泽、日本作家草野心平等。与我妈妈同班、同社、同科、同系的还有一个香港皇仁书院毕业的男生李振（1943年改名李少石），他日后就是我的爸爸。

爸爸原名李国俊，字默晨，广东新会潮莲乡人，1906年6月7日，即阴历丙午年闰四月十六日生。闰四月每隔四年才有一次，因此他每隔四年才有一次生日。按古老说法，闰月生人长寿。假如他不是死于非命，也可能会很长寿。爸爸出生于香港西区一个商人家庭，祖父李胜是个屠宰商，在中环街市开了一家胜记牛栏。年老之后，他把生意交给儿子李甘泉，即我的祖父经营，自己带着我爸爸回广州居住。在爸爸到香港皇仁书院上中学之前，李胜请国学根底深厚的老师叶俊勤教我爸爸念书。爸爸的旧体诗根底就是得益于这位老师。爸爸温文尔雅，浓眉大眼，皮肤白皙，是个英俊青年。他性格内向，寡言少语，不善交际，因此对于热情活泼、

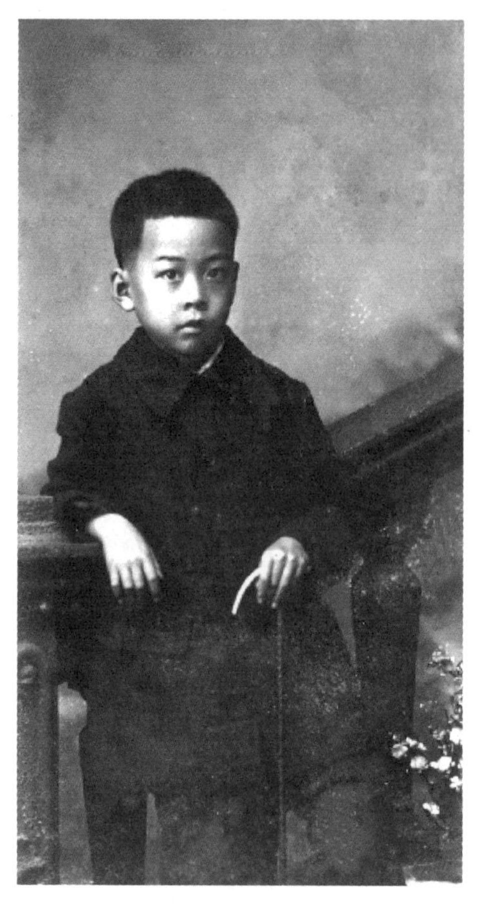

大眼睛、深色皮肤的女同学廖梦醒仅是心仪而已。

妈妈在岭南大学是个新潮的女生，她会跳交际舞，会游泳，会骑马，会打拳。以前姑娘们都梳一条大辫子。妈妈率先把辫子一分为二，变成两条辫子，垂在左右肩上。现在看来很普通的两条辫子，那时是很新潮的。当她仰泳的时候，长长的黑发飘在水上，羡慕煞人。妈妈还喜欢看外国电影，唱英文歌。大学一年级的时候，别的同学只具有中学英语水平，她已经能够用英文与人通信和交谈了。她不仅英语好，日语也好。她在学校里有不少追求者，她也不拒绝和男生来往，但是并没有特定意义上的“男朋友”。

一次，外公到岭南大学演讲。岭南大学不许吸烟，外公有烟瘾，起先还忍得住，时间一长就很难受。偏偏他又特别能讲，一讲就两三个小时。正在他很想抽支烟的时候，经济系一位姓甘的青年讲师及时给他递上了一支烟，外公大悦。后来甘某被我外公调去当助手，经常出入廖家。于是小报捕风捉影报道：“廖梦醒和甘某订婚。”妈妈一看不得了，事关个人命运，不辟谣不行，她随即给报馆发了一封“公函”，煞有介事地盖上“廖公馆章”，说：“查无此事，请予更正。”其实那个“公章”只不过是家里收信用的图章而已。

东山百子路附近有一条小河，叫新河浦。妈妈从家里出来，走不了几步就能坐上一种叫“四柱大厅”的舢板。这种舢板比一般的小艇大一点，四根柱子撑着一个篷，又遮阳又通风，能坐十人。它几分钟就出珠江，个把钟头，船就摇到西堤。省港轮船的码头都在西堤。小船靠在省港轮船旁，沿着吊桥上轮船，就能到香港。那时广州和香港来往很方便，不用签证，妈妈假期经常去香港。香港虽是英国人统治的地方，但实际上是个半封建、半殖民地，女孩子受着很多束缚。当妈妈去

廖梦醒摄于广州

香港度假，或者香港的表妹到广州度假时，表妹们往往感到自己远不如我妈妈思想开放，见识广，阅历多。她们很羡慕我妈妈，聚会时总是把这个“醒表姐”奉为中心人物。直到二十多年后，我在香港的表姨还对我说：“当年你妈妈可出风头了，又会跳舞，又会游泳，我们羡慕得不得了。”

国民党实行“联俄”政策后，苏联派了很多顾问到广州。一次，有个苏联顾问突然得了急病，被送到颐养园医院抢救，急需找个可靠的护士对他进行护理。颐养园位于珠江的一个小岛上。这时妈妈因病在家休学，外公便把找护士的事交给我妈妈去办。妈妈接受了这个任务，特别兴奋。她和外公的警卫员一同跑了许多公立医院和私人诊所，终于找到一个合适的护士。那天正下着大雨，三人顶着狂风暴雨坐小船到小岛，已是深夜。那位苏联顾问后来不治去世，但孙中山的首席苏联顾问鲍罗廷的夫人仍到处向人们宣传这件事。结果每次妈妈跟外公去参加什么活动，遇到苏联朋友，他们都向她伸出大拇指，称她为“勇敢的廖仲恺小姐”。

外公在黄埔军校、改组国民党、省港大罢工等工作中都要与共产党合作，因此林伯渠、周恩来、苏兆征等共产党人成了家里的座上客。如果他们来得早，外

廖梦醒（右）在香港与表兄妹们合影

公还没有吃早饭，就请他们一起吃，边吃边谈。黄埔军校的工作，外公承担着筹募经费的重担。当时整个广州政府财政都困难，军校更不用说，常常是训练有枪无弹，伙食揭不开锅。为了筹钱，外公受尽军阀的气。黄埔军校的共产党人知道外公的难处，都看在眼里，格外敬重他。外公有一艘电动的快艇。他有时坐电动快艇去黄埔军校的时候，带着我妈妈同去。于是，军校许多师生都认得她。妈妈和周恩来就是这个时候认识的。据妈妈回忆：

周恩来与邓颖超

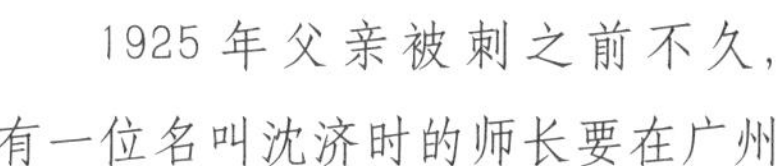

1925 年父亲被刺之前不久，有一位名叫沈济时的师长要在广州结婚。他的未婚妻从外地来，暂住我家，母亲让她住在我的房间。星期六我从学校回来，家里人叫我不要进自己房间，说：“有客人。”我就住到弟弟房间里去。母亲回来把我介绍给她，但我听不懂她的话，不能和她交谈。第二天，母亲回家的时候，邓颖超和她一同坐车回来。她们帮那位女客梳妆打扮一番，我才知道她原来是个新娘子。大家都穿戴好后便一起坐车去南堤的南园酒家。

我们到达时，父亲和周恩来以及许多军官都已在座。父亲让我叫周恩来“周伯伯”，大家起哄：“他才比梦醒大多少岁？能当伯伯？”一人说：“叫叔叔吧。”有人反对：“不行，顶多叫阿哥。”我问父亲：“到底我应该怎样称呼他呀？”周恩来自己说：“就叫阿哥吧。”父亲微笑点头。于是我恭恭敬敬向他鞠个躬，叫声“阿哥”才入席。

就这样，以后几十年妈妈都这样称呼周恩来。邓颖超当时在场。她以后与我妈妈提起周恩来的时候，也都是说“你阿哥”怎样怎样。周恩来逝世五周年的时候，妈妈发表了一篇纪念文章，本来题目就是《阿哥》。后来觉得不合适，才改用《恩情》。《阿哥》的题目还可见于清样中。

风云突变

1925 年 3 月 12 日，孙中山在北京病逝。他病危的时候，广州政府的要人几乎全都去了北京。外婆也赶赴北京，但外公须留守广州，没有同行。广东的党、政、军事务集于外公一身。孙中山曾说："广东不可一日无仲恺。"

孙中山去世前一天，忽然一改过去对我外婆叫"奥巴桑"的称呼，费力地喊："廖仲恺夫人，廖仲恺夫人……"外婆听见他叫得那么郑重，知道他放心不下一些事，便掩泪走近床前，对他说："孙先生请放心，今后我誓必继续孙先生改组国民党的精神，遵守孙先生的一切主张，并且尽我的全力爱护孙夫人，海枯石烂，永不忘记。"孙中山紧握住我外婆的手，说："廖仲恺夫人，我感谢你……"

外婆和其他在场的人都作为《国父遗嘱》的见证人签了名。孙中山去世后，办完丧事，外婆把悲痛欲绝的宋庆龄送到上海，又陪她去南京选好墓地，然后自己才回广州。陵墓的样式当时有几个设计方案，目前中山陵的建筑样式是宋庆龄亲自从中选定的。

孙中山留下的遗嘱里，并没有提到接班人的问题。因此，他逝世后国民党内部斗争加剧。在广州的国民党中央分成了三派：以胡汉民为首的右派，以汪精卫、蒋介石为首的中间派，以廖仲恺为首的左派。孙中山一死，右派的打击目标集中到外公身上。孙中山身后成立的国民政府里，外公任国民政府委员、军事委员、财政部长、广东省财政厅长。由于右派不合作，外公就更加依靠政府里的共产党人了。上任后他做的第一件事就是正式发布《统一军政、民政、财政宣言》，这是他多年来想处理的问题。可是，这却大大触犯了地方军阀的利益。因为当时广州国民政府的财政收入，近一半都被粤军许崇智部占用。

1925 年 5 月 30 日，上海市民因日本人杀害纱厂工人顾正红在南京路游行抗议，英国巡捕向群众开枪，打死打伤几十人。"五卅惨案"发生后，全国各地纷纷举行反帝示威。英国人统治下的香港居民百分之九十九是中国人，消息传来，群情激愤，共产党领导的香港海员工会带头罢工。6 月，几十万香港工人响应工会提

1925 年 3 月，宋庆龄（右）与何香凝在北京碧云寺

1925 年 4 月 17 日，上海国民党女党员慰问孙夫人宋庆龄（二排左起第九人）并欢迎廖仲恺夫人（二排左起第八人）

出“不为香港打工”的号召，离开香港，徒步走回广州。广州的英、美、日商洋行和英租界沙面岛上的几千名职工也宣布罢工。

6 月 23 日，广州举行了十万人大会。外公在大会上发表了慷慨激昂的演说，痛斥帝国主义暴行。会后，十万人游行到英租界沙面岛对岸的沙基路，高呼反帝口号。我妈妈、舅舅和我爸爸都参加了这次游行，不过他们是分别去的，当时中学生、大学男生、大学女生分别在各自的游行队伍中。大学生队伍里，女生走在男生的前面。岭南大学参加游行的人不多，女生只有我妈妈一人。她行进在岭南大学队伍的最前面，她的前面是中学生的队伍。

下午，当游行队伍正要向沙面岛走去的时候，躲在岛上沙袋工事后的英、法巡捕突然用机关枪向手无寸铁的游行群众扫射。停泊在沙面岛南边珠江白鹅潭的英国军舰也向游行队伍开炮。游行群众纷纷中弹。妈妈前面的岭南附中学生许耀章和岭南大学的领队教师区励周当场被打死，还有人被子弹打得肚破肠流。许耀章倒下时，压在我妈妈身上。妈妈完全没有料到会有这样的事发生，当场吓蒙了。她好不容易爬起来，跟着人流跑。扫射持续了二十分钟。幸好黄埔军校学员有经验，他们带领学生撤到沙基路的横巷里。妈妈在一家店铺里坐下之后，才发现膝盖跌

1925年、廖仲恺（左起第十人）、何香凝（左起第六人）东渡日本前摄于广东

伤了，身上也全是血。回家路上，她遇见黄埔军校的陈赓等人，但没有让他们送她回家。

外公、外婆听到沙面出事，急忙叫司机阿鎏去找子女。当时全城大乱，阿鎏四处找也没找到他们。为免父母受到惊吓，妈妈自行回家后，先溜上楼把身上的血洗干净，换过衣服，才下楼见他们。当时她的头发上都是血，洗出来一大盆血水。两姐弟第一次经受血的洗礼，又后怕，又自豪。他们觉得自己已经成人，可以和父母并肩参加反帝斗争了。

6月23日，游行群众共被打死打伤二百余人。这就是有名的“沙基惨案”。广州沙基路从此改名为“六二三路”。岭南大学校方在惨案发生后非但不慰问脱险的学生，一个英国老师反而说“打得好”，学生们气得七窍生烟。爸爸这时已经参加党领导的进步学生组织“新学生社”。“新学生社”成员发动学校工友罢工，迫使学校解聘了该英国教师。可是，后来爸爸和蓝辛常、吴建民三个“新学生社”成员反被学校开除了。

“沙基惨案”的消息传到香港，如同火上浇油，原来没有罢工的工人也纷纷宣布罢工。服务性行业罢工使全城陷于瘫痪。当时香港还没有抽水马桶。夜香工会(即倒粪工人工会）的罢工使“香港”变成了“臭港”。这时正是夏天，垃圾不清理不行，港英政府只好出动英军去清理垃圾。屠房工人罢工，全城没有肉类供应，也只好让英国兵开进屠房去宰牲口。由于电车工人罢工，连街上行驶的电车也只能派英国兵去开，搞得港英政府狼狈不堪。这次大罢工历时一年零四个月之久，从1925年6月开始，到1926年10月才宣布结束。

如此大规模的罢工行动之所以能持续这么久，很大程度是由于得到了国共合作的广州国民政府的支持。广州成为国民革命的根据地。外公与苏兆征、邓中夏等同为罢工委员会顾问。罢工委员会要安排十几万人的生活，这可不是一件容易的事。总不能让十几万身强力壮的人无所事事啊。

外公在广州中央公园召集十万罢工工人大会，号召他们修筑广州—黄埔公路。外公带头拿起锄头在东山破土。一项重要的建设就这样开始了。它既解决了罢工工人的工作问题，又为广州城做了一件好事。筑路的想法外公早就有了。他曾说：“衣食住行中，人们往往只知道，食和住重要，却不知道，行也很重要。所谓‘行’就是交通，于水为港口，于陆为公路。香港之所以繁华，就是因为有深水港，可以停泊五大洲轮船，国内进出口都要经香港。广州河道浅，不能停泊大轮船。只有黄埔港可以开辟为深水港。但是黄埔离广州很远，又没有公路相连。因此，首先须筑一条广州—黄埔公路，然后建深水港。这样，广州就会繁荣起来了。”

为了安排十几万罢工工人的食宿问题，外公煞费苦心。他经常为借房子给各处打电话，有时发生争执，电话里解决不了，他就去当面交涉。除了为罢工工人解决吃饭问题外，外公还给抽烟的工人每天发一毛钱烟钱。他自己烟瘾很大，因此对烟民的需要深有体会。但罢工工人众多，要解决的问题也很多。外婆是国民党的妇女部长，她办的贫民医院为罢工工人及其家属解决了医疗问题。她还办起一个草鞋厂，让罢工工人家属挣些零钱购买日用品。我妈妈也被动员起来为罢工委员会翻译海外来

1925年，省港罢工工人在广州集会

1925年，广州岭南大学“泉社”合影。前排左起第六人为廖梦醒，最后一排左起第四人为李少石

电，这些来电有的是道义上声援省港大罢工的，有的是捐款支援罢工的。

一次，妈妈从学校回家，发现外公不像平时那样高兴地摸着她的头问这问那，而是坐着一言不发。妈妈感到奇怪，就问外公怎么回事。外公叹气道：“有个工友病死了，我很难过。怎么坏蛋不死，偏偏死好人呢！”一到刮风下雨，天气变冷，外公又会想到那些还没有解决住处的工人，神色凝重，长吁短叹。连家里客人送的点心，外公也不让子女吃，总是留着送到罢工委员会慰问生病的工友。

这时爸爸家里发生了一件事。前面说过，香港全市罢工，包括屠房工人。可是香港的胜记牛栏却私自开工宰牛，把牛肉卖给酒店，罢工委员会的武装纠察队因胜记牛栏破坏罢工，要捉拿它的老板。香港政府发给胜记牛栏的牌照上，持牌人是李胜，因此罢工委员会的纠察队在广州逮捕了李胜。其实，李胜对此事根本不知晓，因为罢工一开始，广东与香港的交通就断绝了。爸爸与祖父（李胜）感情很深，得知祖父被捕，急忙去找同学廖梦醒帮忙。在此之前，由于性格内向，爸爸与女同学很少来往。妈妈是个热心人，她带爸爸见我外公。外公听明情况后，直接把他领到罢工委员会。罢工委员会的人听了我爸爸的阐述，也认为破坏罢工的是在香港的李甘泉，不应该逮捕在广州的李胜。于是李胜很快获释。

这件事情是爸爸人生的一个转折点。一是与我妈妈成为好朋友，后来更成了夫妻；二是结识了罢工委员会的共产党人，在他们的带领下走上了革命的道路。

1925 年，廖仲恺、孙科、胡汉民、汪精卫等国民政府委员合影

1925 年，廖仲恺、孙科、胡汉民、汪精卫等国民政府委员合影

1925 年，廖仲恺、孙科、胡汉民、汪精卫等国民政府委员合影

廖仲恺遇刺

外公遇刺的日子是 1925 年 8 月 20 日。那天早晨，妈妈像往常一样在岭南大学农科的蚕室做暑期实习。正在切桑叶的时候，一个美籍教员跑来问她："你父亲好吗？"妈妈点点头说很好，谢谢他的关心。但妈妈有点儿心烦意乱，因为那天她刚刚穿上一个多月前"沙基惨案"时染过血的衣服，她莫名其妙地有一种不祥的预感。十一点多，外公的好朋友、国民党元老陈树人的女儿到岭南大学去接我妈妈，妈妈才知道外公遇害。待她匆匆赶到医院，外公早已气绝身亡。妈妈当时就像天塌下来似的，眼前一黑，昏了过去。醒来时发现有人往她额头上擦药，舅舅正握住她的手在叫她。她伸出双手搂住舅舅哭道："我们要为爹爹报仇！"舅舅也哭得说不出话来。

后来才知道，外公遇害前几天已接到报告，说从一个法西斯派的学生那里搜出一封信，信中写着："黑衣领袖有奖励。"外公、外婆都不知道这是什么意思。其实，那时暗杀廖仲恺的传言已经甚嚣尘上，汪精卫也警告过外公有人要谋害他。外婆建议外公多加几个警卫，外公说："增加卫兵只利于捉拿刺客，并不能防止他们行凶。我天天到工会、农会、学生会去开会、演讲，他们要暗杀我很容易，防也没有用。我生平为人做事凭良心，自问没有对不起党、对不起国家、对不起民众的地方。生死由它去吧。"外婆还是不放心，自己去见公安局局长吴铁城，请他注意。

8 月 20 日，早晨刚过八点就有人来家里向外公请示工作，快到九点外公还没有吃早饭，九点钟国民党中央执委会要举行例会，外婆催他快点儿吃完好走。外公匆匆喝了几口白粥，就同外婆一起出了门。后来外婆回忆起来难受地说："想起来，好像是催他去死一样。"

八点五十分，汽车到达惠州会馆（中央党部所在地）。平时，中央党部开会，门口总有警察守卫，可是这天门口却没有警察。外公、外婆和同车来的陈秋霖先后下车。外婆遇见妇女部的一些人，就停下来和她们讲话。正在这时，埋伏在附

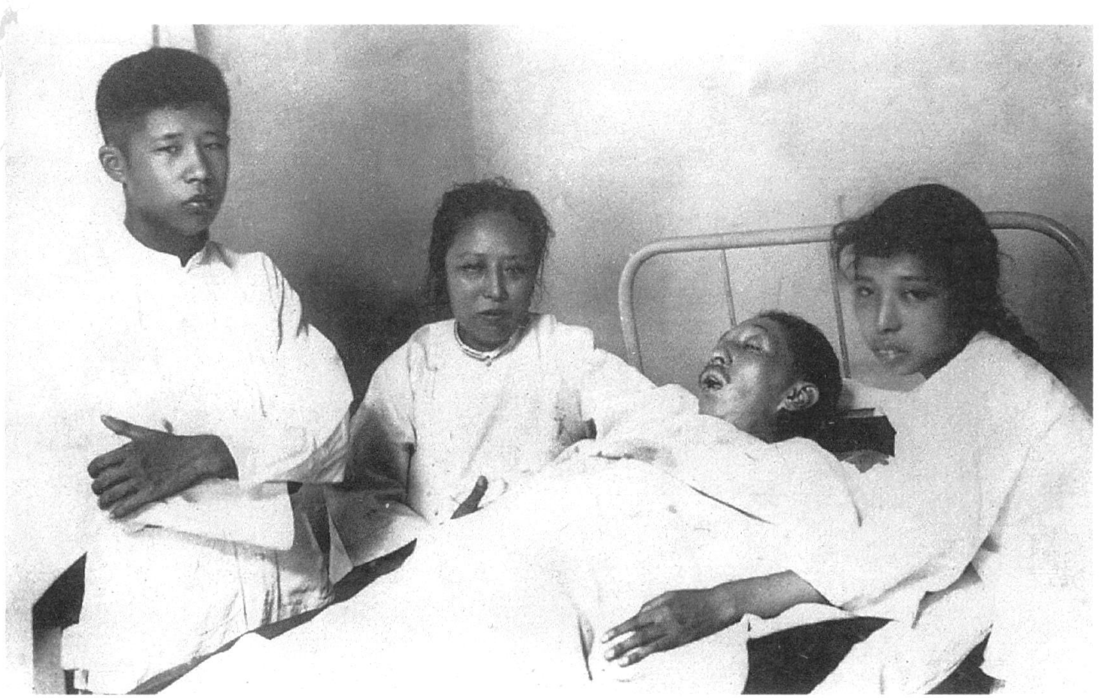

1925 年 8 月 20 日，何香凝（左二）、廖梦醒（右一）、廖承志（左一）在遇刺身亡的廖仲恺遗体前

广州沙河的廖仲恺临时墓地（摄于1925年）

近的刺客从几个方向向我外公开枪。外婆听见“啪啪啪”的声音，回头一看，外公已经倒下。陈秋霖和一个警卫也中了弹。外婆赶快俯身去扶我外公，头上又飞过几发子弹。前前后后共响了十几枪，像放爆竹一样。外婆大叫：“捉人啊！”躲在四周的刺客遂作鸟兽散。外公的另一个警卫进行还击，击倒了一个刺客。

外婆和警卫立刻把我外公扶起来，只见满地殷红，外公衣服上的鲜血点点往下滴。他们把外公和陈秋霖送往百子路广东大学医学院附属医院。但是，还未到达医院，十点十五分外公已停止了呼吸。陈秋霖后来也不治身亡。外公身上共中四枪：头部、右胸、右腹、肺部各中一枪，其中三个伤口较大，一个伤口较小，是由不同口径的枪所射。显然刺客不止一人。医务人员替外公脱下打穿几个洞的血衣，换上洁白的衣服。妈妈和舅舅赶到的时候，外公的遗体已经整理完毕。

外婆向医院索取了那件血衣，经处理后带回家收藏起来。一是为了铭记仇恨，寄托哀思；二是为了教育后代。后来外婆在广州河南区创办了仲恺农工学校，外公的血衣就保存在学校的蚕种冷藏库里。抗战期间，广州沦陷，仲恺农工学校多次搬迁，在搬迁的过程中血衣不知去向。

外公遇刺，周恩来闻讯当即赶到医院，看见外公的遗体十分难过。他写了《勿忘党仇》和《沙基惨案与廖党代表之惨死》两篇悼念文章，指出“这个暗杀案的后边藏有极大的黑幕阴谋”。恽代英、邓中夏等共产党人也发表文章或讲话。罢工委员会向全体工人发出通电，要举行追悼会悼念我外公。

广州国民政府公布了外公遇刺的情况，决定8月25日为我外公举行国葬；

1925 年 8 月 25 日，广州群众为廖仲恺送葬

从 8 月 21 日到 8 月 28 日全体文武官员戴黑纱一周。本来要把外公葬到南京钟山孙中山墓旁，但外婆认为，政府正准备北伐，待北伐成功后再葬到南京，暂时先葬在广州沙河朱执信墓旁为好。一方面，外公和朱执信是最好的朋友；另一方面，外公和朱执信一样，都是为实现自己的理想被人杀害的。国葬前，外公的灵柩停放在惠州会馆。每天都有川流不息的工人、学生到灵前致祭，农民从老远乡下赶来，他们痛哭流涕，宛如丧失了自己的亲人。外婆写了一对挽联：

致命本预期只国难党纷赞理正需人一瞑能无遗痛憾
先灵应勉慰使完功继事同胞齐奋力举家何惜供牺牲

国葬当天，工人、农民、学生、香港罢工工人和黄埔军校学员二十多万人为我外公送葬，其阶层之广泛，情绪之悲壮，在广州是空前的。送葬队伍最前面，是巨幅的横额，上面写着“精神不死”四个大字。从惠州会馆一直到沙河墓地，人山人海，交通堵塞，连外婆和我妈妈乘坐的汽车都无法顺利通过（舅舅已随灵先行）。妈妈对外公的感情特别深，遗体入殓时，她想到从此不能再陪伴他了，就把自己的头发剪了一绺，放进棺材里，让它陪伴外公安息。外婆抚棺大哭说：“我知道你最放心不下的是国民党。”葬礼之后，外婆把写着“精神不死”四个大字的横额挂到家门口。

美国女记者安娜·路易斯·斯特朗在我外公遇害后不久到广州访问。她在《千千万万中国人》一书中写到了我妈妈：

罢工工人破例允许我观察他们的革命。我从香港乘英国船到达广州的英租界沙面岛。下午，船停在沙面。本来外国人是不能越过租界的，可是，停在广州岸边的无数舢板中，有一艘小汽艇向我们开过来……我看见鲍罗廷夫人坐在船尾，便迅速拿起我的皮箱走下甲板，登上小汽艇。水手们还在目瞪

1925 年，廖梦醒（左）与鲍罗廷夫人摄于广州

口呆，汽艇已离开沙面。这是数月来第一次广州的汽艇靠近英国轮船。

当汽艇离开英国轮船时，鲍罗廷夫人对我说："我想，最好有个翻译或者有个朋友陪着你。罢工委员会一次只发一个通行证。"她介绍我认识与她同来的一个身材纤细的中国姑娘。"这位是廖梦醒。她父亲的名字你肯定听到过，他就是劳工领袖廖仲恺，不久前被暗杀了。我们现在就去廖夫人家，那里正在举行妇女部执委会会议。"

廖梦醒是个热情的少女，二十一岁，有着一头乌黑光亮的头发和一对灵活有神的眼睛。她把一只柔软的小手放在我的肩上说："我父亲带领广东老百姓前进。他刚制订了一套稳定广东省财政的计划，所以他们杀死他，因为我们的罢工和我们的革命都还在继续。不过我父亲的理想会在工人中生根的。为了纪念他，我在广州岭南大学（英文名是广州基督教大学）学习蚕桑技术。父亲说过，广东省农民很需要蚕桑技术。"

突然，我想起在什么地方听见过"廖仲恺"这个名字。香港一份报纸曾写道："那个恶名远扬的劳工领袖……把自己的孩子送进广州基督教大学……"那份报纸要求上等人的学校不要录取那些人的子女，"以免他们污染其他学生"。这位站在我身旁穿着浅蓝色麻质衣服而没有穿孝服的廖小姐，正好就在进行着"污染"。

我们上了码头，登上廖夫人那辆暗栗色的汽车，沿着广州的街道行驶。

廖梦醒让我注意几条宽阔的马路，它们是孙中山下令加宽的。由于它们，广州成了中国最现代化的城市。她指着一条尚未修好的泥路对我说，罢工工人正在修这条路作为献礼，报答广州给予他们的热情接待。这条路将通往黄埔。黄埔在下游十一英里处，是个陆军基地。

“罢工工人使我们这个城市变得更强有力，”她说，“我们会永远记住这次罢工的。”

廖府门口挂着一面旗子。廖梦醒把上面的中文翻译给我听，那是“精神不死”。“我们把它看作是我们家的座右铭，”她说，“许多人写信给我们，说我父亲的不朽精神引导着他们前进。因此我们把它挂在大门口。”

1926 年春，廖梦醒于广州家中廖仲恺像前

廖案之谜

1925年8月25日，廖仲恺国葬时印发的《廖仲恺先生传略》

廖案是民国史上一大悬案，史学界对此案至今仍有不同说法。现在看来，外公被刺杀无疑是国民党左、右两派激烈斗争的结果，但其中又有国际恶势力的介入，线索很多，扑朔迷离。查案者并不想搞个水落石出，以后事过境迁，物是人非，无法对证。因此，到底谁是最大的幕后策划者一直搞不清楚。

廖案发生的当天，国民党中央、国民政府、军事委员会成立了“特别委员会”，由汪精卫、许崇智、蒋介石和苏联首席顾问鲍罗廷等人组成，负责调查案情和缉拿凶手。

从被捕刺客陈顺身上搜出一张手枪执照和一份名单。手枪执照是粤军南路司令梅光培签发的，但具体把手枪发给陈顺的是梅光培的参谋长郭敏卿。陈顺是郭敏卿的旧部。名单是写在澳门新海珠酒店的便笺上，有三个人名：吴培、陈细、梁博。陈顺被外公的警卫员击中后，邹鲁和邓泽如的警卫员又跑去冲他头部补了几枪。陈顺被送到医院时已神志不清。当他稍清醒时，对他进行了几次审讯。他招供：

一、行刺者共五人，除他之外，还有吴培、梁博、冯灿及现场指挥黄鸡；二、8月14日到17日在澳门新海珠酒店开了一次暗杀廖仲恺的秘密会议。一个叫黄福芝的人给他们每人发了几十元到一百多元不等的预付款，说事成后可共再得一万元。参加这次会的，除上述五人外，还有陈细、陈瑞、苏汉雄。苏汉雄又称“苏司令”，是军队中人。黄福芝很熟悉军中情况，也像是军界人物；三、有几十万元用来打“猛人”。“猛人”是廖仲恺、谭平山。“廖仲恺是共产党，所以要打死他。”

陈顺四天后死去。他招供的人中，除梁博外全都没有抓到，但他昏迷时多次喊叫“大声佬”，倒是提供了一个很重要的线索。“大声佬”是朱卓文的外号，陈顺、梁博、冯灿都是他的旧部。朱卓文是个老国民党员，曾经很受孙中山信任。后来他当了县长，因办事不力，被外公免职。广州南堤他的家是那些反对国共合作的老国民党员经常聚会的地方。他们曾经纠集“死士”，密谋炸死廖仲恺、汪精卫及苏联顾问鲍罗廷和加伦。据说，此事被公安局局长吴铁城知道后“劝阻”了。多年后朱卓文被捕，他招供说，吴铁城劝阻之后，陈瑞还来告诉他准备要杀廖仲恺。他怕出事，给了陈瑞二百元港币让他赶快离开广州。陈瑞本来是朱卓文招募的杀手。如果朱卓文确实已经被吴铁城“劝阻”，那么，陈瑞依然准备暗杀廖仲恺，又是受谁指使呢？

事实上，廖案发生之前，国民党内有多股势力反对国共合作，反对极力主张国共合作的廖仲恺。胡汉民的家也是国民党右派聚集的地方。还有一个地方，就是以胡汉民的堂弟胡毅生为首的文华堂俱乐部。文华堂有会员三十余人，他们经常聚在一起，盘算如何推翻国共合作的国民政府，杀害廖仲恺。前广东省警察厅长、旧军阀魏邦平的家，也是一个聚会场所。廖案发生前后，文华堂一伙人每晚都到魏邦平家聚会。有人提供情况说，8 月初曾在文华堂亲眼看见朱卓文和林直勉坐在一起，口口声声说非杀廖仲恺不可。林直勉被捕后，供认在胡汉民家开过几次会，讨论“驱逐廖仲恺”。他还供出了一个惊人内幕：参与密谋杀害廖仲恺的，有许多都是当时国民政府中的重要人物。这份名单由于牵涉太大，一直没有公布。

另一方面，在鲍罗廷的坚持下，粤军司令许崇智不得不扣押了他手下几名有嫌疑的高级将领梁鸿楷、张国桢、杨锦龙、梁士锋和警卫军司令吴铁城，把他们关在黄埔军校。梁士锋和吴铁城交钱后被保释，其余三人被枪毙。杨锦龙和早先被扣的林直勉在关押期间都交代说，他们从胡毅生那里得知，香港方面有二百万元援助金。杨锦龙还说，本来他不敢参与此事，是听到胡毅生说香港有二百万元援助，他才决心参加的。

二百万元是怎么一回事呢？据说，1925 年 7 月底，香港大罢工进行了一个月后，香港的英商要求英政府派飞机、舰队来向广东方面施压。但英国国内正在罢工，英政府自顾不暇，没有搭理这个要求。香港的某些势力便自行集资，在广东物色反共分子，企图推翻支持香港大罢工的广州国民政府，以便早日结束罢工。他们通过胡毅生、魏邦平等人在广州散布这个消息，吸引反共分子参与上述阴谋。至于这笔巨款是什么人提供的就不得而知了。

由于牵涉到的人很多，因此对于谁是刺杀的主谋，便众说纷纭。有人说，刺廖是朱卓文一手布置的；有人说，朱卓文没有政治头脑，他的幕后指使人是胡汉民；又有人说，是胡毅生；还有人说，是魏邦平。我从小听妈妈说，杀害外公的主使人是胡汉民。可是抗战期间，在香港妇女兵灾会的活动中，妈妈又与胡汉民的女儿胡木兰和平相处。奇怪的是，直到 1980 年，宋庆龄写给爱泼斯坦的信中还称朱卓文是“一位受信任的革命者，经常在海外陪同孙博士”，好像她根本不知道朱卓文是暗杀我外公的疑凶之一。

2003 年第 4 期《文史精华》披露了一件更奇怪的事：有着如此重大嫌疑的胡汉民，在外公遇刺后一个月，1925 年 9 月，拿着汪精卫签名给联共（布）中央和苏联政府的介绍信，去莫斯科出席共产国际执委会扩大会议去了。而他到达莫斯科时，竟受到六万人热烈欢迎，《真理报》还称他是“中国革命运动最卓越的领袖”！而胡汉民此去莫斯科，是为国民党申请加入共产国际！

这边在广州，苏联的首席顾问鲍罗廷把胡汉民列为与廖案有牵连的人，要逮捕他；那边在莫斯科，苏联政府却热烈欢迎胡汉民。到底共产国际对廖案持一个什么态度？它在大革命时代又扮演一个什么角色？外公遇刺是 8 月 20 日，是不是有人要赶在 9 月共产国际开会之前除掉他呢？

1925 年，鲍罗廷夫人（左一）、何香凝（左二）、鲍罗廷（左三）在广州

由于当时国际、国内情况复杂，扑朔迷离，因此虽然 8 月 25 日成立了由九人组成的廖案检察委员会，但它注定了不能有所作为。周恩来作为委员会成员，不遗余力地调查廖案，甚至差一点儿遇险。邓颖超亲口告诉我，廖案发生那晚，为了廖案的事周恩来坐车去司令部。不料那晚戒严时间突然提前，周恩来不知道口令，警卫立刻开枪，结果把司机打死了。周恩来伏倒才躲过意外。据军队党史专家徐焰披露，正是由于我外公被刺，周恩来深深感到情侦保卫工作的重要性，因而 1925 年在他领导下

的两广区委首先创建这方面的组织。这比 1929 年大革命失败后周恩来从广东到上海组建特科还早四年。

本来孙中山去世后，国民党内地位最高的有五人：胡汉民、汪精卫、廖仲恺、蒋介石、许崇智。廖仲恺一死，胡汉民到苏联去了；许崇智由于部下有许多嫌疑人或被捕或枪毙，被蒋介石赶出广东；汪精卫口才虽好，玩权术却敌不过蒋介石。因而廖案之后，实际上最大的得益者是蒋介石。

1950 年夏天，我在北戴河养病，外婆正好去避暑，我们有很多时间聊天。我曾问过她：“到底是谁杀害的外公？”外婆答：“黑手党。”那是我第一次听到“黑手党”这个名词，因此印象很深。现在想来，可能是在整个刺杀活动中，国民党出场表演的人已经够多了，但幕后黑手还不清楚，而 1924 年陈廉伯商团叛乱牵出了一个墨索里尼，1925 年又有“黑衣领袖有奖励”及“二百万元打猛人”之说，因而外婆想到了国际恶势力吧。

1926 年，中国共产党纪念廖仲恺遇刺一周年

大革命失败

妈妈突然失去了最爱她的父亲，极度伤心，大病了一场。爸爸常去慰问她。岭南大学本来就因为妈妈参加“反基督教大同盟”及6月23日的游行对她不满，这时外公已死，他们没有了顾忌，便趁机让我妈妈“休学”。妈妈和爸爸两人都离开了岭南大学，成了患难之交。大革命时代本来就是一个充满革命激情和浪漫的理想主义年代，妈妈和爸爸都具有爱国热情和反帝意识，有着共同的理想，谈话投机，更主要的是，妈妈在爸爸身上找到了感情寄托。

1925年，李少石（右）与友人在杭州西湖西泠印社前

爸爸去过罢工委员会后，结识了那里的共产党人，其中中华海员工业联合总会的陈郁（他是中共广东省委的领导成员，后来是中共“六大”中央委员）对我爸爸有很大影响。陈郁本是香港船厂工人，为人很讲义气，身边团结了大批工人兄弟。早在1922年香港海员要求增加工资大罢工时，陈郁挺身而出，一呼百应，带领弟兄们参加罢工。那次的

罢工，使开到香港的轮船来一艘停一艘，出现维多利亚海上外轮排队的场面。港英当局最终被迫给工人增加了工资。如今省港大罢工，海员工会急需干部。爸爸是大学生，懂英语，陈郁就让爸爸到海员工会任英文秘书。当时连爸爸在内共有三个英文秘书，他们的工作是出港口与外国轮船打交道。1926 年，爸爸在陈郁介绍下加入了中国共产党。他祖父在广州河南龙光里的家成为陈郁等革命同志秘密集会的地点。

妈妈经爸爸介绍认识了陈郁、杨殷等共产党人。过去她在政治上完全跟父母走，现在她面前展开了一个新的视野。她常常听爸爸和他的朋友们在一起议论局势，不自觉地接受了爸爸的许多观点。蒋介石制造“中山舰事件”，逮捕了共产党人李之龙后，爸爸和他的朋友在一起猛烈抨击国民党右派。国民党右派正是策划杀害外公的元凶，于是妈妈愤而撕毁了自己的国民党证。

1926 年 5 月，在国民党二届二中全会上，国民党右派以多数票通过了“整理党务案”，彻底践踏了孙中山的三大政策。外婆、彭泽民、柳亚子等左派居于少数，虽然看穿他们的阴谋，可是无能为力。会上外婆气得拍桌顿足，十分激动。柳亚子从小口吃，越急越说不出话，只能在外婆痛斥右派时拼命鼓掌。彭泽民气愤已极，手足震颤，说不出话，最后跑到孙中山遗像前号啕大哭。二中全会是国民党右派

1926 年 11 月，鲍罗廷夫人（左一）、何香凝（左二）、廖梦醒（左三）离开广州取道韶关赴南昌

1926年，廖梦醒与陈丕士（陈友仁之子）在广州去南昌的火车上（鲍罗廷夫人摄）

的一次胜利，他们洋洋得意。外婆的激动，柳亚子的拍手，彭泽民的号哭成了他们的笑柄。

在外公去世一周年的纪念会上，妈妈喝了一瓶汽水，回到家里就发起高烧，胸部也出现牡丹似的红色斑纹，中医说是斑疹伤寒。本来妈妈应该住院的，但是她清楚记得外公在医院死去的情景，不肯住院。外婆怕外公最疼爱的女儿在他去世一周年时死去，十分担忧。妈妈发烧超过四十一度，不断说胡话，缠绵病榻，除了果汁什么也不能吃。两个月下来，妈妈的身体瘦得只剩下一层皮，头发只需轻轻一挠就整把脱落。外婆急得对她说："阿醒，不要再挠头发了，再挠就变秃头啦！"

外婆把虚弱不堪的女儿带到澳门海边去疗养。澳门的海边是美丽的，但是外婆怕政敌下毒手，不让妈妈走远，只许她在房子前面的海边散步。妈妈在外散步的时候，外婆就在屋里隔窗望着她。等妈妈回来，外婆就给她讲外公的故事。这段时间，对我妈妈来说，是享受母爱最充分的日子。她从小看见别人的妈妈抱着孩子吻就很羡慕。在她家，是严母慈父，外婆从来没有吻过她，或者作任何爱抚的表示。外婆不是一个家庭型的女子，她一生忙忙碌碌为国事奔忙，没有时间这样细心地照顾子女。

1926年秋，北伐胜利，广州国民政府迁都武汉。外婆带着骨瘦如柴的女儿，和鲍罗廷夫人、彭泽民夫妇一同经韶关到吉安坐船去南昌转赴汉口。外婆心情一

1926年冬，廖梦醒在从南昌前往武汉的船上（鲍罗廷夫人摄）

1926年底，何香凝、廖梦醒等在武汉

直不好，途经南昌时，因为天气冷，得了肺炎。幸好彭泽民是中医，他开的药方把外婆的病治好了。这时蒋介石在南昌打算另行建都，与武汉国民政府分庭抗礼。蒋不发通行证给外婆一行人去汉口，希望外婆参加他的政府。他天天派陈洁如送食物来。外婆本来和陈洁如关系不错，但是，看到蒋介石当孙中山的面好话说尽，孙中山刚去世就背叛他的三大政策，认为这样的人什么事都做得出来。外婆怕他下毒，不让妈妈碰那些食物。陈洁如一走，她就把食物倒掉。

国民党要在庐山开会了，蒋介石不能不放外婆走。外婆便带着我妈妈去九江坐轿子上庐山。她们被安排住进一家外国人开的豪华旅馆。外婆的警卫员一上山就得了麻疹，妈妈抵抗力弱也被传染。外婆从九江请中医上山给他们看病。那位中医很好，亲自煎药给我妈妈服用，看着她服完才离开。晚上，妈妈静静躺在床上，听邓演达、顾孟余和外婆谈论白天开会的事。从他们的谈话中可以感到，国民党内左派和右派之间的斗争非常激烈。

会议开完，妈妈的病也好了，外婆便带着她下山去汉口。这时妈妈才知道，外婆的警卫员因走出院子吹了风，死在庐山上了。怪不得在山上的时候外婆不许妈妈迈出房门一步。我们家的人好像都与庐山无缘，数十年后我上庐山，也是一到那里就病倒。庐山似乎永远罩在雾里，即便你觉得有阳光，可刚转一个弯，阳光就消失了，你又重新被雾包围。苏东坡有诗曰：“庐山烟雨浙江潮，未到千般恨未消。及至到来无一是，庐山烟雨浙江潮。”

外婆和我妈妈到达汉口时，已是1926年年末。1927年1月国共合作的国民政府在武汉成立，武汉成了革命中心，整个城市笼罩着很浓厚的革命气氛，工人在街上游行庆祝。经苏联到武汉的邓肯舞蹈团在剧场演出舞剧《红旗》，当革命者前仆后继举起红旗，台上响起《国际歌》的时候，妈妈和其他观众一起激动地鼓掌，把手掌都拍红了。在这种气氛下，外婆心情也好了起来。她和宋庆龄办起妇女训练班、北伐红十字会、救护训练班，投入热火朝天的大革命。

那时，汪精卫很受共产国际信任。4月初，他被国共合作的武汉国民政府推举为领导人。上台时他一派豪言壮语：“革命的往左边来，不革命的快走开！”可是很快，4月12日，蒋介石在上海发动反革命政变，屠杀共产党人，汪精卫也来了一个一百八十度大转弯。7月，他召开“分共会议”，到年底他已经与定都南京的蒋介石实行“宁汉合作”了。

轰轰烈烈的大革命终于失败。汪精卫这次转变的导火线，是1927年6月发生的一件事：共产国际驻中国代表收到莫斯科的《五月紧急指示》，他把《指示》的副本给了汪精卫。《指示》内容包括吸收更多工农领袖参加国民党中央委员会，改变国民党现在的结构；以两万共产党员和革命工农组成新的军队等等。在此之前，汪精卫还想以国共合作的国民党加入共产国际，来排挤中国共产党。看到《指示》后，他发觉，共产国际的想

1927年，廖梦醒在汉口

1928年，于右任在何香凝、经亨颐、陈树人所作《岁寒三友图》上题诗

法正好相反，于是他决定不再搞国共合作。

没有了孙中山和廖仲恺的国民党势必右转。没有了廖仲恺的何香凝陷入了迷惘。她是最早的国民党员，她认为，国民党只有实行“联俄、联共、扶助农工”的三大政策才有前途，因此她念念不忘维护三大政策。1926年，蒋介石逮捕共产党员李之龙、包围苏联顾问处时，外婆曾上门去谴责蒋介石违背三大政策，逼着他撤去包围。外婆不信任蒋介石，却信任汪精卫，认为他是孙中山的忠诚继承人。汪精卫的这一重大变化，使外婆一时不知该怎样对待。她毕竟是国民党员，不是共产党。这段时期外婆很痛苦。1927年外婆在南京的一次会议上发言，说到激动处不禁痛哭失声。不久，于右任在何香凝、经亨颐、陈树人三人合画的《岁寒三友图》上题诗中写的：“松奇梅古竹潇洒，经酒陈诗廖哭声”，就是指这件事。

还在1927年3月，广州仲恺农工学校成立。当时汉口正处在革命高潮中，外婆不能离开，就让妈妈先回广州代表她去仲恺农工学校。一个假日，妈妈和舅舅从广州到香港度假，忽然广州家里的司机阿鎏来告诉他们，不能回广州了，广州的家已被李济深抄了。原来，继4月12日蒋介石在上海政变之后，4月15日他的参谋长兼黄埔军校副校长李济深也在广州发动政变。上百名共产党人被杀，广州一片白色恐怖。于是外婆要妈妈和舅舅去日本。一方面让妈妈换换水土，达到易地疗养的目的；另一方面，外婆不放心妈妈独自留在广州或香港，因为她反对妈妈和爸爸来往，她不希望女儿嫁给一个共产党人，怕妈妈将来像她一样早早守寡。

被日本警察打聋耳朵

在从香港到东京的轮船上，妈妈和舅舅认识了一个日本人，那人热情地介绍他们租下东京一处住房。安排妥当之后，妈妈和舅舅首先去看望柴姐和她的丈夫伍琼石。这次舅舅到早稻田大学读书，外婆不放心，请伍琼石当舅舅的监护人。新学年还没有开始，姐弟俩便去京都看望妈妈的女友西村政子。两个好朋友相见非常高兴，西村政子带他们游览京都，看金阁寺，划船。然后他们又去名古屋看望政子的父亲老西村先生。老西村夫妇招待妈妈和舅舅在他家小住。老西村是个丝商，他介绍妈妈去参观蚕桑农场和缫丝厂，作为妈妈的暑期实习。

舅舅开学后，发生了一件妈妈永远不会忘记的事。以下是妈妈自己的描述：

> 我到日本后，我堂姐夫许崇清的弟弟许崇耆和他的朋友童长荣常来看我。许崇耆我在广州就认识，他是共产党人。一次，许崇耆对我说，日本进步妇女组织关东妇女同盟想请我去谈谈大革命时期武汉的妇女情况。我本来对妇女工作一知半解，只不过因为母亲是国民党的妇女部长，我从旁听到一些而已。但我想，见见面也无妨，便答应了。
>
> 到那天，带我去赴会的是个不认识的人，他走在前面，我跟着他，七拐八拐转了很多弯，又换了一个向导，才把我带到一栋两层楼的房子。我们一进门就有人把我们的鞋子收起来，看来特高课对进步组织监视得很厉害。上了二楼，已有很多中年和青年妇女盘腿坐在那里。大家说话都压低声音，窗户也拉上木板，只开着一个瓦数很小的灯，房间里又暗又热。
>
> 我要求大家像聊天一样随便谈，然后我讲了一些在武汉的见闻，以及妇女争取经济独立、男女同工同酬、平等继承权、开办托儿所等情况。她们提了一些问题，大家无拘无束地谈，气氛很热烈。主办者招待每人一份刨冰。在那样闷热的房间里，一杯雪白的刨冰浇上色彩鲜艳的果子露，看着都透心凉。后来大家照了一张合影才散会。送我来的人把我送到电车站，我就自行

1927年，廖承志（前）、廖梦醒（后左）与西村政子（后右）在日本东京都岚山

回家了。

过了几天，房东老太太交给我一个信封，原来是那天的照片。照片上写着“关东妇女同盟赠”，还有各人的签名。当天下午，有个中学老同学来我住处，我们正谈得开心，忽然进来一个人，自称是赤坂警署的，说署长想跟我谈谈，让我跟他走一趟。我问他什么事，他说，到那里就知道了。我感到很意外。可是看这人挺客气的，不像有什么事，便让同学在家里等我，说很快我就回来。到了赤坂警署，署长并没有出来。一直等到天黑才有人出来问我话。

“你是支那人？”

“我是中国人。”

“来日本干什么？”

“带弟弟来上学，自己来养病。”

“什么弟弟，情人吧？”

“你叫我来就是为了说这样的无聊话？”

“你在日本见过什么人？”

“一些老朋友。”

“还有呢？”

“街上的人。”

“什么人？”

“我怎么知道他们是什么人？”

他很不高兴：“你不说就别想回家。”

我说：“想回也回不了啦，没电车了。”

那人不再理我，可是也不放我回家，让我一个人待在房间里。已是深夜，我还没有吃晚饭呢，又饿又累，不一会儿，我就趴在桌子上睡着了。第二天早晨，我被凉风吹醒。9月份天气已转凉，我坐了一个通宵，着凉了，又打喷嚏又流鼻涕，头痛欲裂。昨天那人又来了。这次他手里拿着我和关东妇女同盟合影的照片，问道：“现在想起见过什么人了吧？”

“想不起。”

“见过的人怎么想不起？ ×××× 是谁？”

“不知道。”我说，“只见过一面，怎么记得住名字？”

“关东妇女同盟在什么地方？”

“不知道。”我确实不知道地址在哪里。

“谁请你去的？”

“不知道。”那天有好几个人领过路，我根本不知道他们的名字。但我知道绝不能说出许、童二人的名字，因为他们是共产党。

那人被我的一问三不知搞得很恼火，他突然抡起拳头，一拳打在我的左颊上，喊道：“我让你不知道！”

我一下子跌倒在地，疼得眼泪都流出来了。摸抚着剧痛的左耳，我对他怒目而视，恨恨地说：“我一辈子都记得你这一拳！我不是日本人，又没有犯法，你有什么权力不让我回家，还挥拳打我？我只见过一次的人，凭什么你认为我一定记得住名字？我要到公使馆告你！我还要找我父亲的老朋友头山满、犬养健、萱野长知……”我数了一串我听过的名字。头山满是强大势力集团“黑龙会”的头子，20世纪初曾组织“刺客击退团”，阻挡了清政府想在孙中山到达东京车站时暗杀他的阴谋。30年代“黑龙会”为日本侵华搞过很多见不得人的勾当，那是后话了。犬养健是首相犬养毅的儿子，父亲和我去热海时与他同住一个旅馆。萱野长知也是政界知名人物，他倒真是父亲的朋友。对一个警署署长来说，这些名字的威慑力足够了。

那人出去了一阵，回来对我说：“好，今天就让你回家。不过你给我收拾好行李，马上离开日本！”显然他们已经到家里搜查过，没有找到什么罪证。

我不知道，原来他们把承志和我的同学也抓来了，不过从他们身上也没有问出什么名堂。他们把我同学放了，让我和承志在警署吃完饭再走，说：“你们话别吧。”其实他们是想观察一下，看我和承志到底是不是真的姐弟关系。他们发现我看见承志并没有哭泣，完全不是生离死别的样子，于是低声说道：“看样子他们是真的姐弟。”

1925年，廖梦醒与廖承志摄于广州

承志看见我鼻青脸肿的样子有点难过。我用广东话告诉他，有机会的时候告诉许某我什么也没有说，我还告诉承志，我如何用“大人物”的名字唬住警署。这一招他学会了，后来，他在东京被捕时如法炮制，说出萱野长知的名字，特高课的人一直跟踪，看见他果真进到萱野长知家才作罢。

离开警署的时候，警察要我打手印，我不干。我又不是犯人为什么要打手印。署长说，“如果你被人杀死，没有人认识你，指模就可以说明你的身份。”我说：“我才不死在你们日本呢，我的命还有用。”说罢我就向门外走去。几个大汉一声不响地拦腰抱住我，飞快地抓住我的手，把我一只手指按在纸上。那张纸有五个格，是准备按五个手指印的，可是我不断挣扎，他们只能按上一个指印，而且还没有对准格子。他们一放手，我就跑出门外。

一辆卡车把我拉回了家。承志还没有回来，家里的东西被抄过，纸张照片都不见了，但是钱没有丢。我把自己的东西和承志的东西分开，他们把我的东西搬上车，还没等承志回来就把我拉走。我走的时候门口围着许多看热闹的，还有人指指点点说我是“不良少女”。警察把我送到火车站，给我买了一张二等卧铺票和行李票，等到火车开动才离开。

火车预定第二天早晨到达神户。我觉得有人在监视，于是趁他不备在神户前一个站悄悄下车，天真地以为这样就可以甩掉监视我的人。行李已经托

> 运到神户，我到神户取了行李，不敢坐日本轮船，买了一张印度轮船去香港的船票。可是经过门司港的时候，日本水警还是把我带上岸，尽管检查行李没有发现任何违禁品，水警仍然把我扣在水警署里，直到起锚才让我登船。

以后妈妈左耳的听力就不如右耳。随着年龄增长，左耳完全失去了听力。新中国成立后，妈妈在北京认识了日本友好人士龟田东伍和金子健太，一次无意中谈起这件事，正好他们认识关东妇女同盟的人，便写信告诉了她们。不久，妈妈收到一个名叫小泽路子的日本人的来信，满篇都是道歉的话。原来，当年就是她把照片送去给我妈妈的，因为妈妈不在家，她就把照片塞在门缝底下。她判断，房东老太太可能是奉命监视我妈妈的，她把照片交给了特高课。因为介绍租这房子的日本人是在船上才认识的，并不了解他的底细。1922年，外公带妈妈去热海的时候，特高课已经注意他们了，肯定留下了案底，因此这次可能妈妈一入关就被监视了。

私定终身

妈妈被日本人驱逐出境，留下十九岁的舅舅一人在东京，心里又气又恨。不过回到香港，见到我爸爸，她又高兴起来。爸爸在海员工会工作，经常往来于广州、香港、上海之间。妈妈在日本的时候，许崇耆和童长荣常与她交谈，对她很有帮助。这次，妈妈能独立地，而不只是作为廖仲恺的女儿，去参加日本进步组织活动，还经受住了一次严峻的考验，变得成熟起来，爸爸知道后很高兴。爸爸一直鼓励妈妈的独立精神。爸爸的鼓励具有无穷力量，以致后来妈妈由过去喜欢别人称她“廖仲恺小姐”变为不喜欢。记得抗战期间在重庆，她一次带我上街，路上遇见两个人，其中一人向另一人介绍说：“这是廖仲恺先生的女公子。”妈妈立刻接口：“我是廖梦醒。”待那两人走开，我听见她嘟囔道：“我没有名字吗？”

妈妈在香港时，有时住在摩罗街她外婆家，有时住在她九姑母家。她更喜欢住在九姑母家，因为姑母家有几个表姐妹，而且是洋派家庭，比较开明，对她管得不严，她可以自由外出和我爸爸“拍拖”。她和我爸爸谈恋爱，没有地方可去，只好压马路，香港人叫“拍拖”。他们的关系迅速发展，很快两人便私自订了婚。

香港天气潮湿，雨水多，不知是否因为总是在大街上淋毛毛细雨，爸爸给妈妈起了一个名字叫“仙霏”。他写的第一首诗就是送给妈妈的，那首诗里用了“明眸”二字，是赞美我妈妈那双水汪汪的大眼睛。可惜这首诗已经找不到了，不过妈妈一直记着这两个字。他们两人都是革命者，也许认为这样的抒情之作有悖革命，便把它消灭掉。现在我爸爸留下的诗都是革命的。我相信爸爸最初一定写过抒情诗，因为他本是个小资产阶级知识分子，又热爱文学，中外文学名著的笔记写了好几本。他不可能一开始写诗就是革命题材。

妈妈和爸爸订婚之后，她的思想向左转，以能帮助共产党做事为荣。广州起义时曾被任命为广州苏维埃政府代主席的杨殷不知因为什么事要找国民党元老陈树人，爸爸就要妈妈先去和陈树人联系，得到陈树人同意后，妈妈便带杨殷去见他。陈树人的儿子陈复是中共广州市委宣传部长，后来牺牲了，陈树人写了七绝

1927年，李少石、廖梦醒订婚时摄于香港

《哭子复》，其中有两句："革命至情能似此，不是吾儿是吾师。"当时广州许多共产党人被投入监狱，狱中的同志亟待接济，陈郁要我妈妈设法找人把衣物送进监狱给被捕的同志。妈妈通过熟人把东西送进了监狱。那时蒋介石还没有站稳，还要拉拢我外婆等国民党元老，妈妈才有可能利用自己的身份，为共产党，也是为我爸爸做一点儿事。

1927年底，蒋介石与宋美龄在上海结婚，蒋介石请我外婆去当证婚人，同时宋美龄也请我妈妈去当她的一个女傧相。妈妈一口回绝。外婆还想利用这机会劝蒋介石停止反共，便一个人前往上海。她认真地对蒋介石晓以大义，蒋介石却把她的话当耳旁风。外婆非常失望，没有参加婚礼就回了香港。

妈妈和我爸爸私自订了婚，把外婆气得七窍生烟。那时，即便是开明人家的姑娘也没有不问家长就私定终身的。妈妈一向任性，本来就认为外婆偏心舅舅，现在外婆发脾气骂她，更加觉得外婆对她不好，逆反情绪也就更重，母女矛盾加剧。外婆是政界人士，不习惯待在家无所事事，只是因为陈二生病，才在香港住下，待陈二病情稍好，她就动身去了南京。

南京已是国民政府所在地，蒋介石还想拉拢我外婆参加他的南京政府，可是外婆却往往使他下不了台。跟随外婆到南京去的刘天素（她是作家刘心武的姑姑）

对此有一段很形象的描写：

“……过了几天，蒋介石亲自来看何先生。他穿着军装，很神气的模样。这回还没等到二十分钟，我们就听见何先生高声训斥蒋介石，还夹杂着砰砰地拍桌子的声音，所以蒋介石没待多久就出来了。何先生跟在他身后还是愤怒地训斥。蒋介石倒沉得住气，我们看见他走出客厅时还转过身来，脚跟一碰，挺直腰板，举手对何先生敬礼。但何先生哪里消得了气，依然对着他的背影数落了好一阵。”

1928 年，廖梦醒摄于香港

实际上外婆这次去南京，是为妈妈和舅舅筹措出国留学的费用。她虽然被推选为国民政府委员，但对国民党已经灰心失望。她始终害怕国民党右派对她的子女斩草除根，因此想方设法把他们送到国外。同时，她看不住我妈妈，没法控制她和我爸爸接触，最好的办法就是把她送到国外，断绝她和我爸爸的来往。

1928 年，廖梦醒摄于香港

“流放”巴黎

妈妈被安排到法国留学，舅舅前往他原来就准备去的德国。妈妈不会法语，外婆偏要她去法国，妈妈认为这是外婆的“调虎离山计”，坚决不肯去。可是爸爸主张她去，他认为一方面妈妈可以见见世面，学点儿东西；另一方面，他已成为一个职业革命者，四海为家，顾不上呵护我妈妈了。妈妈只好同意外婆的主张。1928 年秋，妈妈和她的表妹何捷书（我外婆弟弟的女儿）及表妹夫邓文钊同船去欧洲。

妈妈出国后，爸爸被派到英国昌兴轮船公司的“俄国皇后号”工作，公开身份是阅览室管理员，实际上是做海员工作。当时，党中央设在上海，从上海运送地下报刊到香港，大多通过上海至香港的轮船上的海员。爸爸在阅览室工作，携带这类体积较大的东西有着便利的条件。

妈妈和舅舅都出国后，1928 年底，外婆马上发表公开声明，辞去国民政府的一切职务，也就是说，摘掉乌纱帽，与国民党分道扬镳。接着，她带上自己和陈树人、经亨颐、柳亚子、于右任等书画家的三百幅字画，到菲律宾、新加坡、吉隆坡等地办书画展，为仲恺农工学校筹募经费。她在这个时候写的《题梅花 · 蒋介石反革命后弃职出国有感》充分反映了她当时的心境：

先开早具冲天志，
后放犹存傲雪心。
独走天涯寻画本，
不知人世几升沉。

妈妈到达巴黎，是汪精卫派人去接的。她在巴黎的学费和生活费，外婆交给汪精卫，让汪按月给她。那时汪精卫一伙在搞“改组派”，标榜恢复 1924 年国民党的改组精神。外婆在国民党右转之后，一直称自己是“民国十三年（即 1924 年）

1928 年 12 月，李少石在香港（廖梦醒摄）

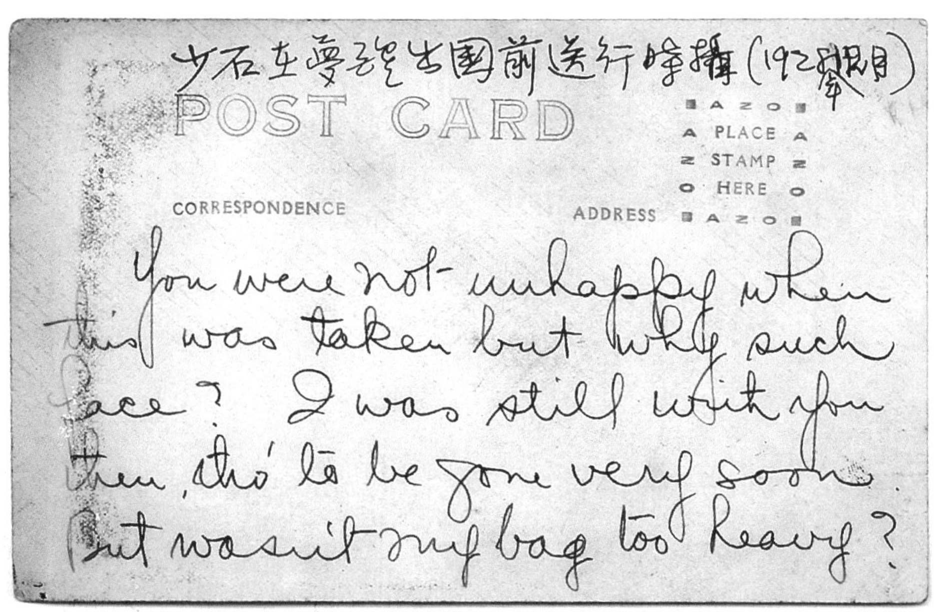

少石在夢醒出國前送行時攝（192[illegible]）

POST CARD

PLACE STAMP HERE

CORRESPONDENCE

ADDRESS

You were not unhappy when this was taken but why such face? I was still with you then, tho' to be gone very soon. But wasn't my bag too heavy?

此为照片背面（廖梦醒字）

1929 年，廖梦醒从巴黎寄给李少石的照片（左）

1929 年，李少石寄给身在巴黎的廖梦醒的照片（右）

的党员”，她相信汪精卫是孙中山的忠实信徒，因此托他派人照顾我妈妈。到巴黎当晚，改组派的人请妈妈吃饭。那人是个印尼华侨，请吃印尼的“沙爹”，妈妈怕辣不吃。改组派的人带妈妈到处玩，可是当他们说到“共产党对不起国民党”时，妈妈立刻产生了反感。他们当然不会知道，面前这个国民党高官小姐正热恋着一个共产党人。他们一说，妈妈就反驳。于是他们教训我妈妈：“你父亲是国民党，为国民党工作，为国民党而死，你别成了他的不肖子孙。”他们越教训，妈妈就越顶嘴，结果，大家不欢而散。妈妈再次去领生活费时，他们就开始给她脸色看。妈妈一气之下不再去他们那里领生活费，改去曾仲鸣家领取。反正钱是外婆的，他们不能不给。曾仲鸣后来成为汪精卫的秘书。1938 年，在越南河内有刺客进入汪精卫住处想刺杀汉奸汪精卫，却错杀了曾仲鸣。

妈妈在巴黎学法语，又在巴黎大学领了一个旁听证。可是她的法语太差，听不懂教师的话，上课有如腾云驾雾。她住在近郊拉普拉斯车站旁一栋学生宿舍里，楼上有个外国留学生，他的同学叫他“Tito”，这个名字给妈妈留下很深印象。新中国成立后，当她第一次听到南斯拉夫总统铁托的名字时，就认定铁托是巴黎的那个人。但当时南斯拉夫是“修正主义国家”，中国与它没有建交，妈妈不敢打听。中国和南斯拉夫建交后，妈妈曾请宋庆龄帮她问询铁托，1929 年他是不是在巴黎。

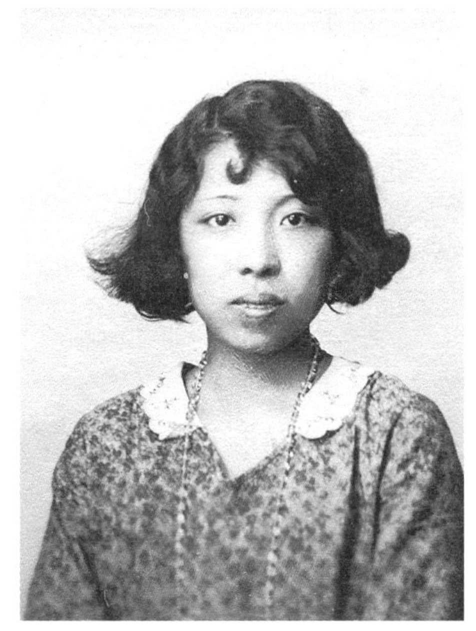

1929 年，廖梦醒摄于巴黎

宋庆龄觉得妈妈这个要求特别奇怪，便说，她不认识铁托，不方便这样做。

大革命失败后，宋庆龄和邓演达等人出走海外。宋庆龄先去了苏联，这时到了欧洲。一次她到巴黎，约我妈妈见面。妈妈将外婆反对她和我爸爸恋爱的事告诉了宋。宋庆龄在婚姻问题上也有过反叛父母的体验，很同情我妈妈。谈话中她问我妈妈是不是中共党员。妈妈那时虽然已经和爸爸订婚，但她还没有入党，便回答道："不是。"宋庆龄以为我妈妈在瞒她，说道："当共产党是件好事，你何必否认呢？"1982 年，宋庆龄去世一年后，舅舅曾在纪念她的文章《我的回忆》中透露过宋庆龄与共产国际的关系，因此她问我妈妈是否党员就不足为奇了。

1929 年，何香凝乘法国邮轮出国

妈妈人在巴黎，心在中国。外婆给我妈妈的学费和生活费是严格按月发给的，一次不给很多，怕钱多了她会买船票回国。妈妈一心想回国，为了存钱买船票，省吃俭用。舅舅那时已经入党，在汉堡国际海员俱乐部当支部书记。尽管外婆给舅舅的生活费比给我妈妈的多，但舅舅经常有不时之需，每次他打电报给我妈妈告急，妈妈就汇款去为他救急。妈妈是个老实人，有求必应。舅舅却是"刘备借荆州，一去不回头"。妈妈积攒旅费回国的计划一再被打破。（直到妈妈和舅舅都已进入耄耋之年，妈妈还跟舅舅算老账，说他"刘备借荆

1930年，廖梦醒在巴黎里拉顿岛

州”。)有一次,舅舅和妈妈同去瑞士度假。舅舅介绍妈妈认识他的同志朋友章伯涛。章伯涛在巴黎为旅法华工办了一个刊物《工人》,约我妈妈给他们写稿。妈妈写了没有多少次,爸爸就开始催她回国。

1929年秋,外婆从南洋转到欧洲,到达巴黎。妈妈要求外婆给她旅费。外婆说,如果是回去和李振结婚,就不给。妈妈和舅舅商量,舅舅支持妈妈回国,可是他也没有钱。爸爸屡次催妈妈回国不果,1930年春,他从上海给妈妈发了一封电报,这次干脆什么都不写了,只写“速回”二字。妈妈一看便急了,立即打电报给她的好朋友陈英德借钱,陈英德的父亲陈少白是孙中山和我外公的朋友。陈英德接到妈妈电报,二话不说就把款汇到巴黎。妈妈买好船票才去郊区外婆住的地方向她道别。不巧,外婆正好出外旅行,不在巴黎。妈妈没有见到人,又等她不及,只好留下一张字条托房东转交给外婆,自己义无反顾地走了。

香港交通站

妈妈回到上海才知道原来是爸爸要到香港去设立交通站。1930年革命形势发展很快，中央准备把机关从上海转移到苏区。苏区需要干部，从莫斯科学习归来的同志和在白区工作的同志纷纷调往那里。本来从上海中央到苏区之间有几条秘密交通线，但由于来往人员大量增加，总是走相同路线，容易引起敌人注意，因此开辟了一条新的路线，即上海—香港—汕头—苏区。这条交通线担负着中央由上海转移到苏区的重大任务。广州“四一五”反革命政变后，广东省委迁到香港，南方局的总交通站也设在香港。我爸爸就是在这样的情况下被调到香港建立交通站的。交通站需要当地人，妈妈家几代在香港土生土长，有着在香港活动的便利条件。爸爸单身一人没有家眷不易租到房子，而且容易引人注意。

爸爸妈妈在上海很快就结婚了。所谓“结婚”，其实就是同居。他们没有去政府登记，怕惹麻烦；也没有举行什么仪式，因为双方家长都不在上海，只是去照相馆拍了一张结婚照。从上海到香港途经广州时，倒是李家摆了几桌筵席宴请亲友，算是办了喜事。外婆反对这个婚姻，所以妈妈没有通知她。但是妈妈后来通知了宋庆龄，那时她已经回到上海。她从上海寄了一个马尾毛编织的手提包到香港给我妈妈作为结婚礼物。

交通站纪律严格，行动受到许多限制。妈妈在香港亲戚朋友众多，怕碰见熟人，只好不外出。香港政治形势险恶，港英特务监视很严，交通站随时有被破坏的危险。外婆反对妈妈和爸爸恋爱的原因，是怕妈妈嫁给了一个共产党人会像她一样早早就守寡，因此，结婚之前爸爸问妈妈：“如果我以后牺牲，你年纪轻轻就当寡妇，你会后悔吗？”妈妈摇摇头，说不出话，喉间像堵着一块石头。爸爸很早就有为革命捐躯的思想准备，这种思想贯穿在他的许多诗作里。

交通站是以家庭方式作为掩护的，地址在香港山道十六号四楼。山道在西环，是一条人烟较少的斜坡。爸爸家对面是政府的殓房，凡是非正常死亡，如火灾烧死、汽车压死、马路上冻死的尸体，都放在殓房等候亲属认领。夏天尸体放上几天无

1930 年，廖梦醒、李少石的结婚照

人认领，就臭气冲天。待亲属来认领时，又哭声震地。这样恶劣的环境，只有穷人才图租金便宜去居住，一般人根本不愿走近。爸爸故意选择这个地方，就是为了避人耳目。香港虽然不是国统区，但环境也复杂险恶，国民党特务四处寻找共产党人，如果被港英巡捕抓到，就会引渡给国民党政府，因此不得不十分小心。

交通站的工作是转送中央与苏区之间往来的人员和文件。广东省委下达各地的文件指示和各地向省委的报告，都要经交通员来往传递。当时有规定，交通员到各地都不得停留两天以上。他们到香港，爸爸去与他们接头，但不把人带回交通站。如有文件要抄写，就由爸爸带回，妈妈日夜赶抄。有时用墨水或药水抄在薄纸上，有时用淀粉抄在白布上。薄纸抄好之后，或贴在相框里面，或塞在热水瓶的隔缝里。如果是写在白布上，还要卷得像一匹完整的布。为了不致使文件到达目的地后别人看不懂，字不能写得潦草。妈妈日复一日地写，原来不好看的字也练得好看了。来往的人常常需要改装。如果深夜才抵港，翌日清晨就要上船，旧衣店已经关门，那么就只能把爸爸的衣服给他们穿走。

有一次，妈妈发觉爸爸已经没有像样的衣服了，就给他做了一套。不料爸爸回来看见大发雷霆，说妈妈小姐脾气乱花钱。妈妈和爸爸结婚之前，家庭宽裕，确实花钱大手大脚，但是这一次却并不是乱花钱。爸爸天天外出与人接头，总不能穿得太破旧引人注意啊。妈妈感到很委屈。这时外婆已断绝对我妈妈的经济供给，两人只靠每月五元津贴过日子。这段时期对妈妈来说是比较艰苦的，但是能和爸爸在一起，再艰苦她也高兴。妈妈省吃俭用节约下钱来做这套衣服的心意，爸爸当时并没有体会到。他受他农民出身的祖父影响，生性节俭，铅笔用到只剩下一寸，还套上毛笔帽继续用，衣服补了又补，袜子破了剪去下半截缝上再穿。爸爸妈妈共同生活十五年，这是他们惟一的一次吵嘴。三年后爸爸被捕入狱，狱中想起妈妈为他做出的牺牲，写了数首《寄内》诗，其中有两句："布裳夜缀怜卿苦，粗粝长甘谅我贫。"做此诗时，爸爸心里一定在懊悔那天不该向妈妈发那么大脾气。

妈妈用自己的积蓄二十元买了一架旧钢琴，目的是为了藏文件。没有入党之前，妈妈只是为爸爸打掩护，做些杂务，但涉及党的机密，不便交给她去做。妈妈曾问爸爸："我在为党工作，什么时候才能成为一个共产党员呢？"爸爸鼓励她好好学习，说总有一天她能入党的。妈妈之所以想入党，除了希望跟随爸爸为理想奋斗之外，还有想为外公报仇的心理："你们因为他与共产党合作就杀害他，我偏要当个共产党！"

入　党

1931 年初春，一天晚饭后，爸爸说要带妈妈去见一个人，原来这人就是广东省省委书记蔡和森。蔡和森和妈妈谈话，问了她许多问题，都是有关我外公、三大政策以及对国民党的看法等等。妈妈不懂普通话，全过程都是爸爸当翻译。谈话当中有个小个子青年进来，谈话便告一段落。妈妈问蔡和森："我能入党吗？"蔡和森微笑着说："商量商量。"（妈妈一直认定那个小个子就是邓小平，但无法证实。直到 20 世纪 80 年代，一次在北京人民大会堂遇见邓小平，邓小平对我妈妈说："梦醒同志，我们在香港见过面，你记得吗？"此事才得到证实。）

从蔡和森的住所出来，到跑马地电车总站，爸爸警觉地不乘第一辆电车。车站上有个男人也没有上车。第二辆车开来，爸爸等那人先上车，看见他上了楼（香港电车有两层）他们才上，坐在楼下。电车开到天乐里站，停站后电车将向东拐，爸爸家在西面。爸爸等电车停站后将要开车时才猛地拉着妈妈冲下车。这样，即便楼上那人是特务，也来不及下楼了。他们下了电车，换乘西去的公共汽车回家。这时天色已黑，车内街上人都不多，很容易就能判断有没有可疑的尾巴。妈妈惊讶地发现爸爸甩尾巴如此有经验，又增加了一分佩服。

不久，妈妈由爸爸和黄龙介绍，在黄龙住的机关宣誓入党。那里有个暗室，暗室墙上挂着一幅白布。妈妈进去，看见黄龙拉开白布，露出一面鲜红的党旗，她激动得说不出话。

1931 年 6 月，在香港的中华海员工业联合总会举行大会。海员工会在 1922 年和 1925 年两次香港大罢工时都把港英政府搞得很狼狈，港英当局对它恨之入骨。其实，这时国民党特务在香港已很活跃，有同志劝蔡和森最好不要公开露面，但他仍不顾危险出席了大会。港英警察逮捕了他，立刻把他引渡给广州的国民党当局。同年冬天，蔡和森在广州被国民党以极端残酷的手段杀害。

香港越来越不安全了。幸好知道交通站的人极少，连黄龙都没有去过。过路的同志和各地来的交通员都不住在交通站，就妈妈记忆所及，在交通站住过的只

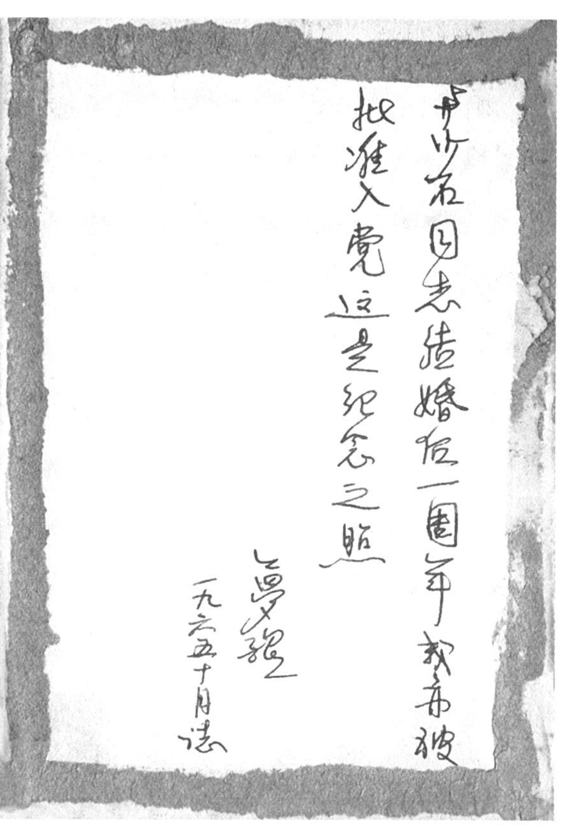

与少石同志结婚后一周年我亦被
批准入党这是纪念之照
梦醒
一九六五十月注

1931 年，李少石、廖梦醒摄于香港（左）

背面廖梦醒写道：“与少石同志结婚后一周年我亦被批准入党。这是纪念之照。”（右）

1932 年 3 月，廖梦醒与李湄摄于香港

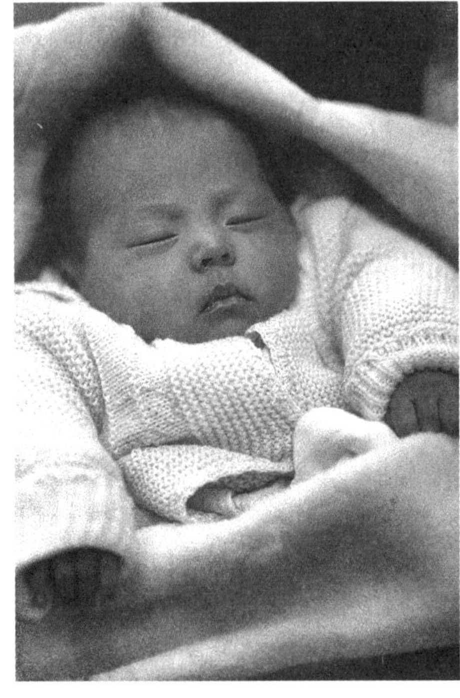
1932 年 3 月 5 日，李湄七周时摄于香港。李少石在照片背后逗趣地写下了“小僧入定”的字样

有蔡畅和欧阳钦二人，欧阳钦住的时间较长，蔡畅只是路过。那时妈妈怀孕已近临盆，为了怕屋里传出外省口音引人生疑，妈妈去租了一副麻将牌，一个人搓牌、叫牌、打牌，发出很大响声，为他们作掩护。1932 年 1 月 16 日，蔡畅早晨离开，晚上妈妈就生下了我。做地下工作的人朝不保夕，都不想要孩子，我的出生，是父母避孕失败的结果。妈妈晚年时我对她说：“幸亏你避孕失败，否则现在谁照顾你？”妈妈幸福地笑了。

1932 年 4 月，舅舅从德国回上海，途经香港，去看我妈妈。这时我已经会躺在床上自己捧着奶瓶吃奶了。后来舅舅老是取笑我“四只脚捧着奶瓶”，还画了一幅这样的漫画。舅舅和我爸爸在岭南大学一同搞过学生运动，入党后又都在海员工会工作，血缘关系加生死与共的同志关系，使舅舅和我爸爸不仅仅是亲戚而已。因此，他从一开始就支持妈妈和爸爸的婚姻。在外婆几乎与我妈妈断绝关系的情况下，舅舅专门去看我妈妈，令妈妈感到了家人的温暖。

这时，交通站一个同志被捕，听说他在香港差馆（警察署）“自首”了，爸爸不敢再住在家里，住到另外一个地方去。那是一幢普通楼房里的一间屋子，门口挂着“教授炭笔画”的招牌。爸爸会画炭笔画。那里是他的一个联络点，用来和交通员接头的地方。既然是教人作画，当然有人来学画，因此陌生人来

1932 年，李少石在香港教授炭笔画时的作品

找他也不会引人注意。爸爸很久没有回家，妈妈很想念他，担心他，但又不敢去找他，因为他一直教育妈妈“不该知道的事不要知道”“不该管的事不要管”。妈妈只能在附近等候，待他出来时看一眼，知道他平安无事，然后带着惆怅的心情回家。

香港交通站不能再使用了。1933 年 5 月 10 日，爸爸妈妈离开香港到上海。爸爸任江苏省委宣传部长，分管中国工人通讯社（英文简称 CWC）。妈妈则为 CWC 翻译稿子。这是中国共产党最早的通讯社，成立于 1931 年春，比新华社前身红中社还早。CWC 是中共中央宣传部下属的通讯社，用中英文发稿，除秘密发给白区党报和工人报刊外，还寄发给国外进步报刊及共产国际，宣传苏维埃政府及其颁布的法令，曾译发过江西苏维埃政府公布的宪法、土地法、劳动法等。每周或十天发一次稿，中文稿只复印七八份，英文稿约印八十份。美国女作家史沫特莱把 CWC 的英译稿编入她的小册子里，并注明是由 CWC 供稿。妈妈以外文作武器为革命工作便始于这时候。

爸爸被捕

1931年9月18日，日本关东军突然对我国东北发动进攻。消息传到巴黎，外婆待不住了，立即启程返回上海。用她自己的话说，就是“要与同胞共赴国难”。外婆回到上海立即投入抗日的爱国活动。她把在菲律宾、新加坡等地书画展售余的书画，加上向上海的书画家募集的一些书画一起展出义卖，为在“一·二八”会战中奋力抗击日军的蒋光鼐、蔡廷锴率领的十九路军募捐。

1933年3月，舅舅从德国回到上海，不久就因叛徒告密被捕。外婆非常着急，写信给各方人士呼吁营救，都没有结果。一天晚上，外婆的好友柳亚子匆匆来找外婆，外婆正患心脏病卧床不起。柳亚子本是个十分拘礼的人，这时却闯进外婆卧室，气急败坏地告诉外婆，当局要把舅舅押解去南京了。外婆大惊，急忙起床，穿上厚厚的衣服，让佣人用藤椅把她抬上出租车，和柳亚子一同赶赴江湾警备司令部。警备司令吴铁城叫人请外婆到客厅坐，外婆不去，就坐在警备司令部大门口，说：“我不是来做客的，我是来坐牢的。骂蒋介石数我骂得最多，为什么不抓我，倒去抓无辜的青年？今天你们要么就把我关起来，要么就放人！”

1933年，何香凝在上海

吴铁城知道我外婆不好对付，不知怎么办才好，于是请示宋子文。正好宋子文的表兄牛惠霖医生在座。这位牛医生是个好人，曾应宋庆龄的要求在他的诊所里治疗并掩护过陈赓，外婆正在服他的药。他告诉宋子文，我外婆的心脏病很严重，随时都有可能出危险。宋子

1933 年夏，李少石、廖梦醒、李湄摄于上海

文一听害怕了，打电话去南京请示蒋介石。蒋介石也怕我外婆万一死在江湾不好收场，就让宋子文“看着办”。宋子文又让吴铁城“看着办”。吴铁城正想摆脱外婆这块烫手山芋，于是他要我外婆签字具保把舅舅领回家。保证书上写着：“廖承志既属嫌疑，着交其母中委何香凝先生带回家庭，严加管束，以观后效。”外婆作为保领人签字，柳亚子作为见证人也签了名。那天柳亚子陪我外婆一直陪到深夜。

爸爸妈妈调到上海的时候，舅舅已经回到家里。舅舅平安无事，又有这么多时间在家，外婆心情开朗。舅舅趁机利用这段时间为妈妈说好话。宋庆龄这时正在上海，也在外婆面前为妈妈斡旋。她本人有过离家出走私自结婚的经历，很理解妈妈。经过他们两人的斡旋，外婆终于同意让妈妈回去见她。于是，妈妈带着我去见外婆。外婆开始还装着生气的样子，架不住舅舅扮滑稽相，最后也转怒为乐，拿出事先准备好的玩具给我，表示承认这个外孙女，也就是说，承认妈妈和爸爸的婚姻。

舅舅设法让妈妈回家另有一个目的，就是他要找我爸爸帮他接上党的关系。于是约好一个时间，外婆称病谢绝宾客，妈妈带爸爸回家。外婆虽然承认了妈妈、爸爸的婚姻，但在外人面前还是只称他李先生。舅舅请我爸爸替他向组织转达归

1934年冬，经普椿与李湄在上海绿杨村何香凝家门前

队的要求。舅舅整天待在家里不得外出，十分烦闷。外婆的好朋友经亨颐当时正住在她家。经亨颐也是日本留学生，1922年回家乡浙江上虞，创建春晖中学。学校以革新闻名，是浙江省第一个招收女生的中学。夏丏尊、朱自清、朱光潜、丰子恺等学者都曾在春晖任教。经亨颐的小女儿经普椿比舅舅小十岁，当时才十几岁，我叫她“姑姑娘娘”。外婆有意让他们两人交往，好拴住舅舅的心，结果两人真的堕入情网。我称经亨颐为经公公，他是一个又高又瘦的老头，喜欢喝酒，老吓唬我说要把我装进他的小箱子里，我见他就躲。

8月的一天，爸爸让妈妈送一份密件去给舅舅，这是中央通知他去苏区的指示。三天后舅舅离开了家。舅舅走的那天，外婆故意说舅舅怎么出去到晚上还不回来，然后翻他抽屉，那里早已放好他给柳亚子的一封信，用以解脱柳亚子放走他的嫌疑。那封信写得很有感情，说“忠孝不能两全”，拜托他照顾年迈的母亲。舅舅走后外婆确实非常难过。经普椿看到舅舅留下的信，冲进房间扑在床上大哭。舅舅给柳亚子的信，后来柳亚子给了我妈妈，妈妈一直保存到舅舅去世前两年才交还给他。

上海白色恐怖很厉害，党的机关不断遭到破坏，爸爸住的机关半年转移了三次。事先他向妈妈交代，他们随时都有被捕的可能，如果被捕，不能牵连别人，不能泄漏秘密机关的地址。1934年2月，江苏省委内部出了叛徒，帅孟奇、夏之栩、钱瑛等很多同志被捕，我爸爸也未能幸免。2月28日，爸爸被捕。为了不泄露秘密机关地址以及使妈妈知道他已被捕，他自称住在外婆家。

特务把爸爸带到绿杨村外婆家，爸爸见到外婆就说：“妈妈，我被捕了。”外婆一听就明白了。尽管她并不喜欢我爸爸，但是当特务问她我爸爸是不是住她家时，她回答说是住在她家。特务问:“睡哪张床？”正好那时苏妹表姨住在外婆家，客厅有一张行军床。外婆指了指行军床，说：“就睡在这里。”于是特务开始搜查。一个特务在枕头底下发现了女人发夹，正待盘问，那边翻箱倒柜的特务看见一个写着何香凝名字的信件，吃惊地问：“你就是那个国民党中央委员何香凝？”外婆本来就有气，这下子大发作：“你们吃国民党的饭，却来搜查国民党中委的家，简直无法无天！”她越说越生气,大骂起来。特务不敢久留,急忙押着我爸爸离开。

外婆立刻让苏妹表姨将爸爸被捕的消息通知我妈妈。妈妈一听如同五雷轰顶，心乱如麻。过去妈妈与党的关系完全靠爸爸单线联系，即便见过几个同志，也不知道他们的名字和住址。以前爸爸总是告诉她“不该问的不要问”“不知道就不会出毛病”，现在爸爸被捕，妈妈与党的关系全断了。秘密机关不能再住下去，妈妈按照爸爸平日的吩咐，赶快烧掉一切与工作有关的纸张，立刻撤离。那天妈妈身上只有几角钱，钱在爸爸身上，她无处可去，只能带着我回外婆家。妈妈想，舅舅被捕，外婆抱病把他从吴铁城手里抢回来，这次也许她还能把我爸爸救出来。没想到外婆正为特务的骚扰在生气，一见我妈妈就把气发到她身上，说：“结婚问都不问我，出了事就找我。”外婆十个月前刚为营救我舅舅搞得心力交瘁，目前心脏病加剧，身体非常虚弱。妈妈怕她会气死，吓得什么也不敢说了。外婆气消之后，看见妈妈整个人失魂落魄的样子，就叫妈妈先不要吃米饭，让佣人给她煮点儿粥吃。

1934年，经亨颐摄于上海

外婆是个有主意的人，她冷静下来，马上叫人请柳亚子来商量。柳亚子主张外婆还像上次那样硬去要人，外婆不同意。柳亚子就说外婆偏心。外婆平生最不喜欢别人说她偏心，这个话题不说则已，一说她就有气。妈妈怕外婆犯心脏病，赶快请柳亚子不要再说了。外婆虽然不肯去硬要人，但却积极签署各种营救信件。可惜这些信件都石沉大海。

后来营救之事全是柳亚子在奔走。营救很不顺利，拖的时间很长，尽管有四位国民党元老作保：宋庆龄、何香凝、柳亚子、李石曾（晚清重臣李鸿藻之子，

1934年冬，廖梦醒与柳亚子等摄于上海。左起：廖梦醒、李湄、柳亚子、柳亚子夫人郑佩宜、柳无非、柳无忌

曾资助过孙中山，是留法勤工俭学创办人），还是不能把我爸爸保释出狱。不过，柳亚子并没有气馁，经过多方设法，爸爸最终从南京监狱转到了苏州反省院，逃过了死劫。这事之后，柳亚子成了我妈妈的义父和我爸爸的忘年交。

爸爸在狱中

爸爸在南京监狱的一年里，因不肯招供备受酷刑，肺部被打伤不断吐血，右臂也被打断，从此不能抬起。而监狱外，国土遭受日本帝国主义蹂躏，他悲愤填膺，写下了《南京书所见》：

丹心已共河山碎，
大义长争日月光。
不作寻常床箦死，
英雄含笑上刑场。

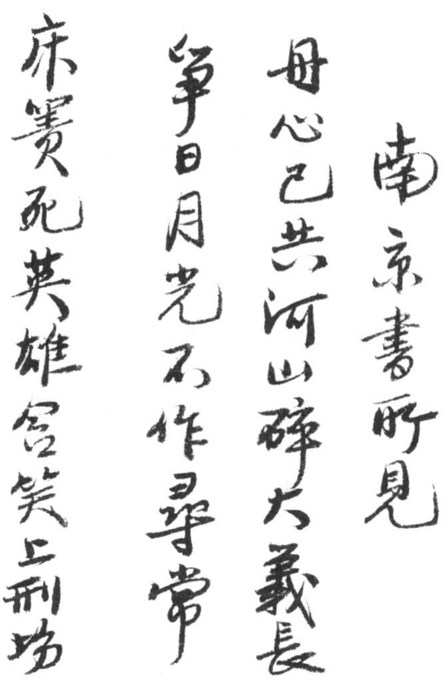

南京書所見
丹心已共河山碎，大義長
爭日月光。不作尋常
床簀死，英雄含笑上刑場。

廖梦醒录李少石诗作《南京书所见》手迹

爸爸在南京监狱写的诗都是准备牺牲的明志诗，对国破家亡的痛苦感受和对亲人的思念都反映在他的诗中。他刚入狱时写的《寄内》更像是一篇遗言：

一朝分袂两相思，
何日归来不可期。
岂待途穷方有泪？
也惊时难忍无辞。
生当忧患原应尔，
死得成仁未足悲。
莫为远人憔悴尽，
阿湄犹赖汝扶持。

1928年，李少石摄于香港

同期的《寄母》和《咏怀》也都充满壮烈豪气：

赴义争能计养亲？
时危难作两全身。
望将今日思儿泪，
留哭明朝无国人。

不能狮吼忍羊驯，
十载劳劳惯卧薪。
今日岂辞缧绁苦？
此生原自为他人。

爸爸被判了徒刑之后转到苏州反省院，这时可以送东西进去了，不过一个月只能送一次。妈妈尽一切可能设法给爸爸送去食品、用品和字典等。新中国成立后爸爸的难友来看妈妈，妈妈才知道，她送进去的食品和书籍，爸爸都与难友分享了。因爸爸被打出肺病，需要营养，所以妈妈给他送去奶粉，而他认为难友周惠年的幼儿囚童比他更需要。爸爸要的《露和字典》，也是为难友汪金丁学俄语用而让妈妈送进去的。

爸爸一向珍惜时间，他让妈妈给他送去日文和法文字典，利用字典在监狱里自学日文和法文。难友宋藩周20世纪60年代在一篇纪念我爸爸的文章中写道：

“少石同志把牢房当作为将来建设社会主义作准备的场所。有一次我们谈到各地物产时，我说，我们河南泌阳童山出墨晶，能做好眼镜。我把‘泌’字读成‘沁’。少石同志立即纠正说是‘泌阳’，不是‘沁阳’。我听了赶忙翻学生小字典。他说：‘不用费事啦，在第九页上。’我很吃惊，不相信他会记得这么准，继续翻看查找。他说：‘你翻我背，看错不错。’结果他逐页背读，一字不错。我佩服地问：‘你怎么连字典都背下来了？’他笑了笑说：‘有个时期我独自一人在狱中，只有这本小字典做伴，我每天背几个字，时间久了，也就全背下来了。’”

爸爸在狱中除了学外语，还写了两本小册子：一是《日文分类小词汇》；一

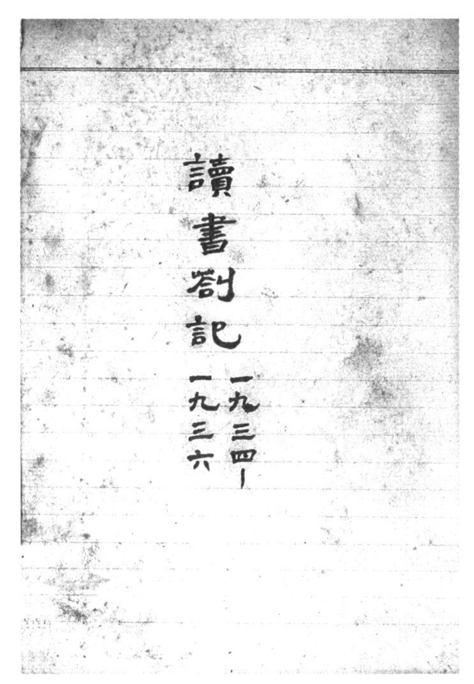

進化論大綱

第一章 導言

1 宇宙之進化 (a) 1755 德康德之星雲說 法拉普士的闡明
(b) 宇宙恆星可見的在万万以上 最近的也离地球四光年
(光速＝每秒186350英里)
太陽系之進化 (a) 太陽生九行星 行星生衛星
(b) 地球体積為 260,000,000,000 立方里 太陽比地球大 13,000,000倍 月体積等于1/49地球
地球的進化 (a) 地面放热 而成地殼 其後热渐减 水能降聚其上 但空氣含多量炭酸氣 比现在稠密到五十倍 至石炭化之末 叢林密佈地上 將炭酸氣吸去 空氣大清 水生的動物都迁到陸地来
(b) 地球分期：

時代(a) 代(b) 紀 世	英 名	経过年月
無生物時代(原始代)	Azoic or Archaean Age	
無水時代	Anhydritic Era	
海洋時代	Oceanic Era	
生物時代	Zoic Age	
始生代	Archaeozoic Era	
古生代	Palaeozoic Era	

李少石狱中笔记（左）

李少石狱中笔记之《进化论大纲第一章导言》（右）

是《日文语形择要》。“语形”是初学日语的人必须注意的，因此他选出四百多种语形，附上七百多条例句，为便利自己，同时也为便利其他初学日文的人。此外，他还记了好几本笔记，那是他看了《进化论》《中国哲学史大纲》《西洋哲学史派别》《古代历史大纲》《法国革命史》等书，以及唐诗宋词、汉语语法，中、英、法、德、俄、意、美等国近代文学史后写的笔记。他甚至还学拉丁文和经济学。爸爸是个喜欢做学问的人，可惜生不逢时，如果在太平盛世，他应该是个很出色的文化人。

监狱里敌人封锁消息很严，但爸爸却能争取个别看守，通过他们了解外界发生的大事。宋藩周回忆，西安事变蒋介石被扣的消息，就是爸爸在放风时告诉他的。1937 年抗日战争全面爆发后，日机轰炸苏州，反省院有些牢房已被炸塌，敌人仍把政治犯锁在囚室里。全院难友团结一致，边砸铁门，边喊口号抗议。这时抗日民族统一战线开始形成，共产党与国民党谈判时提出了释放全部政治犯的要求。国民党不得已，把政治犯集体释放。

蛰　居

如果说，外公遇刺是妈妈一生中经受的第一次重大打击的话，那么爸爸被捕就是她经受的第二次重大打击。自从她义无反顾地跟着爸爸走，爸爸一直是她的单线领导，她惟一的依靠。突然，爸爸消失了，没有留下任何话，她觉得像风雨飘摇中的一叶孤舟，不知道应该停泊到何处。爸爸入狱期间，曾经不止一次有人来找妈妈，自称是组织派来的；还有人给她送信来，跟她要钱，但都不知是真是假，妈妈只觉得周围不知该相信谁才好。柳亚子曾经告诉妈妈，有个叫“华汉”的人问候她。妈妈不认识“华汉”，也没有听爸爸说起过这名字，因此也不敢搭理。很久以后妈妈才知道，原来“华汉”就是阳翰笙。她错过了一个找到党组织的机会。

三年里，妈妈度日如年。在我幼时的脑子里，只记得妈妈终日以泪洗面。我

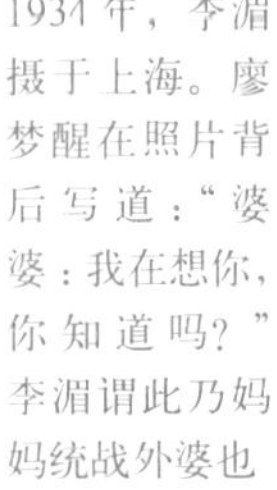

1934 年，李湄摄于上海。廖梦醒在照片背后写道：“婆婆：我在想你，你知道吗？”李湄谓此乃妈妈统战外婆也

1934年，宋庆龄与李湄摄于上海莫里哀路二十九号宋庆龄家中（廖梦醒摄）

1934年，宋庆龄与李湄摄于上海莫里哀路二十九号宋庆龄家中（廖梦醒摄）

用小手擦去她脸上的泪，问她为什么哭，她总是答："妈妈难过。""难过"是我那时听得最多的两个字。我到外婆家的时候只有两岁多，不懂事，我一哭，妈妈就吓唬我："婆婆来了。"外婆故意用拐杖把地板敲得咚咚响，大声问："谁在哭啊？"我就吓得不敢哭了。那时我觉得外婆很可怕。

在不到一年的时间里先后出了舅舅和爸爸两件事，外婆所受的压力可想而知。她把原先挂在客厅里的舅舅的自画像收到亭子间去。每逢有客人来，就让妈妈和我躲进自己房间，不要出来，免得客人问东问西不好回答。那几年，妈妈一直待在外婆家，除了有时宋庆龄叫她以外，哪里都不去。

宋庆龄是四位争取保释我爸爸的国民党元老之一，爸爸被捕更加使她想到妈妈可能也是中共党员，因此有些不敢让别人翻译的材料，她就让妈妈去帮忙翻译。美国著名记者埃德加·斯诺那时在上海，宋庆龄正设法帮他去保安采访。宋庆龄让我妈妈待在斯诺的房间里不要出来，帮他把一些有关陕北的材料翻译成英文，为去陕北作准备。后来斯诺写出了震惊中外的《西行漫记》。妈妈还根据宋庆龄授意，为她起草一些中文信件，妈妈的英文名字 Cynthia（辛西亚）就是这个时期宋庆龄起的。宋庆龄知道爸爸给妈妈起了一个中文名字叫"仙霏"，所以特别挑了这个发音近似"仙霏"的英文名字。

宋庆龄和鲁迅是在反蒋的"中国民权保障同盟"中的战友，1936 年 6 月 5 日鲁迅病重的时候，宋庆龄劝说鲁迅无论如何要入医院治疗，她给鲁迅的信里写道："我恳求你立刻入医院医治！因为你延迟一天，便是说你的生命增加了一天的危险！！你的生命并不是你个人的，而是属于中国和中国革命的！！！为着中国和革命的前途，你有保存、珍重你身体的必要，因为中国需要你，革命需要你！！！"这封热情洋溢的信就是妈妈代宋庆龄执笔的。为了强调入院的必要性，妈妈从用一个惊叹号，到两个惊叹号，最后用了三个惊叹号。四个月后，鲁迅病逝。新中国成立后，鉴于这封信不是宋庆龄亲笔书写，上海的鲁迅纪念馆便请宋庆龄照此信重新抄录了一封。妈妈执笔的这封信保存在北京鲁迅博物馆。虽然这封信只是宋庆龄英文口授，并不是她亲笔书写，但却是当年鲁迅亲眼读过的。

外婆的家是外婆、经亨颐、陈树人三人组成的"岁寒三友画社"的活动地点。"岁寒三友"指松、竹、梅，它的寓意是，松竹经冬不凋，梅能耐寒开花，人在艰苦考验中看出品格。1928 年大革命失败后，三人曾合作画了一幅《岁寒三友图》，由于右任题诗，这幅画后来不知哪里去了，如今三人又照旧重画了几幅，仍然由于右任题诗。

周同志：

方才得到你病得很厲害的消息，十分的耽心你的病狀！我恨不能立刻來看看你，但我割治盲腸的傷口至今尚未復原，仍不能够起床行走，迫得寫這封信給你！

我懇求你立刻入医院医治！因為你延遲一天，便是說你的生命增加了一天的危險!! 你的生命並不是你個人的，而是屬於中國和中國革命的!!! 為着中國和革命的前途，你有保存，珍重你身體的必要，因為中國需要你，革命需要你!!!

一個病人，往往是不自知自己的病狀的。當我得盲腸炎的時候，因我厭惡入病院，竟拖延了數月之久，直至不能不割治之時，才迫着入院了。然而這已是很危險的時期，而且因此，還多住了六個星期的時間。假如我是早進去，兩星期便可以全愈出院的。因此，我万分盼望你接受為你熱愛着，感覺着極度不安的朋友們的懇求，馬上入医院医治。假如你是怕在院內得不着消息，周太太可以住院陪你，不斷的供給你外面的消息等等……

我希望你不會漠視愛你的朋友們的憂慮而拒絕我們的懇求!!! 祝你

痊安

宋慶齡 六月五日

1936年6月5日宋庆龄致鲁迅书信，廖梦醒执笔

1936年，何香凝、经亨颐、陈树人、于右任在南京重作《岁寒三友图》

20世纪50年代，《岁寒三友图》的原件竟然在台北出现，于右任偶然看到，感慨万千。他把当年题诗时漏写的一个字补了上去，又作了《怀念大陆及旧友》一诗：

二十余年补一字，完成题画岁寒诗。
相逢回念寒三友，泉下经陈知不知？

当时，经亨颐和陈树人已经去世，于右任这首充满感情的怀旧诗传到北京，外婆感慨之余和了他一首《遥念台湾》，其中有言：

青山能助亦能界，二十余年忆此诗。
岁寒松柏河山柱，零落台湾知未知？

这个时期参加“岁寒三友画社”活动的画家，除了陈树人、经亨颐之外，还有张善子（张大千的二哥）、郑午昌、郑曼青、胡藻斌、商笙伯、辛壶、黄宾虹、李秋君等人。画家们来做画是妈妈生活中的一大乐事，看他们写画可助消愁破闷。

外婆有一幅早期画的《老虎》，被老鼠咬得粉碎，她心疼得不行，让妈妈把它拼回原来的样子。这可是一件麻烦透顶的事。外婆吩咐了，妈妈只好硬着头皮去做。她把那些像渣子似的碎纸一片一片用熨斗烫平，然后像拼图一样慢慢去拼，

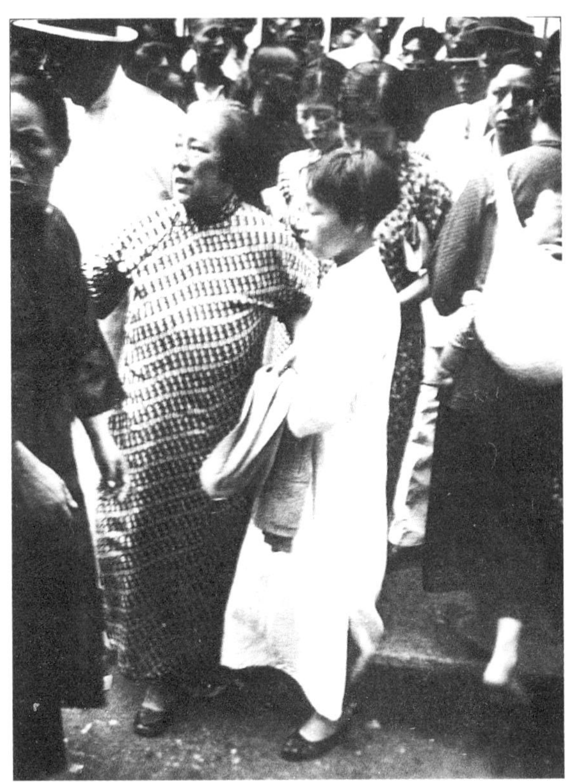

1935年6月13日，廖仲恺灵柩在广州起灵时的何香凝

1935年6月13日，廖仲恺灵柩由广州起灵迁葬南京。前左二为何香凝

费了不知多少天，居然把画救活了。《老虎》是外婆身体好的时候画的，画老虎要一根毛一根毛地画，很费神。外婆得心脏病后再也没有画过老虎。

外婆是个口硬心软的人，尽管嘴上对我妈妈厉害，实际上不放过一切机会营救我爸爸。1935年6月13日，外公的灵柩从广州朱执信墓迁往南京紫金山准备举行国葬。张静江是廖仲恺葬事筹备委员会主席，又是国民党中央执行委员会常务委员会主席，外婆为迁葬事给他写过许多信。她不失时机地在其中一封信里提出把我爸爸保释出狱的要求，信中写道："预计半月以后，廖先生遗榇可抵上海，默农身居半子职，例应参与迎榇之礼，拟请先生婉商之立夫先生，可否将默农暂行释放，以便参与在沪迎榇。"张静江答应帮忙。妈妈以为爸爸不久便可被保释出狱，充满希望。但结果希望落空，爸爸并没有被保释出来，只是后来转到了苏州反省院。

1935年夏，廖梦醒与李湄摄于上海莫里哀路宋庆龄家中

1935年9月1日，在南京紫金山举行了外公的国葬仪式。外婆发表演说，照例怒斥蒋介石和国民党政府背叛孙中山的三大政策。汪精卫到会，听到外婆在骂人，他向遗像鞠了个躬就匆匆离去，没有与外婆照面。蒋介石估计外婆一定会骂人，根本没有到场，找个借口到外地去了。黄埔军校校友集资准备在南京给外婆建一所住宅。外婆说，要她留在南京，"除非政府恢复孙先生十三年（即

1935年，廖梦醒在南京廖仲恺国葬之后

1924 年）的主张，否则还不如在廖墓旁边建一所平房给扫墓的人避雨”。

中国自古就有“鞭尸”这种恶劣做法，外婆担心日后政敌会挖出外公的遗体，因此要求把放置外公灵柩的墓里灌满水泥。结果，紫金山廖仲恺墓成了一个巨大的半圆形水泥球。1972 年外婆临终时要求与外公合葬。为了在这个结结实实的水泥球里凿出一个可安放外婆棺木的空间，南京市政府费了九牛二虎之力。这是后话。外婆去世也是 9 月 1 日，与外公国葬同是一天。

妈妈去南京参加了外公的国葬，不过她没有跟外婆住在一起，外婆住在国民党的励志社，妈妈不敢去住，怕国民党抓她。她也不敢在南京多逗留，典礼完毕到伯父廖恩焘家住了一晚马上就回上海。在国葬仪式上，妈妈看见了陈公博、梅哲之等许多从前的熟人。她问陈公博有没有办法保释我爸爸出狱。陈公博说，保释不可能，但可以帮忙送些东西进去。妈妈不放过一切机会救助狱中的爸爸。

烽火连天

舅舅平安到达陕北后，周恩来曾请王炳南的德籍妻子王安娜带信到上海给外婆。1937 年的一天，王安娜又到外婆家，说要带外婆和妈妈去见一个人。原来，周恩来到上海了。多年不见，这次重逢，大家都很高兴。周恩来对外婆讲了第二次国共合作的新形势，请外婆在团结国民党人方面多出点力，因为国民党人中不乏爱国人士。他与外婆谈罢，又问妈妈近况如何。妈妈告诉他，爸爸被捕后她不敢与任何人联系，怕中特务圈套。周恩来说："你这样慎重是对的。国民党中认识你的人很多，你千万不要暴露自己的党员身份。"

早在 1932 年"一·二八"会战中十九路军与日军作战的时候，外婆就与宋庆龄、柳亚子等人为前线战士捐献棉衣，建立伤兵医院。如今抗日战争全面爆发，全国人民同仇敌忾，外婆家更是热气腾腾。她在家里又办起了妇女慰劳会，慰问前线

1937 年，何香凝（前坐者）与杜君慧（左二）、史良（左三）、胡子婴（右一）等在上海

将士。家门口她贴了一份告示，写着："此处接受热心援助"。一天，在上海开设诊所的香港青年医生黄雯路过，看见招贴，便敲门进屋，自告奋勇地对我外婆说："我是医生。我愿意尽义务为伤兵医院服务。"随后，他把他的妹夫、年轻的华侨会计师陈乙明也带来。陈乙明对我外婆说："我有汽车，可以为你们运送伤兵和救伤物品。"他们的雪中送炭使外婆非常感动,两人实实在在为伤兵医院帮了很大忙。从此，我们两家成了很好的朋友。后来才知道，黄雯原来是香港首富何东的外甥。

外婆自己作画义卖，同时向社会募捐。外婆的朋友罗叔章、许广平、史良、沈兹九、李秋君、黄定慧、胡兰畦等人也来帮忙。一些大百货公司看见有外婆签字就捐出东西，捐赠的物品包括棉衣、棉背心，装有毛巾、牙刷、肥皂、纱布、缝衣针的慰劳袋等。妇女慰劳会的人自己也装慰劳袋。家里堆满慰劳品、急救包、食物，妈妈忙得团团转，这些慰劳品都要装卡车运到江湾前线慰问伤兵。

1937 年 8 月 13 日，日军大举进攻上海。10 月，国民党军奉命西撤。为掩护大部队撤退，一位名叫谢晋元的团长率领部下扼守苏州河畔的四行仓库，四天之内击退日军多次进攻。四行仓库里的八百壮士引起全上海民众关注，人们纷纷送食物和急需品去慰问这些将士（其实当时守军只有四百人，为了迷惑日军，谢晋元宣称有八百人）。据 1937 年出版的《气壮山河的八百孤军》一书所载，外婆给守军发过慰问信。信中写道："谢团长并转亲爱的八百勇士们，我在报上看见你们英勇豪壮的气概，使我感动得流泪。……你们每一个人，都已充满了孙总理和廖党代表的革命精神、牺牲精神，不论是成功或成仁，都可以俯仰无愧了……"这封信完全不像外婆的口气,倒像妈妈的口气。外婆无论如何也不会用"亲爱的……"这种词汇。

从市区送慰劳品去郊区经常遇到敌机轰炸。一次，妈妈一行人随车去四行仓库慰问前线将士，中途遇到日机在头上盘旋，大家急忙下车趴倒在大树下，如此好几回才到达目的地。还有一次，妈妈带着五岁的我一同去伤兵医院，让我把棉背心送到伤兵手上，还让我站在桌子上唱慰问歌："你们为着我们老百姓，为着千百万妇女儿童，受了这样的伤，躺在这里病床上……"当介绍说慰劳品是妇女慰劳会主席廖仲恺夫人送来的时，一个军官流泪叹息外公死得太早。

这年秋季，正当我患腮腺炎的时候，一天，妈妈突然一反平日愁眉苦脸的样子，兴奋地亲了亲我，说要去接爸爸回家了，要我乖乖地躺在床上等她。如同过去她要我打针吃药一样，我提出条件：要她给我画一张"公仔"。妈妈自己喜欢大眼睛的女孩子，她画的"公仔"，五十年不变，永远是一个大眼睛、小嘴巴、瓜子

1937年，李少石出狱后与李湄在上海

1937年，李少石出狱后与李湄在上海

脸的女孩。那些画是我惟一的玩具，我已攒了一叠，尽管每张都一样，但我百看不厌。

妈妈把爸爸接到家已是下午，天色微暗。我躺在床上，妈妈说：“叫爸爸。”我有点儿不好意思，轻轻地叫了一声。他微笑地看着我，并没有过来抱我。因为他在监狱里得了肺病，怕传染给我。他入狱时我只有两岁，这时已经五岁了。此后一生他都没有抱过我或亲过我，但我知道这正是他爱我的表现。在狱中，他曾做梦梦见我爬在他身边，用小手扒开他的眼皮。现在，他本可以好好地抱我亲我，可是他宁愿失去亲我的乐趣，也不愿我传染上肺病。待我腮腺炎痊愈后，我搂着他拍了几张相片。我当时的羞怯神情，竟完全像他两年前在狱中所梦见的一样，那次他写下了一首名为《梦回家见湄女》的诗：

记否渠渠学语时，
为爷常诵《木兰诗》？
归来此际何羞怯，
不似从前旧女儿。

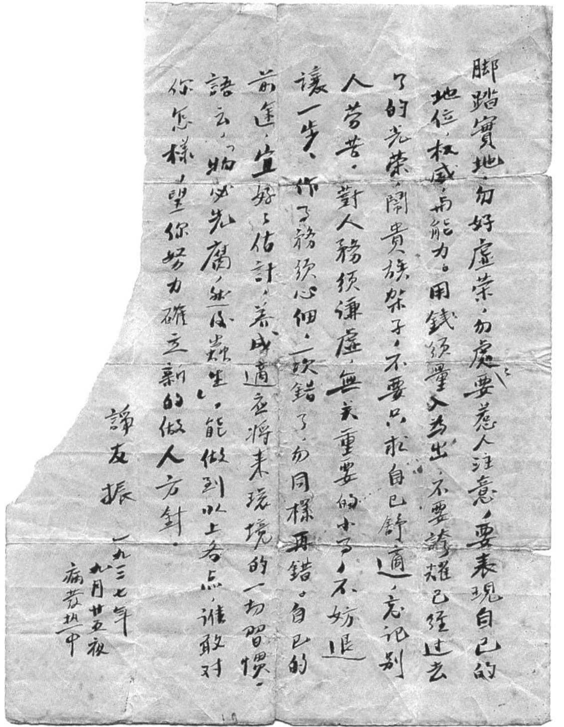
脚踏實地，勿好虛榮，勿處處要惹人注意，要表現自己的地位，权威和能力。用錢須量入為出，不要誇耀已經過去了的光榮，闊貴族架子，不要只求自己舒適，忘記別人勞苦。對人務須謙虛，無关重要的小事，不妨退讓一步。作事務須心細，一次錯了，勿同樣再錯。自己的前途，宜好好估計，養成適應將來環境的一切習慣。語云，物必先腐而后蟲生，能做到以上各点，誰敢对你怎樣，望你努力確立新的做人方針。

諍友振　一九三七年九月廿五夜病发热中

1937年，李少石写给廖梦醒的座右铭

爸爸出狱后仍吐血不止，妈妈把他送到爱多亚路（现在的延安中路）澄衷肺病疗养院治疗。爸爸被捕后，妈妈失去党的关系，心情苦闷无人倾诉，现在好不容易见到他，便向他诉衷情。9月25日，爸爸在发高烧中给妈妈写了一份座右铭，对妈妈提出了严格要求。爸爸本人正是这样一个不好虚荣、淡泊名利、埋头苦干的人。这份座右铭妈妈一直带在身边用以激励自己：

脚踏实地，勿好虚荣，勿

处处要惹人注意，要表现自己的地位、权威与能力。用钱须量入为出，不要夸耀已经过去了的光荣，闹贵族架子，不要只求自己舒适，忘记别人劳苦。对人务须谦虚，无关重要的小事，不妨退让一步。作（做）事务须心细，一次错了，勿同样再错。自己的前途，宜好好估计，养成适应将来环境的一切习惯。语云，“物必先腐，然后虫生”，能做到以上各点，谁敢对你怎样，望你努力确立新的做人方针。

诤友振

一九三七年九月廿五夜

病发热中

这时，上海已是炮声隆隆。外婆住的法租界当局通过杜月笙要外婆停止慰劳会活动。外婆不予理会，杜月笙的手下便不断来骚扰。上海已待不下去了。11 月，外婆、妈妈、爸爸和我在连天炮火中登上了一艘驶往香港的轮船。梅兰芳、金仲华、金端苓等爱国人士也在这艘船上。

团聚三年

香港此时情况已经与八年前大不相同。“七七事变”后，日本相继占领了中国许多沿海城市，并在占领广东后对香港虎视眈眈。英国与日本之间的矛盾加剧，港英政府不干涉香港爱国人士的抗日活动。大批爱国人士纷纷从敌占区跑到香港从事救亡工作。1937年年底，宋庆龄也从上海到了香港，她提出让妈妈去给她帮忙，于是妈妈到她家去帮她处理中文信件，翻译材料。美国女记者史沫特莱在根据地采访，需要用的打字带，也是妈妈在香港替她采购的。

1938年廖梦醒（右）与李湄在香港

周恩来这时已是中国共产党中央军事委员会副主席，他通过英国驻华大使向英政府提出要在香港设立八路军办事处，以便处理国外援助抗日的捐款和物资，英方同意了。1938年1月，半公开的八路军办事处在香港成立，舅舅被派回香港当办事处负责人，爸爸、妈妈协助他工作。

爸爸在八路军办事处主要负责华侨及国际航线中的海员工作，1939年潘汉年到香港成立华南情报局，爸爸也参加了那里的工作。此时各种势力都把香港视为战略情报的来源地，各国间谍云集，日本特务的活动更是频繁。港英一方面与日本有矛盾，一方面又采取绥靖妥协政策，情况十分复杂。爸爸每天早出晚归，像在什么公司上班，实际上是在从事隐蔽战线的工作。他使用的联络点是湾仔的一家帽店，港战开始不久帽店便被炸毁。他这个时期的工作，由于保密原因，我们一直都不清楚。直到20世纪90年代，我才在一本关于潘汉年的传记里得知爸爸曾在他的领导下工作过。

1938年，廖梦醒与李湄在香港

舅舅一回到香港，外婆立刻张罗为他和经普椿办喜事，她急于抱孙子。外婆住在靠跑马地的摩利臣山道，那是电车从跑马地出来转弯的地方，一栋独立的临街三层小楼，外婆住在楼下，楼上是八路军办事处的一个点。婚礼在外婆家举行，简简单单备了两桌菜，把最亲近的亲戚朋友请来吃了一顿，婚礼就告完成。仪式虽然简单，但我对这天的印象深刻，那天妈妈让我穿上一件粉红色的毛线连衣裙，还照了一张相片留念。舅妈连续生了两个女儿，外婆不满意，她仍然是重男轻女，想抱孙子。

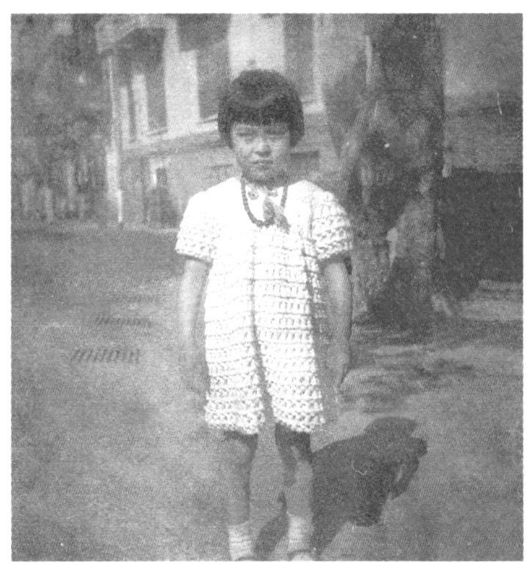

1938年，李湄参加舅舅廖承志的婚礼时所摄

后来外婆搬到九龙加连威老道十号，我们就很少去外婆家了。我们住在港岛，那时没有地铁，也没有过海隧道，从香港到九龙只能坐轮船。香港和九龙隔着很阔的海面，不像现在，由于不断填海，坐船一眨眼就到。加连威老道当时是个安静的住宅区，两三层楼的小洋房，门前绿树成荫。如今这条街已经变成热闹的商业区。

1938年到1941年的四年里，有一年爸爸被派往菲律宾，实际上爸爸妈妈只

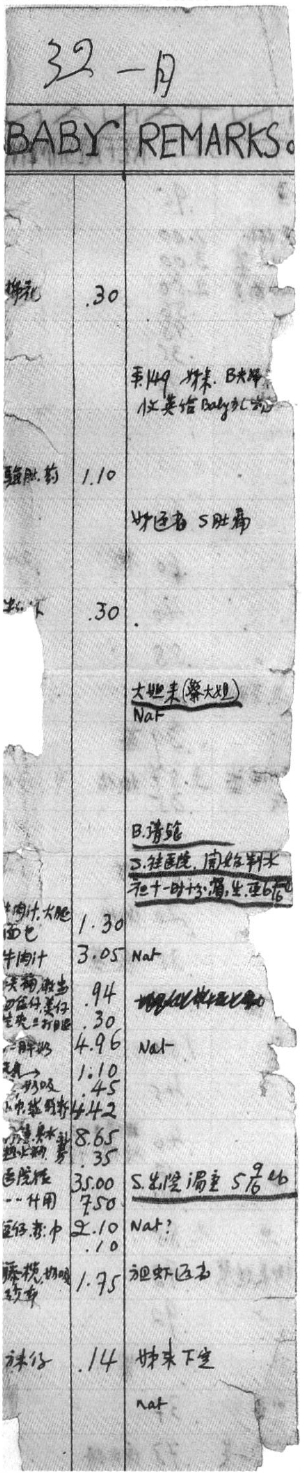

在一起生活了三年，但这已是他们共同生活最长的时期。我们家住在香港“七姐妹”。这里是海边，原来有大小不等七块礁石，相传那是七个结拜金兰发誓不嫁的女子变的；她们因父母逼嫁，投海自尽，死后化成礁石，故称“七姐妹”。我们搬去住的时候，礁石已经没有了，但这地方仍叫“七姐妹”。我们住的英皇道四百四十五号是四层楼的唐楼（即旧楼），门口是电车路，后窗底下就是海港。

这时，我已到了入学年龄，爸爸、妈妈各有各的工作，没有时间管我，便把我送到离家最近的学校，为的是我可以自己走着去上学。最近的“学校”就在附近的居民楼里，是个类似私塾的半日班。没有间隔的一个大房间，摆上两排桌椅，就算是两个“年级”了。两个老师一人管一个“年级”（大约七八个孩子）。我们只读四书五经，背唐诗三百首。六七岁的孩子，每天摇头晃脑念“孟子见梁惠王王曰叟不远千里而来亦将有利于吾国乎”，真够闷的！不过老师讲课的时候学生在底下吃咸姜、话梅、嘉应子也没有人管，也没有家庭作业，没有算术课。我在这样的“学校”里待了两年，每天上午读书，下午回到家里和表姐妹玩抓子儿、跳绳、打扑克。到了第三年，妈妈觉得这样下去不行，便把我送进一个正规小学。那就比较远了，每天我要从“七姐妹”走到铜锣湾。那条街道南面是小山坡，北面是太古洋行大油罐的围墙。不知为什么我并没有坐电车上学，来回都是自己走，要走电车的四站路！

本来妈妈希望和爸爸组织一个小家庭，无奈爸爸是个孝子，这时他的祖父已经去世，他把祖母、母亲、姐姐和姐姐的六个孩子全接来同住，连同照顾老人、小孩的女佣，总共十四口人，大家挤在约八十平米的一层楼里，终日闹闹哄哄。孩子们睡大

1932 年 1 月，李少石记录的李湄出生前后的情况

统铺，妈妈和老人分别住在用木板隔成的小房间里。妈妈对这样的环境很不习惯，可是，能和爸爸生活在一起，她也就没有说什么。

爸爸有肺病，怕传染给家人，独自住在厨房后面的一间小房里，窗下就是维多利亚港。我入学取名为“湄”，“湄”在字典里的解释就是“大海之滨”。爸爸在家时，基本上都待在那间鸽子笼似的小屋里。他的碗筷永远自己洗，放在自己房间，不与别人的碗筷混用。到外面吃饭，他一定用公筷，吐出的骨头，用纸包好自己扔掉，不吐在桌上或碟子里。他的衣服从来不让妈妈洗。妈妈无论帮他做什么，他都说：“有时间不如养养精神，或者做点更重要的事。”但是有一件事他没办法不让妈妈帮忙，那就是洗澡。爸爸右臂断过，举不起来，只能让妈妈帮他洗。那时的唐楼只有厨房、厕所，没有洗澡间。南方天气热，在厨房里冲冲淋浴就行了。厨房小，容不下两个人，爸爸洗澡只好在自己卧室。

爸爸的祖母到香港不久就去世。老人一般都不愿死在医院。在家里去世，办丧事很麻烦。我们住在二楼，楼梯很窄，棺材无法上下，又不能经楼梯直接把尸体扛下去，因为楼梯是公用的，其他住户不答应这样做，怕不吉利。于是只能从阳台搭出一条竹木结构的斜坡直达大街，仵工走竹木桥把棺材抬下去。出殡时，家属也从天桥走，免得丧气影响四邻。香港人很迷信的，那时住在楼上的人办丧事都得这样。有钱人独门独户自然不在此例。

1932年4月23日，李少石与李湄在香港山道家中

爸爸是孝子，又是体贴的丈夫，慈爱的父亲。从我呱呱落地那天起，他就记下我的情况。我四个月自动断奶，拒绝再吃妈妈的奶，使奶水十分充足的妈妈憋得长起乳疮。于是爸爸喂我奶粉。半夜我哭，他不让妈妈起床，自己抱着我走来走去，嘴里哼着自编的广东儿歌。记得有一首很好玩的儿歌：“行床（铺床）瞓觉，行床瞓觉，瞓啦，瞓啦，哎呀哎呀，木虱（臭虫）咬我啊，木虱咬我啊。”我刚会说话，他就教我背《木兰词》。

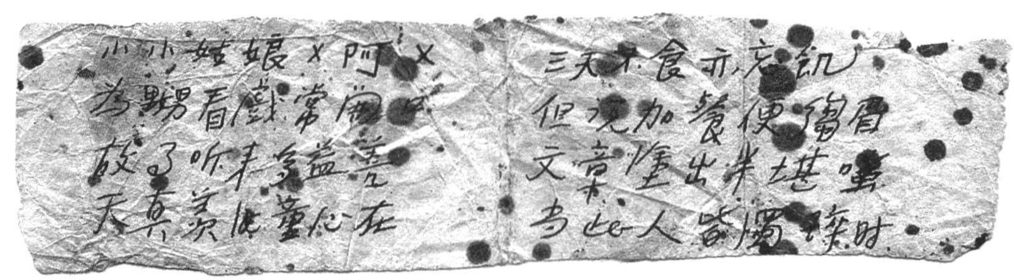

1940 年，李少石为李湄写的打油诗（草稿）

这次回到香港，我已经上了小学，我最喜欢听爸爸讲笑话。他满肚子古今中外笑话，有些是典型的香港笑话，广东话夹杂着英文。

那时香港小贩把橘柑剥了皮卖，因为橘子皮是药材，卖给药房又能多卖一份钱，所以小贩鼓励顾客买剥了皮的橘柑。顾客当场吃，猜中有多少颗核，可以不付钱。爸爸会猜橘柑核。他带我去买橘柑吃，总能猜中有多少颗核，屡猜屡中，令我大为惊喜。不过爸爸自己只买处理水果，回到家后削去烂的部分，吃好的部分。他还常去平民市场买大酒店的处理西餐。那些西餐不是别人吃剩的，而是酒店当天卖不完然后直接批给小贩，小贩把它们倒在一起，煮成大杂烩的出售品。爸爸认为它有营养，价廉物美。据当时和我们住在一起的我的表兄胡景镛回忆，爸爸教他去湾仔小铺吃炒河粉时，不要叫“牛肉炒河”，只要叫“菜心炒河”就行。同样的东西，后者便宜一角钱。

大概是因为零嘴吃得多，我一到开饭就没胃口。爸爸、妈妈从不给我零用钱，买零嘴的钱是祖母给的，也可以说，是我自己“赚”的。我和三个表姐妹轮流给祖母捶背，捶一百下一分钱（香港人叫一个“仙”）。这钱就用来租小人书看，或者去潮州佬的面摊买炸馄饨、去楼下泰来杂货铺买橄榄吃。每到开饭，爸爸总是夹出一碟菜，下令:“吃掉它！”等他一转身，我就把菜全给了家里的女佣。结果，从七岁到九岁那几年，我的体重总是四十磅，不长。每月过磅一次，每次过磅，妈妈爸爸总是你看我，我看你，相对叹气：“唉，又是四十磅！”为此爸爸写了一首打油诗：

小小姑娘李亚湄，三天不食亦忘饥。
为嬲看戏常开口，但说加餐便皱眉。
故事听来多益善，文章涂出半堪嗤。
天真羡汝童心在，当此人皆浊醉时。

我九岁的时候，得了一场严重的扁桃腺炎，发高烧，扁桃体肿得不能下咽。妈妈的好朋友陈英德是医生，从小我就没有去过医院，都是英姨到家里来给我看病。我们家不接待客人，只有她例外。这次是我得过的最大的病，一个月不能吃饭，因我天生抗拒吃奶，所以只能喝果汁。

爸爸爱好文艺，他有一本厚厚的本子，专门记录他读过的世界文学名著。他最喜欢的作家是狄更斯，《大卫·科伯菲尔》和《双城记》是他和妈妈常常谈的作品。妈妈在巴黎的时候，他们通信都是用英语。这时爸爸和妈妈谈话也是用英语——为的是让我听不懂。妈妈称呼爸爸为“chenny”，那是“振”的爱称，爸爸有一个名字是“李振”，“振”的英文发音是chen。爸爸称妈妈“darling”，就是“亲爱的”。我以为这就是他们的名字。有人问我：“你爸爸叫什么名字？”我说：“爸爸叫chenny。”“妈妈呢？”我答：“妈妈叫darling。”

1940年，廖梦醒与李湄在九龙青山海边

爸爸妈妈都很爱我，但不溺爱。从两三岁起，妈妈就教我，吃什么都要先分给在座的人，最后才轮到自己。我不记得他们给我买过玩具，我好像没有什么玩具。我乖的时候妈妈画给我作奖励的那些画就是我的玩具。上小学后，爸爸给我买儿童读物，订儿童刊物，八九岁我就有自己的书柜。只要爸爸出门，我就会在后面喊：“爸爸，买

1939年李少石去菲律宾所摄的护照像

书！”祖母听见就说："不能叫买'输'，不吉利！”祖母很迷信，每天晚上跪在阳台上拜神都要念叨："菩萨保佑英皇道四百四十五号二楼阖家平安。"似乎不报地址菩萨就会走错门。

妈妈给我的文化教育是带我去看电影、看话剧。《白雪公主》《绿野仙踪》等儿童片刚一上映她就带我去看。她很注意只带我去看儿童片。但是儿童片毕竟太少，充斥市场的都是大人影片——好莱坞影片和粤语片。妈妈从来不看粤语片，可是祖母的女佣雪霞却是个粤语片迷。她老是借口说我要看电影，跟祖母要了钱带我看电影。白天我上学，只能晚上看电影。我们家附近没有电影院，要坐十来站的电车到筲箕湾才有电影院。雪霞喜欢看言情片，她非常投入，主人公的悲惨遭遇往往令她洒下同情的眼泪。因为雪霞的缘故，我也变成一个小影迷，对于那个时代的粤语片明星陈云裳、黄曼梨、吴楚帆、张活游、白燕、张瑛等人的名字都如数家珍。

柳亚子曾不遗余力营救过爸爸，他成了妈妈的义父，爸爸的忘年交和诗友。爸爸不喝酒，不抽烟，一生只爱写诗和集邮。兴致一来，他会摇头晃脑地做起诗来。有时为了一个字，他跟妈妈推敲半天。一次，柳亚子、妈妈的舅舅何季海、我爸爸和妈妈四人在外婆家相遇，他们诗兴大发，柳亚子当场作诗：

谢舅何甥绝妙词，一堂危坐共哦诗。
任他闺阁成嗤点，我自拈髭誉可儿。

爸爸曾在一首写给妈妈的诗中有“仙霏我的可儿”一句，柳亚子指的就是这事。那天，妈妈给爸爸起了“诗翁”的绰号，后来柳亚子便一直以“诗翁”称我爸爸，尽管他比我爸爸年长二十多岁。除了写诗，爸爸还喜欢对对联，各种刁钻古怪的上联他知道很多。爸爸从小就喜欢对联。读私塾的时候，教他的刘先生擅长写对联，在广州河南区有点儿名气。据说，有一次刘先生出题，让爸爸的同学矮仔鎏作对联，上联须有一个“花”字，下联须有一个“水”字。矮仔鎏作不出来，请爸爸当“枪手”。爸爸写：“师为花果山前客，弟系水帘洞中人。”刘先生一看，心想：你这不是暗喻我为猴子吗？大怒。结果矮仔鎏和我爸爸两人都挨了手板心。

集邮也是爸爸的嗜好。妈妈在保卫中国同盟工作，接触到许多国际函件，有时剪下邮票给他，他会高兴得像孩子一样，手舞足蹈。他喜欢到集邮公司去“巡礼”，偶尔发现好邮票，就兴奋莫名，只是囊中羞涩，往往只能瞻观，无法购买。他对不值钱的邮票也非常珍惜，一张张用玻璃纸包好，插在自己装订的邮票本上。他有一个小镊子，专门用来夹邮票。他的东西样样都井井有条。

一个长期在隐秘战线工作的人总是有些职业习惯。爸爸常告诉我，自己的兴趣爱好不要让别人知道，否则就会泄露天机。他举例说，比如希特勒相信某种占星术，他的这个爱好如果被敌方情报人员得知，那么，当发生某一事件时，想猜测他有什么反应，只消以同一占星术去分析，就可做出准确判断。搞地下工作的人，如果自己的嗜好被敌人知道，敌人就可以到他喜欢去的地方守候他。

1939 年 3 月，港英便衣警察突然搜查八路军驻港办事处，拿走了办事处与南洋各地的通讯地址、名单。为了继续坚持对海外的抗日宣传，党组织派爸爸到菲律宾开展工作。爸爸又告别家人踏上了新的征途。他在菲律宾的工作之一，是翻印张闻天编的英文刊物《China Review》。那是一份印刷精良的刊物，专门发给上层人士，宣传八路军的战绩。

保卫中国同盟

白求恩医疗队 1938 年初从加拿大来华支援抗战，路过香港的时候，香港八路军办事处负责接待他们。接待工作需要懂英语的人，舅舅让妈妈去帮忙，同时舅舅也请了他的表妹夫邓文钊帮忙。邓文钊是英国留学生，香港华比银行的襄理。八路军办事处从海外募集的捐款，就是通过他收转的。白求恩在香港时提出要求，希望以后能经常供应他们必需的医疗用品。为此，打算由这三人成立一个“支援白求恩医疗队小组”。然而小组正在筹建的时候，情况发生了变化。

新西兰记者詹姆斯·贝特兰访问延安和晋东南后，到汉口拜会了周恩来。谈话中他提到根据地缺医少药的情况，周恩来要他尽快写个详细报告带到香港交给宋庆龄。据贝特兰回忆：

“我被告知，到香港后去嘉林边道那栋公寓 2A11 号找一位赋闲的孤孀林太太。

1938 年，何香凝在香港，前排左四为廖梦醒

1938年，何香凝在香港

电话里传来了林太太秘书的声音，听得出那是廖梦醒，她跟我约定了会见的时间。一年前我在延安遇见过她的弟弟廖承志，一个矮壮的红军老战士、高明的语言学家（除了北京话和英语，他还会说流利的日语、法语和德语）。他们是孙中山的政治经济顾问廖仲恺的子女。他们的母亲是著名的花卉动物画画家，当时也在香港。宋廖两家都是革命家庭，也是‘保盟’的重要中国成员。

“……4月初的一个傍晚，应廖氏姐弟邀请，一伙有趣的中国人和外国人，在一位剑桥大学毕业的、年轻的银行家邓文钊家里聚会。廖承志，我们都管他叫‘肥仔’，谈到在西北建立国际和平医院的迫切性以及如何进行后援的问题。直到很晚的时候，他才说出孙夫人的名字，说也许要建立一个新的由她来领导的机构。‘保卫中国同盟’这个名称被提出来并得到通过。这仅是一次酝酿会议，类似探测气球，会上并没有选出委员来，但很明显我们已经有了足够组成一个机构的人员。后来，在嘉林边道孙夫人家的客厅里，保卫中国同盟正式宣告成立。”

这时中国的抗日战争已逐渐为世界知晓，从海外陆续有捐款汇到，正需要有个机构来处理这类事宜。于是由宋庆龄牵头成立的保卫中国同盟应运而生。“保盟”的主要任务是为抗战前线筹募捐款和医疗用品等，同时向全世界宣传中国的抗日战争。“保盟”成立后，以柯棣华医生为首的印度医疗队来华支援中国的抗日战争，宋庆龄带着妈妈去广州迎接，设宴为他们洗尘，然后送他们去抗日根据地。

“保盟”是一个进行国际统一战线工作的机构，从一开始就在共产党的领导下工作。据八路军驻港办事处舅舅的助手连贯回忆，“保盟”与“八办”（八路军驻港办事处）的工作关系十分密切。舅舅是“八办”主任，又是“保盟”的执行委员，“保盟”很多日常实际工作是舅舅在负责。在接收和转运海外捐赠的款项、物资方面，“八办”与“保盟”是一起做的。当年“八办”的工作人员钟路在《怀念连贯和在香港八办的日子》一文中写道：“廖梦醒每天到八路军办事处来向潘汉年联络和汇报工作情况，并把‘保盟’动员国际友人、国外华侨、港澳同胞募

1938年冬，保卫中国同盟第一批成员合影。左起：爱泼斯坦、邓文钊、廖梦醒、宋庆龄、希尔达·克拉克、诺曼·法朗士、廖承志

捐赠送八路军和延安的款项、捐物、医药、医疗器械、大型救护车等等交来八路军办事处，由连贯同志负责办理转运延安或前方。廖梦醒大姐和我们一块写复函感谢捐赠者，或登报鸣谢。”这些感谢信不是干巴巴的几句套话，还要谈谈时局和八路军的最近战况。所有复信都用毛笔字誊抄端正。写毛笔字，这正是妈妈的强项。

妈妈是“保盟”最早的成员之一。为了扩大影响，最初“保盟”的会长请宋子文担任，宋庆龄任主席，妈妈任秘书兼办公室主任，邓文钊管财务，爱泼斯坦负责“保盟”的英文刊物《新闻通讯》。最早“保盟”没有办公室，开会办公都在宋庆龄家里。后来搬到西摩道二十一号办公，大部分人也还是兼职的。除了一个打字员和一个工友以外，所有人都是尽义务，不领工资。妈妈虽然是全职工作人员，每天去上班，但同样没有从“保盟”领工资。她每月只从八路军办事处连贯手上领取二十元车马费。除了潘汉年、邹韬奋、金仲华等实实在在为“保盟”工作过之外，每次搞活动，都有许多社会人士出于对宋庆龄的仰慕自愿来帮忙。

“保盟”在香港工作的三年多时间里，共送出一百二十多吨医疗器材、药品和其他物资，平均每月送出三吨。有时途中也会出问题。有一次，国民党在离延安不远的陕西三原没收了“保盟”三卡车医疗器材，包括外科手术用的橡胶手套和X光机。最可恶的是，随后这批医药器材竟在西安的药店里出现，以黑市价格出售。妈妈后来多年都为这件事耿耿于怀。她认为，如果这批橡胶手套能到达目的地，也许白求恩就不至于感染破伤风死去。

1940年，廖承志（左一）、金仲华（左二）、廖梦醒（左三）摄于香港西摩道

1938年秋，新四军军长叶挺接受史沫特莱的建议，派沈其震到香港找宋庆龄请求援助。沈其震先找到我妈妈，妈妈带他去见宋庆龄。“保盟”和新四军建立联系后，送去过大量蚊帐布、奎宁丸、防霍乱疫苗，以及从国外募集来的两万条毛毯。第二年冬天，叶挺在沈其震陪同下到香港拜见宋庆龄。宋庆龄

1938年，宋庆龄在香港

设家宴招待他们，妈妈作陪。她们带叶挺去察看存放支援新四军物资的仓库。那两个仓库是邓文钊提供的，在他的两处出租物业中各腾出了一层楼。

“保盟”在为前线提供物资的同时，也为延安不少机构提供过援助，如延安国际和平医院、延安洛杉矶托儿所、中央医院、鲁艺、抗大。“保盟”的筹款方式多种多样，包括把募捐来的古董、书画、工艺品在香港开卖物会，或设法送到国外去拍卖；请舞蹈家戴爱莲等进行文艺演出；请金山、王莹等旅港剧人演出《马门教授》等反法西斯话剧；放映电影等等。所有“保盟”的活动，外婆都是积极支持者。据说，一次香港首富何东爵士的女婿罗文锦大律师来参加“保盟”的筹款活动，我外婆竟拉着他的手，硬要他写下捐款数目。

一次，有个英国朋友捐给“保盟”一部大型救护车，这车有公共汽车那么大，灯水齐备，里面有七张病床和一张手术床。送车证给宋庆龄的那天，许多记者来

1941年，廖梦醒与李湄在香港

采访，报纸纷纷刊载消息和照片，引为城中盛事。这辆车开往延安时，贝特兰和德国医生汉斯·米勒随车同行。他们总共给西北的国际和平医院送去三十辆卡车共六百箱医药用品。当这批物资到达延安的消息传来，“保盟”同仁高兴极了，宋庆龄当即请客以示庆祝。

“保盟”在香港举办的活动中，搞得最有声有色的是1941年夏天的“一碗饭运动”。这个活动很特别，筹款期间售出两万张就餐券，每张两元，持券人可到指定饭店去吃一碗炒饭，购餐券的钱则捐来抗日。香港各阶层的人，从名门闺秀到歌星舞女，都热心买券吃饭。原定举行三天的活动，结果欲罢不能，有些饭店竟延续了一个月才结束。

香港法律规定，一切机构的账目每年都要有执业会计师审核。由于“保盟”的捐款有保密性，需要找一个靠得住的会计师来审核，妈妈便把外婆在上海认识的陈乙明介绍给宋庆龄。他义务替“保盟”审核了三年账目。他是香港著名执业会计师，由他审核，“保盟”的账目从来没有遇到过麻烦。陈乙明和我妈妈在“保盟”合作的三年里结下了终生的友谊。

我们家在香港虽然亲戚很多，但政治上同路的，只有外婆的弟弟何季海的儿子何品泉和何家的女婿邓文钊。星期天妈妈常带我去的地方，也就是邓文钊家，有时还和邓家一起去浅水湾游泳。他们在浅水湾有个私人游泳棚，换衣服不用到公共更衣室。不下水的人可以坐在棚里聊天。宋庆龄和“保盟”的人也常去那里。

1939年，宋庆龄（左一）、邓文钊（左二）、李少石（左三）在香港浅水湾（爱泼斯坦摄）

西摩道

香港半山区西摩道二十一号是宋子文的物业，借给“保盟”做办事处。办事处有个工友潘标，大家叫他阿标，才十几岁，是个刚从农村逃难到香港的青年。他在20世纪90年代记录下了这个时期的片断：

> 保卫中国同盟常常环绕着愉快的气氛，好像是置身于温暖的家……每个运动前后都要做很多工作，要给支援“保盟”的友好人士传递文件。这工作很轻松，因为途中坐在车上可以有空余时间；但是我携带在身上的公文很重要，我得非常谨慎，因此又不轻松。
>
> 在1938年至1940年，我每月的工资连伙食在内是港币八大元。1940年初夏，有一天中午我到了孙夫人家。孙夫人问我每顿吃几碗饭。我答：“五碗。有时饭后还要吃一汤碗糖粥。”李妈做出很惊奇的样子说：“你这个小子！”我又随口说：“有时剩下一两碗饭，我喘口气，伸伸脖子，也吃掉。”孙夫人听了，抿着嘴巴笑个不停。她说：“好吧，那以后加你一倍工资。我叫廖小姐以后每月支给你工资十六元。”从那个月起，我收到的工资单据便是港币十六大元了。
>
> 那时我称孙夫人为“太太”。最初称她的秘书廖梦醒为“六小姐”，这是为了避免敌伪汉奸注意，后来才改称“廖小姐”。有一次廖小姐迟了几天发工资，我就去问她。她说：“阿标，你怎么那么快就把钱用完了？”我说：“这很难说的，因为热天在街上走，要喝汽水呀。”廖小姐惊讶地说：“得了！我们都不舍得喝汽水呀！”那时汽水是高级饮料，大的屈臣氏汽水两角一瓶，打工仔是没有可能每天喝一两瓶汽水的，难怪廖小姐听了会吃惊。后来我从给孙夫人做饭的女工那里得知，孙夫人每顿的菜金也就是两角。
>
> 1940年中秋节，一早孙夫人就打电话叫我去。她在国货公司买了两件湖水蓝色的衬衣送给我，并递给我刀叉吃蛋糕作早餐。随后她微笑着对我说：

“你快些去代我买两盒最便宜的月饼，送去给汇丰银行钟行长。”我即赶到香港中环高升茶楼，买了一盒豆沙月饼，一盒豆蓉月饼（那是最底层的人也不想吃的月饼），送到铜锣湾钟行长的府上。钟行长很高兴，接过月饼连声道谢，并给回一个名片，写着：“酬使三元”。回到孙夫人家，我分了一元五角给李妈。那两盒月饼大概也就只值一元五角。

“保盟”每星期一开例会。会上孙夫人和“保盟”成员，除廖小姐外，全都抽烟。那时香烟没有过滤嘴。留下的香烟蒂我觉得太可惜，便包起来带回去给我叔父抽。叔父很尊敬孙夫人，别人笑他“捡烟头”，他自豪地反问：“你有吗？”孙夫人喜欢吃一种方形的瑞士软糖和本港的甄沾记椰子糖。有时她和我一起穿过斜路步行去坚道甄沾记买糖。甄沾记左边隔两家，是专门包办筵席的区璨记。孙夫人宴请热心支援“保盟”的海内外人士，就常向区璨记订席。区璨记会带齐全部烹调用具，甚至桌椅板凳，到西摩道二十一号地下室的天井做菜。他们不知道，这老顾客原来是伟大慈祥的国母！

一天中午，孙夫人叫我去买一个玻璃瓶。我买了一个晶莹美丽的瓶子回来，想着孙夫人一定会称赞我会买东西。怎知我把瓶子带到办事处，被廖小姐看到。她赫然发现玻璃瓶身浮凸出的英文字母是“JAPAN”。她惊叫道：“阿标，快点拿去换了吧，否则太太看见要生气的。”廖小姐随即和我一起步行

1998年6月，潘标与李湄在香港纪念“保盟”成立六十周年研讨会上

到摩罗街出售玻璃瓶的铺子，换了一个粗劣的港制玻璃瓶。

我闲暇时喜欢看看小说和小报。记得有一次，廖小姐向我走来，我知道她不喜欢我看那种报章，慌忙用一份《大公报》盖上小报。廖小姐发现后，说我“鬼马”（即很鬼的意思）。她说这份《大公报》就是订给我看的，她自己其实很少有时间看。

1940年夏秋之间，一天，廖小姐穿着一双白色高跟鞋，提着一个大白皮包来上班。她拿出一盒黑色鞋油，问我有没有办法把鞋子和皮包变成秋冬适用的黑色。做这些事我最有兴趣。于是我便扮演起修鞋师傅的角色干起来。待她下班时，一双合时的鞋和一个漂亮的黑皮包已经做好了。廖小姐昔日每天到“保盟”上班，都是搭乘票价几个仙的巴士到路口，然后走上西摩道的斜坡。她穿着高跟鞋行走，如乘风破浪，写起毛笔字，也如骏马奔腾。

当时香港还有几个抗日妇女团体，如以宋子文夫人为主席的妇女慰劳会，以胡汉民的女儿胡木兰为首的妇女兵灾会，我外婆、宋庆龄、何东之女何艾龄及城

1938年9月，香港四个团体接待到港的“义勇军之母”赵洪文国。前排左起：黄定慧、何香凝、赵洪文国、朱光珍、邓颖超、廖梦醒；后排左五胡木兰、左七吴菊芳、左八何艾龄

1939年，宋庆龄与何香凝在香港

中许多名流夫人出面组成的战时儿童保育会香港分会等。妈妈也是保育会的理事。1938年9月，被国民党政府称为“义勇军之母”的赵洪文国（赵老太太）访港为抗战宣传，香港四个妇女团体联合招待她。当时正在香港的邓颖超也出席了这次招待会。“赵老太太”很有名气，我上小学时就听说过她。她是东北人，日军侵入她家乡时，她带领族人反抗，一家牺牲了数十人，歼灭了许多日军。

胡汉民是廖案的嫌疑人之一，但在抗日统一战线中，连共产党、国民党都在合作，妈妈和胡木兰也得合作了。妈妈让我叫胡木兰为“兰姨”，胡木兰则管我妈妈叫“醒家”。广东人称姐姐为“家姐”，“家”是“家姐”的简称。新中国成立前邓颖超、龚澎等与广东沾点边的人也都叫妈妈“醒家”，连周恩来也这样称呼过她。妈妈那时理男式发型，胡木兰却梳两条长辫子。那个年代，成年女性很少把头发推成男式，也很少梳两条辫子的。二十年前，妈妈率先把一条大辫子分成两条小辫子，如今她又率先把长发理成男式。她永远不跟潮流。香港是20世纪90年代才流行女性梳男装头的。有书上说妈妈梳发髻，其实妈妈一生从来没有梳过发髻。

妈妈也不爱化妆，为此宋庆龄曾向她提过意见，要求她化妆，并送给她口红、胭脂。由于孙中山夫人的声誉，香港上层社会的太太们都以能够参加孙夫人发起的活动为荣。妈妈经常要与她们打交道，只好做出妥协，抹一点口红，但无论如何不擦粉。她说，皮肤黑，擦了粉像一块“发霉巧克力”。不过妈妈因为个子矮，倒是爱穿高跟鞋。别人穿起高跟鞋来走路斯斯文文，她走路仍然风风火火，甚至穿着高跟鞋跳电车。不记得是哪位作家这时写了一个剧本，其中一个人物“胖大姐”据说就是以妈妈为原型。妈妈这时已经开始发胖。

1941 年 1 月，皖南事变爆发，国统区严密封锁消息，连重庆《新华日报》都被开了天窗（后由周恩来的诗补上），“保盟”的英文《新闻通讯》向海外报道了事件的详细经过。这样，“保盟”的政治态度就很鲜明了。宋子文立即以“‘保盟’已成为国内政党的工具”为由辞去“保盟”会长的职务。据贝特兰回忆，妈妈对宋子文的辞职说道：“好嘛，那样我们就可以真正前进，不再受到家族事务的干扰了。”妈妈因为外公的死，对国民党右派恨之入骨。宋庆龄尽管和她的亲属政见不同，但亲情一直存在。其实这也很自然，不过她和我妈妈从不谈及她的家事。

太平洋战争爆发前，一次，宋庆龄让我妈妈陪她出去一趟。宋庆龄当时住的房子是宋子文的，宋子文有一辆私人汽车供她用，但宋庆龄在某些情况下是不用它的。那回她和我妈妈是坐出租车。妈妈坐在司机旁边的座位。车子开到九龙尖沙咀码头，一个手上拿着盒子的外国人走过来，与宋庆龄打了个招呼就上车。车子在街上转了几圈，外国人又在尖沙咀码头下车。这时，外国人的盒子已转到宋庆龄手上。从那人的打扮和他在码头上下车来看，似乎是个海员。第二天，宋庆龄在办公室把那个盒子交给我妈妈，让她立刻送到八路军办事处去。妈妈刚要出门，发觉捆盒子的绳子松了，便把盒子放在桌上捆紧。从松开的盒盖缝里隐约看见里面是绿色的美钞。

香港沦陷前夕，“保盟”和“工合”在嘉路连山道的海军球场联合举办了一个以游艺卖物为主的嘉年华会。这次活动规模很大，有义卖、马戏、书画展，还有诸如耍跳蚤等外国杂耍节目。嘉年华会从 11 月 11 日一直开到 12 月 7 日港战前一晚才结束。12 月 7 日是星期日，晚上妈妈带我去参加闭幕式。那晚特别热闹，我们玩到很晚才回家。

香港沦陷

12 月 8 日星期一早晨，人们还没有从假日的欢乐中醒过来，三十六架日本飞机便在香港、九龙投下了无数炸弹。第一批被炸的地方是港岛的金钟兵营和九龙的启德机场。离我们家不远，英皇道的西端，是英商太古船坞的球形蓄油罐，每个蓄油罐都有两层楼高。这也是日机的主要轰炸目标。全城鸣响警报的时候，我正在去学校的路上。当时我上小学四年级，正背着书包走。听见警报声，人们说："是演习。"因为占领广州的日军最近在离香港很近的宝安集结了大量兵力，香港早已战云密布，也进行过演习。可是话没说完，火光已起。人们纷纷在跑，我也急忙掉头跑回家。港战就这样开始了！

这时，爸爸已从菲律宾回来。他去菲律宾用的是旅行护照，只有一年期限，到期须换领新护照，他正在香港办新护照。日本不宣而战，人人都没有思想准备。开战第二天，宋庆龄召集"保盟"紧急会议，宣布她要到重庆去了。临走，她亲了亲我妈妈，说很抱歉不能带她走，给她留下了二百元。实际上妈妈有家小，也不可能跟她走。开战第三天，即 12 月 10 日，日军就占领了九龙启德机场。宋庆龄是在日军占领机场前几个小时与宋蔼龄坐飞机撤离的。

九龙是日军首先进攻的目标。住在九龙的人纷纷跑到香港。可是一开战港九轮渡就停船了。舅舅匆忙找了一艘摆渡的木船把住在九龙的外婆、舅妈和孩子送到香港，暂时到半山区罗便臣道蔡廷锴家借住。走得太急，衣服带得不够，外婆让妈妈给她们送些衣服去。妈妈找出一件皮袄给外婆，两件呢绒长袍给舅妈，又拣了几件我小时的衣服给廖蒹。这时路上已没有什么行人，炸弹、炮弹到处开花。妈妈拿着大包袱送到半山区，天色已近黄昏。接着她还要赶回家里，带祖母和我躲避到跑马地弈荫街蔡荇洲家，因为离我家不远的大油库已中弹，烈火熊熊燃烧，住在家里太不安全。蔡荇洲曾是我爸爸那个党小组的成员，当时正在美国，跑马地住着他的母亲、妻子和女儿。妈妈在赶路时走得太急摔了一跤，踝骨扭伤，肿起像半个皮球，不能行走。蔡家老太太用跌打药给妈妈揉。爸爸没有和我们住在一起，他很忙，只能有空来看看我们。患难中蔡荇洲的女儿认了我妈妈做干妈，她的名字“女良”就是妈妈给她取的。我又认了蔡荇洲的妻子做干妈。我们两家的友谊一直延续至今。

抗战时期的何香凝（左）

战争一打响，党中央和南方局周恩来就分别给香港八路军办事处发急电，指示要尽一切力量营救困留在香港的进步文化人和民主人士。南委召开紧急会议，舅舅、南委副书记张文彬、粤南省委书记梁广、香港市委书记杨康华以及潘汉年、连贯、刘少文和我爸爸等人在一起研究营救办法。爸爸参与了这个著名的“香港大营救”行动，因此顾不上家了。在这次行动中，包括我外婆、柳亚子、梁漱溟、茅盾、邹韬奋、夏衍、胡绳、金仲华、邓文钊等三百多名爱国民主人士和文化人被成功地转移到后方。

开战不到一个礼拜日军便占领了九龙，然后分兵几路攻打香港。跑马地原是个山谷，两边是山，中间是盆地（后变成跑马场）。它左右两个山头，一边是日军，一边是英军，两边开炮，炮弹常常落到中间地带。我们的邻居不幸中弹，死了两人。我们天天与死神擦肩而过。当时觉得这种“挨炮弹”的日子特别长。其实日军占领九龙后攻打香港一共只用了七天。到圣诞节，英军已无法再抵抗，港督杨慕琦宣布投降。日军仅用十八天就占领了香港和九龙。港战开始时，英军只有两万多人，不足以抵御来势汹汹的日军，政府紧急号召市民参加城防志愿队。“保盟”成员法朗士和贝特兰都参加了志愿队，同在第二连当炮手。12 月 19 日，日军发动猛烈攻势，法朗士阵亡，贝特兰在日军占领香港后与爱泼斯坦、克拉克、司徒

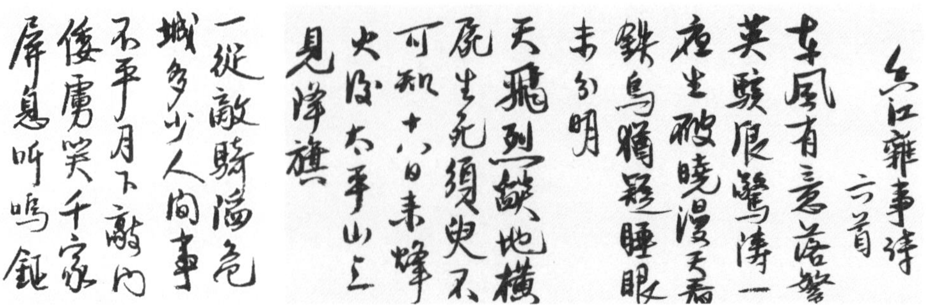

廖梦醒录李少石诗作《香江杂事诗六首》之一、之二、之三手迹

永觉等一起被囚禁在赤柱集中营。

日军进城后，香港很长一段时间没有电灯，因为英军撤退时主动炸毁了发电厂。晚上黑灯瞎火，日本兵出来找“花姑娘”。妈妈那时三十七岁，她和同住的妇女都把锅底的黑烟抹在脸上，穿上黑衣，尽量使自己看来像个老太婆。一晚，日本兵进入蔡家，用电筒照来照去，我们坐在地上，屏住气不敢呼吸。因为逃难到蔡家的人多，床不够，大家都睡地铺。幸好四邻响起了敲脸盆的声音，日本兵才走。敲脸盆是居民事先约定的，看见日本兵进了哪幢房子，别的房子住户就敲脸盆，一敲百应，使他们行动有所顾忌。那阵子几乎每天夜里都能听到或远或近的敲脸盆声。

爸爸写的《香江杂事诗》前三首真实地记录下这段日子：

东风有意落繁英，骇浪惊涛一夜生。
破晓漫天看铁鸟，犹疑睡眼未分明。

天飞烈焰地横尸，生死须臾不可知。
十八日来烽火后，太平山上见降旗。

一从敌骑陷危城，多少人间事不平。
月下敲门倭虏笑，千家屏息听鸣钲。

日军开始大肆搜捕爱国人士，风声鹤唳。妈妈怕被日本人识破身份，把她最珍贵的、随身携带的三封信（两封是外公写给她的，一封是爸爸写给她的）中她的名字都撕掉。日军贴出告示，勒令一些知名人士到日军司令部（设在九龙半岛酒店）报到，否则抓到格杀勿论。当时在港的爱国人士和进步文化人有数百人，他们大多不是广东人，不会说广东话，只要一出门就很容易暴露。八路军办事处派人分头找他们，通知他们隐蔽起来不要外出，等候安排撤离香港。1942 年 2 月前后，大营救工作已大部分完成，妈妈的脚伤也好些，勉强可以不用拐杖走路了，爸爸、妈妈便准备撤退。春节前一个凄风苦雨之夜，妈妈把祖母和我留在香港，自己带着一包炒虾米作为干粮，穿上灰格子布衫裤，打扮成乡下人样子，和爸爸坐渔船经零丁洋偷渡到澳门。我从来没有和妈妈分开过，抱着她大哭，妈妈也很难过。兵荒马乱，今朝分别，谁知明朝还能不能见面？可是偷渡危险性太大，仅从跑马地到码头就要经过两个日本兵把守的岗亭，万一被认出就有被捕的危险，因此他们不敢贸然带老人和孩子。我和祖母留下等港澳正式通航后再去澳门与他们会合。

澳门的饥荒

爸爸、妈妈由地下党先送到香港附近的长洲岛，长洲岛地下党支部书记陈明亮安排他们住在海边一户可靠的人家等待时机去澳门。这户女主人叫苏会贞，她想方设法掩护了他们，因为长洲岛也被日军占领了，海面也被封锁。爸爸妈妈在长洲住了二十来天才等到机会，由一个富有海上经验的同志送他们走。这个同志掌握了日军巡逻艇的活动规律，黑夜隔远望见灯光，就能识别出是什么船。他连夜把我爸爸、妈妈送到了澳门。

到了澳门，爸爸把妈妈安顿在一家旅馆后，立刻去柯麟医生的医务所。战前爸爸分管过澳门工作，对这里并不陌生。柯麟介绍他们住到柯利维拉街的一幢旧楼。妈妈天天等待港澳通航的消息。港澳刚一通航，祖母和我便坐正式轮渡去澳门。看到了我，妈妈的紧张心情一下子放松下来，反倒害了一场大病。

1991年，李湄摄于澳门柯利维拉街旧居前

我们到达澳门后，遇到了真正的饥荒。虽然澳门没有被日军占领，但因为战争爆发得很突然，政府没有储备足够粮食。广州和香港两地沦陷后，本身缺粮，不可能向澳门提供粮食。而逃难到澳门的人却日益增加。澳门原居民只有八万，现在一下子增加至二十五万人。整个澳门仅靠不久前刚刚运抵的一批干玉米粒维持。这些干玉米本是用作马料的，南方人从来没有以干玉米当粮食的习惯，不懂得怎样吃，他们只会用水煮熟，整粒地嚼，消化不了又随大便拉出来。饥民从大便里淘洗出玉米，再煮来

廖梦醒录李少石诗作《香江杂事诗六首》之四、之五、之六手迹

吃。连这也吃不到的人，只好饿死。街上倒毙的尸体走几步就能碰见一个。看见一个人脚步蹒跚地走着走着，倒下就死了，这情况一点儿都不稀奇。幸好澳门是个岛，可以打鱼。有钱可以买鱼吃，没钱就只好挨家挨户乞讨鱼骨充饥。这是我们第一次亲身经历饥荒。

爸爸的《香江杂事诗》后三首，就是写他和妈妈逃离香港及澳门饥荒的情况：

饿莩如丘战马肥，呼天无术为疗饥。
王孙未学夷齐节，也向西山觅蕨薇。

仓皇挈妇竟扬舲，牵袂啼雏未忍听。
自笑何如文相国，孤舟黑夜渡零丁。

十五年来记苦辛，劫经无量险虞身。
望中数点渔家火，笑语娇妻又是人。

我们住的那个小楼，二楼的楼梯口不是一个门，而是一个盖子。平时盖子支起来，是一个洞，合上就是二楼地板的一部分。二楼上面还有个阁楼，爸爸仍然是一个人住在那里，妈妈和我，还有祖母睡在二楼。因为潮湿妈妈得了风湿，每晚手疼得无法入睡。爸爸找来一根长竹竿，放在妈妈床前，让她手痛时敲天花板，他就下来替妈妈搓揉。这段时间虽然生活上比较艰苦，常常要为果腹发愁，但他们的恩爱有增无减。祖母心疼儿子，怪妈妈不该敲醒爸爸，但爸爸仍然每晚下楼替妈妈揉手。这样过了四个月，虽然吃不饱，但日子比较安定。

“只知何逊是名流”

外婆暂住在半山区蔡廷锴家时也受到过日本兵骚扰。有一天，两个日本兵进入蔡家，看见外婆，便盘问起来。外婆称自己是帮主人看房子的，主人已经走了。外婆镇定对答，日军没有生疑。然而蔡家是不能再住了。八路军办事处的潘柱把外婆祖孙三人转移到上环鸭旦街海陆丰会馆，在那里等候机会撤离。

1942年1月中旬，外婆一家与柳亚子一家在潘柱带领下步行到西环码头上船。潘柱把他们送到长洲岛，第二天便换乘长洲地下党准备的帆船驶向东江的海丰游击区。大营救有好几条撤离香港的路线，经长洲岛走水路是其中的一条。

地下党准备的那艘船本是一艘机帆船。日本人征用一切机器，为了不让机器落入敌人手中，船主把它拆下沉入海底。这样，船就只能靠布帆借风力行驶。可是出海后偏偏一点儿风也没有，原本两天可以到达东江，结果飘了七天也没有到。东江那边左等右等都等不到何香凝，急了。潘柱让陈明亮派人去找。陈明亮动员长洲岛上全体共产党员出海去寻找一艘三条桅杆的帆船。找了一星期也没找到。大海望不到边。要在大海里找一条小船，简直如大海捞针。

船上的淡水和粮食已告罄，大家都很焦急。突然，一艘小船驶近，一伙持枪的人登上大船来盘查。大船上都是香港逃出来的爱国人士，不知道来者是何方神圣，害怕起来。船主对那伙人说，不要乱来，廖仲恺夫人在船上。他们不相信。于是外婆走到船头，说：“我就是廖仲恺夫人。你们是什么人？”这些人一见外婆，便说：“我们回去报告，你们先别走。”大家不知是凶是吉，提心吊胆。一会儿，那些人抬着东西来了，原来是几筐番薯，几桶淡水。他们说，这是给船上人充饥的。另外一些煮熟的鸡和奶粉，指明是给“穿蓝衫的老太太”，还有一封表示敬意的信。原来，这是一支游击队的巡逻艇，他们当中有人在十九路军当过兵，因此很敬重我外婆。

1932年1月，十九路军在总指挥蒋光鼐、军长蔡廷锴率领下奋力抵抗袭击淞沪地区的日军。外婆和宋庆龄等人在上海极力进行支前活动。一次，外婆送慰问品到前线，看见士兵在坟地里以棺材作掩体与日军交火，棺材里的蛆爬到他们身上。外婆给他们送上面包等食物时，他们抖掉身上的蛆，接过面包就吃，外婆非常感动。由于得不到粮饷弹药，淞沪战局失利。外婆和陈铭枢、蒋光鼐等人专程从上海坐火车到南京，为孤军奋战的十九路军向政府求援。蒋介石设宴请他们吃饭，他不停往外婆盘子里夹菜，连声说“请！请！”，对派援兵之事，却一字不谈。不久，蒋介石与日本签订了《上海停战及日方撤军协定》，同意把上海划为非武装区，中国不得在上海至苏州、昆山一带驻军。外婆气得病了一场。

1942年，太平洋战争爆发，何香凝从香港撤往韶关

现在，粮水有了，风也起了，很快外婆一行便到达东江的海丰。柳亚子感慨之余赋诗曰：

> 无粮无水百惊忧，中途逢迎舴艋舟。
> 稍惜江湖游侠子，只知何逊是名流。

1942年5月，周恩来自重庆来电，调妈妈去重庆工作。妈妈当时并不知道是什么工作，但她在爸爸的教育下学会了服从组织调动。尽管安定的日子没过上几天，她很舍不得离开，但她没有说什么，告别了爸爸便带着我与叶挺夫人李秀文一同上路。皖南事变时叶挺被国民党扣押，后来押解到重庆。周恩来让李秀文去

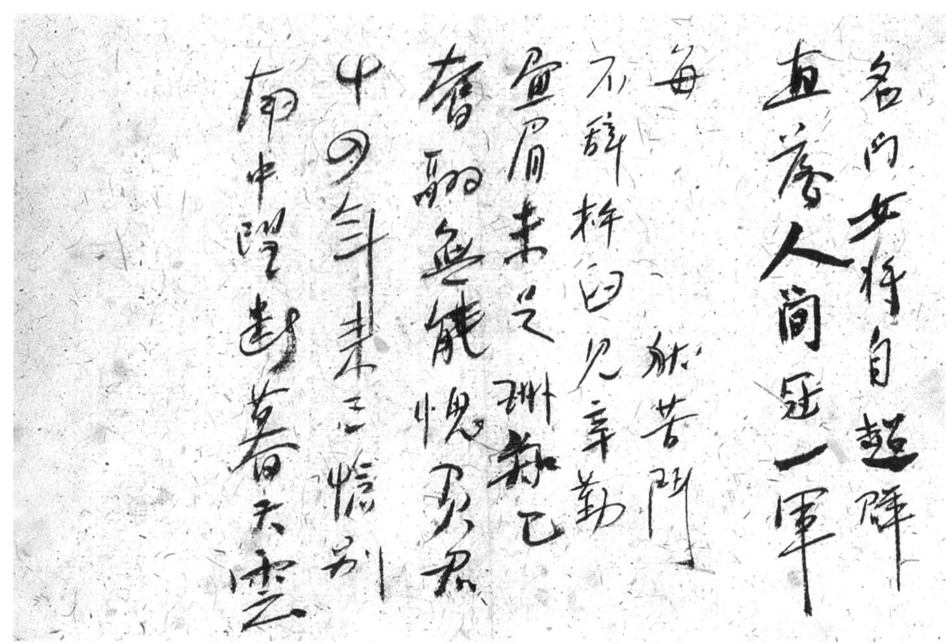
名門女將自超群
直落人間冠一軍
每　於苦鬥
不辭杵臼見辛勤
畫眉未足酬知己
奮翮無能愧負君
十四年來三愴別
南中望斷暮天雲

李少石诗作《寄内》未定稿

重庆，是要以家属探监为由向蒋介石交涉，以便了解叶挺的处境。

爸爸不能与我们同行。因工作需要，他须再次潜回香港，从事危险的敌后工作。这是爸爸和妈妈第三次分别。后来爸爸在香港写了一首《寄内》，表达了对我妈妈的思念（新中国成立后出版时改题为《名门》）：

名门女将自超群，直落人间冠一军。
每到艰难犹苦斗，不辞杵臼见辛勤。
画眉未足酬知己，奋翮无能愧负君。
十四年来三怆别，南中望断暮天云。

爸爸和妈妈是1930年结婚的，到1945年爸爸遇害，十五年来聚少离多。“三怆别”就是指1934年到1937年他入狱，1940年到1941年他被派往国外，以及这次1942年到1943年妈妈在重庆他在香港，爸爸妈妈一生共同生活的时间总共还不到十年。

长途跋涉

我们一行五人——妈妈带着我，叶伯母带着女儿扬眉，由叶挺的副官梅文鼎护送，经肇庆、柳州、桂林、贵阳前往重庆。抗战期间，交通不正常，我们5月底出发，走了两个多月才抵达重庆。

叶伯母身材修长，皮肤白净，脸上虽有点雀斑，但却是公认的美人。她共为叶挺生了九个孩子。扬眉排行第五，是叶挺最喜欢的女儿。她比我小四岁，白白胖胖的，不像我瘦得只剩下一双眼睛。一路上，妈妈和叶伯母做伴，我就和扬眉做伴。叶伯母不宠孩子，对扬眉很严格，犯错误打屁股，所以扬眉乖乖的，很逗人喜欢。由于同路什么人都有，妈妈和叶伯母不敢跟他们讲什么，有事只是她们两人悄悄商量。我们两个小孩管梅文鼎叫梅叔，他并不像军人，很慈祥，对叶挺忠心耿耿。这次行程如果没有他，真不知道会怎么样。梅叔后来到香港定居，当过香港《文汇报》的法人。

1939年，叶挺夫人李秀文摄于澳门

从澳门出发那天清晨，爸爸到码头送行。妈妈心里难过，但尽量不流露出来。小船开去很远，爸爸仍站在那里。我们的第一站是肇庆，然后去柳州。柳州国民党军第四战区司令官张发奎请叶伯母和我妈妈去参加他们的一个聚餐会。张发奎是黄埔军校出身，“铁军”时期和叶挺共事，也认识我妈妈。席间他告诉妈妈，外婆已到韶关，问妈妈要不要去看她。妈妈倒是真想去看看外婆，但任务在身，不好对张发奎说，便托辞说没有预备去韶关的路费。

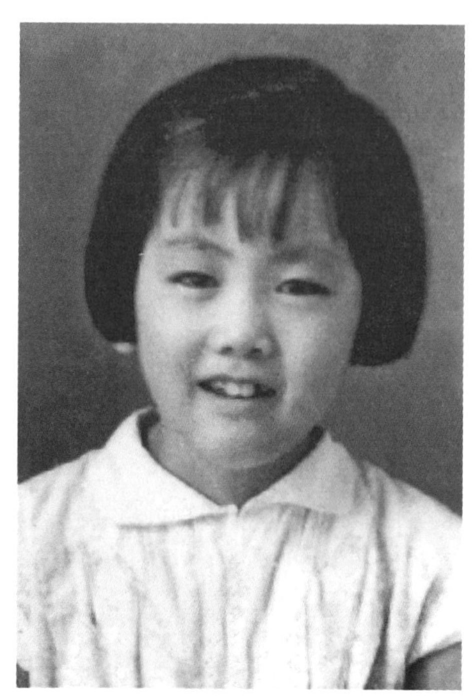
1942 年的叶挺之女叶扬眉

我们从柳州到了桂林。刚住进一家小旅馆，难民救济机构的人马上就来找妈妈和叶伯母，说可以代她们领取赴重庆的路费，要她们填写一张“难民证”，把图章交给他们去办理。妈妈和叶伯母当然不把图章交给他们，于是，去重庆的车票到哪里都买不到，四处打听，人们都摇头。那时，从香港逃出来的人很多都滞留在桂林。妈妈的好朋友陈乙明、从集中营逃出来的爱泼斯坦夫妇，以及田汉、萨空了等文化人都在那里。一次，一行人到嘉陵川菜馆吃饭，大家称田汉为田老大。田老大给大家变戏法，他把一只勺子放进上衣口袋，说可以使它消失，果然，勺子不见了。待吃完饭走出饭店，田汉才从口袋里掏出那只勺子，开玩笑说，他家可以不买勺子。我和扬眉乐不可支，恨不得要拜他为师。

在桂林等了一个多月，就是买不到车票去重庆。什么关系都动用了，叶伯母和梅叔还去找过李济深（李济深早已与蒋介石反目），可是也不能解决问题。日机几乎天天到桂林轰炸，我们天天跑警报。一听见警报声，妈妈和叶伯母就带着我同扬眉躲进防空洞。直到有一天，听说广东省银行有车去重庆，不过是从柳州出发。于是我们一行五人返回柳州去找张发奎帮忙。这次张发奎没有出来见妈妈和叶伯母，但他帮忙联系了广东省银行。我们终于登上一辆开赴重庆的货车，在坑坑洼洼的公路上颠簸前进。与我们同行的有外婆的好朋友彭泽民的女儿、女婿，彭的女婿好像就是银行的人，还有当时国民党外交次长傅秉常的太太和儿女。

汽车开出柳州没多远，刚到金城江就遇到了麻烦。原来，汽车走的桥被大水冲毁了，只能用船载货车过河，但是船的载重有限，司机要求搭车的人全体下车，自己沿着铁路桥走过去。妈妈和叶伯母只好一手拖着我和扬眉，一手提行李，沿着铁路桥走。心里很急，不知道后面的火车什么时候会开过来，可是又走不快，这里刚发过大水，桥两边的土路被泡过，泥浆有一尺多深，一脚踩下去，费老劲儿才能拔出来，每走一步都很困难。我的鞋子被泥浆吸住，一拔脚，鞋子留在泥

1939年，叶挺一家摄于澳门

里了，掏都没法掏，只好光脚走，石子扎得我呀呀叫。幸好有梅叔，他把扬眉和我逐个抱过去。

当晚在贵州省独山的一家小旅馆住宿，臭虫极多。为了让我睡好觉，妈妈几乎通宵与臭虫搏斗。第二天她说，一晚上捉了三百来只臭虫。扬眉的白嫩皮肤经不起臭虫咬，全身都起了红疱。我在香港时本来皮肤很好，不知怎的离开了香港倒得了“香港脚”，脚趾、手指全溃烂了。每天住下，妈妈都要用高锰酸钾给我泡手、泡脚，把痂洗掉，换药，用干净纱布包扎起来。这额外的工作又给她增添了不少劳累，然而她从来没有埋怨过我。

路程中最艰难的那段过去后，一路就比较顺利了。我们在贵阳住了一天。只记得满街都是穿着色彩鲜艳的少数民族服装的男女，城里弥漫着一股羊肉的气味。接着，途经綦江到达重庆。那已经是8月3日了。

山城安家

我们刚到，重庆这个大火炉就来了一个下马威。我们五个人都生长在广东，但从来没有领教过这么热的天气。那晚，大家都辗转在床，热得睡不着。第二天，周恩来的副官龙飞虎来把我们接到曾家岩五十号（对外称周公馆）。龙飞虎说，周副主席正在歌乐山中央医院住院，做了一个小手术，就要出院了。他的父亲刚刚去世。

当天傍晚，周恩来回来了，他设便宴请叶伯母和妈妈吃饭。妈妈让我和扬眉叫“周伯伯”。他一手拉着我们一个，左看看，右看看，高兴地说：“叫干爹吧。”大家坐下后，妈妈对他说：“听说老人家不在了，我们向你致唁。”不料周恩来一下子从座位上站了起来，跑到外面。妈妈知道闯祸了，不敢再说话。妈妈是个心直口快的人，常常闯祸，外婆常说她“哪壶不开提哪壶”。幸好周恩来很快就恢复了常态。

晚餐后，周恩来告诉我妈妈，这次调她来，是要她协助宋庆龄恢复“保盟”的工作。宋庆龄被国民党特务严密监视，行动不自由，需要有人在她与中共办事处之间联络。妈妈的任务就是充当周恩来与她之间的联络员。妈妈又恢复了原来的工作，担任“保盟”秘书兼办公室主任，负责财务。最初我们住在曾家岩五十号八路军驻渝办事处，那里实际上是中国共产党南方局的办事处。我们一住下妈妈就严肃地对我说：“我们是共产党，是反对蒋介石的。今后家里什么事你都不要对外人说，不然我们就会被特务抓走。”这时我才十岁，突然被卷

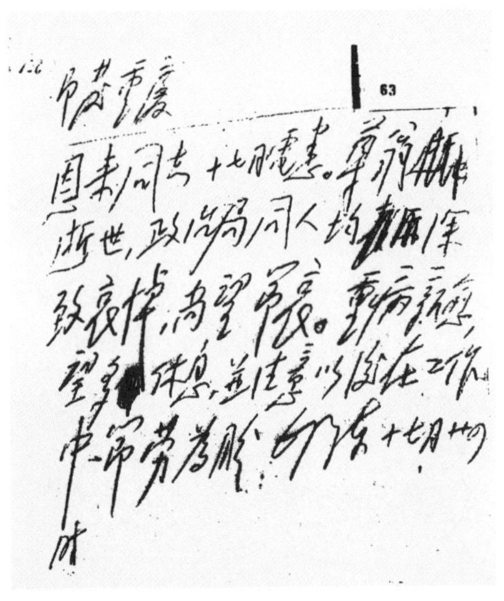
即发重庆
63
恩来同志：十七日电悉。尊翁逝世，政治局同人均致哀悼，尚望节哀。重病新愈，望多休息，并注意以后在工作中节劳为盼。毛泽东 十七日卅

1941 年 7 月 17 日，毛泽东悼念周恩来之父所发的唁电

入政治，使我一下子成熟了许多，因为我已经需要学会“隐瞒”了。

曾家岩五十号是栋三层的小楼，坐落在一条狭窄的小巷里，两边的茶馆总是蹲着许多特务，看见人出来就盯梢，巷口就是国民党军统特务头子戴笠的公馆。“保盟”设在两路口重庆新村宋庆龄家，妈妈每天从五十号去那里上班，宋庆龄怕她把尾巴带去，要她从五十号搬出来。她介绍妈妈去胡子婴家暂住。但住了没多久，双方都觉得不便。好在不久，在邓演达纪念会上妈妈遇见了一位金先生，他说过去外公曾经帮过他，愿意把自己的一间空房子借给妈妈住。于是我们就搬了过去。

1997年，李湄摄于重庆曾家岩五十号

金先生的房子在张家花园五十六号乙。张家花园坐落在观音岩的山坡下面，有三百多级台阶。五十六号乙是一栋三层的楼房，大杂院似的住着许多人家。我们住三楼的一间房间，它的房顶已破，屋里能望见天。隔壁张家花园五十六号甲是中华全国文艺界抗敌协会所在地，房子比较好些，有一个小院子，三层高的小楼里住着叶以群、葛一虹、臧克家、姚雪垠、宋之的夫妇、郑君里夫妇、胡风夫妇等许多文化人。

我们搬到张家花园的第一天，妈妈就被那顿晚饭搞得狼狈不堪。因为，尽管外婆一直教育妈妈说女人必须会做饭，可是妈妈在此之前并没有做过多少次饭，更没有做过面食。她好不容易把潮湿的木柴点燃，已经被烟熏得眼泪汪汪，她盛了一锅凉水放到炉子上，把面条扔进去，盖上锅盖就煮。待水煮开，打开锅盖，面条不见了，只有一锅糨糊。我一看就哭起来，叫道：“我不吃糨糊！”她也傻了，愣了一下，转身下楼去隔壁找救兵。隔壁文协的叶以群是爸爸坐牢时的难友，他说过妈妈有什么事可以找他。叶以群义不容辞地上楼来，指导我妈妈重新煮一锅水，待水开之后再放面条。这样，我们吃上了第一顿自己下的面条。

妈妈在“保盟”工作常常很晚回家，有时是宋庆龄举行晚宴，有时是举行筹款义演。一晚，我睡醒一觉，透过房顶的破洞看见月亮已经升起，妈妈还没有回

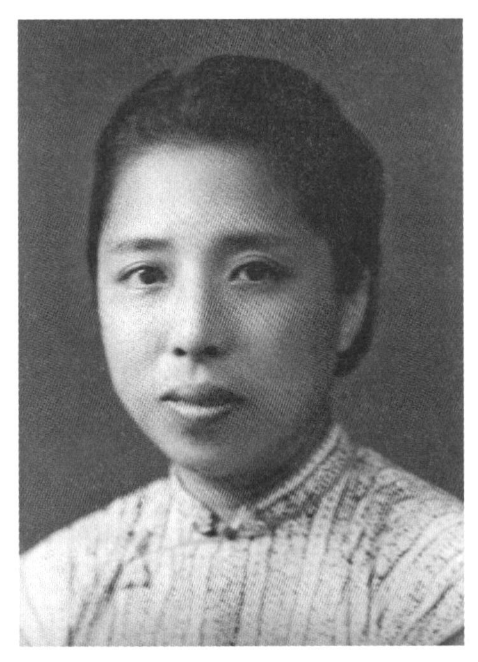
20世纪40年代，廖梦醒摄于重庆

来，不由得嘤嘤哭了起来。妈妈是无神论者，从小就教育我世界上没有鬼，因此我不怕鬼，也不怕黑，但我担心她的安全，我怕她被特务抓走。也不知哭了多久，妈妈回来了。她发现我在被窝里哭，赶快过来搂着我，笑道："羞不羞，这么大个人还哭？妈妈有工作，难道每次晚归你都哭？"

在重庆的时候妈妈基本不做饭，她每天发给我两角五分。我的早点是在小摊上买个饭团夹油条，边走边吃，没到学校早点已经吃完。中饭在学校搭伙，晚饭在小面铺吃一碗榨菜肉丝面。后来妈妈学会了卤牛舌。买一条牛舌回来，洗干净，切成小块，卤煮一大锅。我自己煎块饼，夹一块牛舌就行了。妈妈天天上班，寒暑假我一个人无聊，就到隔壁找叶伯伯借小说看，或者缠着其他大人陪我玩。数十年后，当臧克家已经成为一个老人而我也四十多岁的时候，他还问我："记不记得我和你跳过绳？"

妈妈在重庆参加妇女界的活动，结交了几个好朋友，经常来往的有张启凡、陆慧年、郑瑛、倪斐君、胡绣枫等。倪斐君是当时重庆市市长贺耀祖的夫人，她本是一个护士，又健康又美丽，脸上有两个大大的酒窝。她得知妈妈住在张家花园坡下，夜晚出入不便，就帮我们找了一处房子。那时重庆是大后方，随着武汉、上海相继失守，逃难到重庆的人越来越多，租房子很是困难。人们说，在重庆"找房子难于找职业，找女工难于找老婆"。

新房子在上清寺美专校街。重庆一般的民房，墙壁仅是在竹编的墙上糊泥巴，到处都是缝隙，从屋里可以看见街外，房间与房间只用半截木板相隔，楼梯更是摇摇晃晃。但是能够租到房子已经很不容易，而且这里离两路口比较近，妈妈上班方便。我们家是两层楼，楼下一房一厅，楼上三间卧室，是准备接外婆来住的。爱泼斯坦夫妇从香港到重庆后，有段时间就在这个家里"搭伙"。

重庆一般人家都没有电灯，我们平常用油灯，就是一根灯草放在一个盛着油的小碟里的那种。蜡烛是有客人来时才点，因为蜡烛比油贵。两层楼的房子只靠一盏油灯，光线可想而知。我那时正是“狗都讨厌”的调皮年龄，一次，我躲在楼梯口，待妈妈上楼时突然窜出来大吼一声，妈妈吓得几乎滚下楼。她把我狠狠地训了一顿，说：“搞不好是会吓死人的，你知不知道？”可是有一次，我没有吓她，她自己却发生了一件非常可怕的事故。她提着一壶开水准备上楼灌热水瓶，却在楼梯上踩空，跌了下来，整壶开水倒在了自己的胳膊上，她疼得大叫，我慌忙找红药水和纱布帮她包扎起来，落下的疤痕好多年都没有消去。这个家没住多久，就因为隔邻是马车驿站，特务常坐在那里监视我们而不得不再次搬离。

1944年，廖梦醒与李湄摄于重庆牛角陀家“阳台”

上清寺学田湾的房子是一个保长的房子，他是地头蛇，租他的房子可以起到掩护作用。外婆一直说要来重庆，所以租房总是准备着她来。外婆没来，爸爸倒是在我们住学田湾的时候来了。可是没多久，那保长就啰唆着要加租，又要交什么款。倪斐君说，不要再住这里了，她又介绍妈妈去租另一间屋。

我们在重庆像老鼠似的不停搬家，三年多一共搬了五次。好在没有什么家当，搬起来也不难。最后的家是在上清寺牛角陀马路边的山坡上，那是从曾家岩到红岩必经之路。外婆这时已经决定不来重庆，我们没必要再住那么多房间。这里只有两间平房带一个小小的“阳台”，面对着嘉陵江。我们吃的水，就是嘉陵江水。卖水的人要从嘉陵江把水挑到马路旁，再从马路挑到我家，光台阶就几百级，很不容易。因此，从小妈妈就教我节约用水。嘉陵江的水是黄泥水。倒进水缸后，要用一块像冰糖一样的白矾在缸里刮几圈，泥才会沉淀到缸底。

联络员

1944年春，“李太太时代”的廖梦醒在重庆家中的“阳台”上

妈妈刚到重庆，周恩来就要曾家岩五十号的人称她为“李太太”。他嘱咐妈妈：“要打扮得适合太太的身份。发现有人盯梢的话，不要紧张，也不要看他，若无其事，可以进商店去买点东西。如果商店另有一门，就由另一个门出去。不要仓皇失措，否则他更注意你。反正你的户口是公开的，就是跟你到家门口也不要紧。”

妈妈经常出入曾家岩五十号，自然是特务严密盯梢的对象。从军统局渝特区的部分记录可看出，几乎妈妈每个行动都处于特务监视之下：“2日上午九时，廖梦醒去美新闻处会华籍女职员朱梅先，密谈约两小时始出。3日上午十时又与一女子步往犹庄晤史良”；“3月28日下午四时二十分，廖梦醒赴美新闻处会陈烟桥（奸伪分子，广东人，在该处担任绘图员）。于五时十分二人同出”；“4月2日上午十时廖梦醒访外国记者弥纳，约半小时，去枣子南垭良庄（王炳南、沈钧儒都住在那里）”；“8日上午七时五十分廖梦醒由美新闻处后门来会陈烟桥、金仲华，谈约一小时去。6日下午一时十分亦来停四十分去”；“10月31日上午十一时来五十号，下午两时离去……”

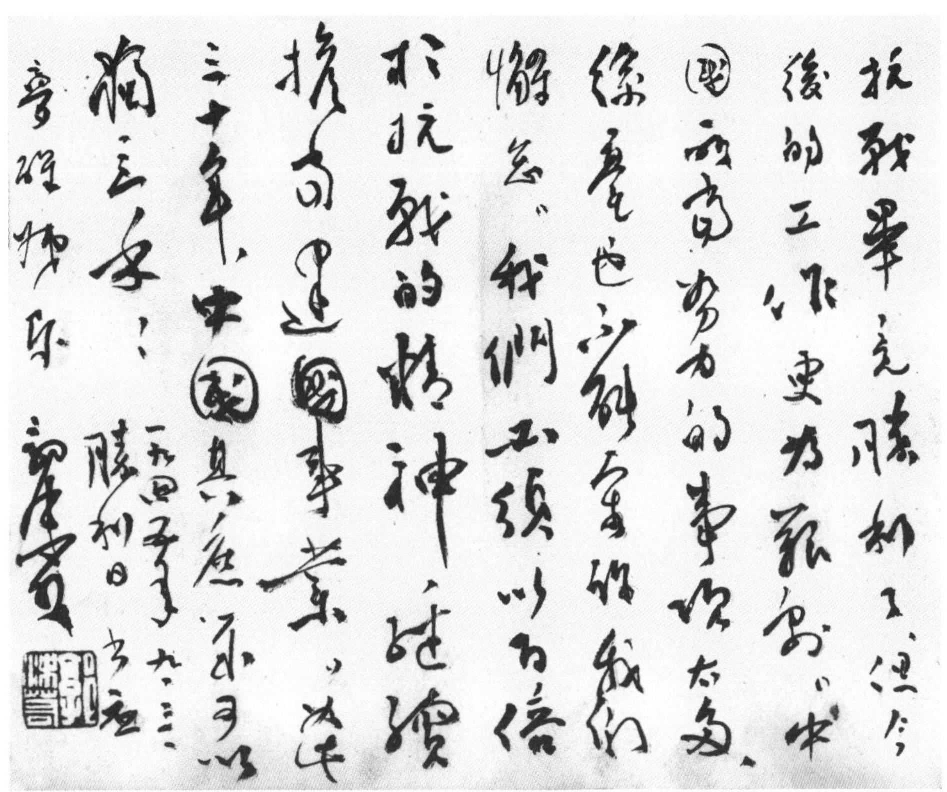

1945 年，郭沫若给廖梦醒的题词

有个高个子的特务总是守在五十号附近，五十号的人给他起了个外号“火车头”。1943 年初夏，一次宋庆龄要妈妈送一份密件给周恩来。周恩来当场写了回信要妈妈带回去，并叮嘱她收藏好。妈妈出了巷口，刚坐上公共汽车就发现了“火车头”，她马上下车，换乘后面一辆。“火车头”也跟着上来，并且占据了下车门口的位置。那时公共汽车是前门上，后门下，“火车头”觉得万无一失。妈妈故意坐在上车门旁边，她穿着一双三寸高的高跟鞋，汽车没到站，妈妈已从前门跳了下去。当时重庆的公共汽车是有框无门的。待汽车到站“火车头”下车，妈妈已钻进了半地下室的月宫茶室，只见“火车头”的长腿从天窗前闪过。妈妈就这样平安无恙地把周恩来的密件交到了宋庆龄手中。

妈妈工作的“保盟”所筹募到的款项，有些是援助进步文化界的，因此周恩来让妈妈多参加文化界的活动。在重庆，妈妈带我去参加过的文化人活动，有郭沫若生日宴会，金山、张瑞芳结婚晚会等。周恩来还教妈妈利用自己的特殊身份多做些工作，比如，去拜访冯玉祥、邵力子、戴季陶，代表外婆问候他们，请他们对我舅舅被捕一事伸出援手。他自己也带妈妈去看过郭沫若和陈铭枢。1981 年妈妈回忆道：

国民政府军事委员会政治部第三厅被蒋介石撤消后，郭老不再住在七星岗天官里的房子，搬到郊区歌乐山去住。有一个星期天，总理先一天让人送信来，叫我翌日“清早准备好，我带你母女去作一次郊游”。我们清早起来就等着汽车，没等汽车按喇叭，我们早已在门口。总理招呼我们上车，到郭老家已快中午。郭老大约早就知道我们要来，午饭准备得很丰盛。总理和郭老谈得很投契。我和于立群在旁边怕打扰他们谈话，轻声聊些孩子们的淘气事。汉英那时好像才五六岁，郭老对总理说：“孩子贪玩，老想去爬山。家里人手又不多，万一被那些‘狗’捉去，那可就麻烦了。让他在屋里玩，又令我烦躁，毫无办法。”总理和郭老谈到统战问题，说：“多拉一个国民党员过来，就削弱他们一份力量。”又说：“左联问题很多，想把左联搞好也不易。”

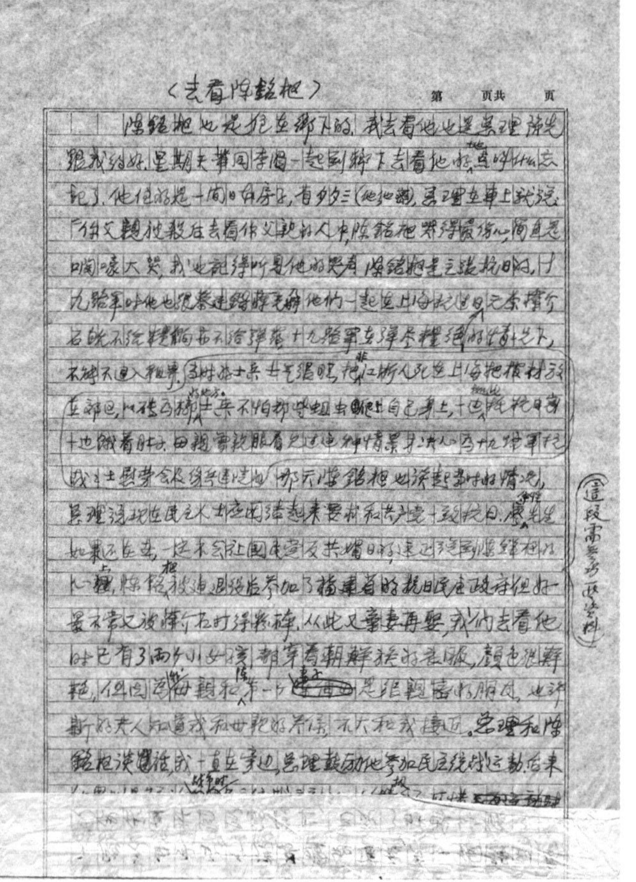
〈去看陈铭枢〉

第　页共　页

廖梦醒《去看陈铭枢》手迹

陈铭枢也是住在乡下，我去他家也是总理事先跟我约好，星期天带着我女儿一起到乡下去看他的。他住的是一所日式房子。总理在车上就对我说：“你父亲遇刺后，去看他的人中陈铭枢哭得最伤心，简直是号啕大哭。”我也记得听见他的哭声。陈铭枢是主张抗日的。十九路军在上海抗击日军时，他和蔡廷锴、蒋光鼐在一起。无奈蒋介石既不给粮饷，亦不给弹药，十九路军在弹尽粮绝的情况下不得不退入租界。

那天，陈铭枢谈起当时的情况。总理说："现在爱国将领应当团结起来，和共产党一致抗日。廖先生如果还在，一定不会让国民党反共媚日的。"这正说到陈铭枢的心上。陈铭枢被迫退役后，曾与蔡廷锴等人在福建组织反蒋抗日的"中华共和国人民革命政府"，然而这个"政府"被蒋介石消灭了，此后他变得比较消沉。我们去看他的时候，他与再婚妻子已有两个小女孩。她们都穿着颜色鲜艳的朝鲜服装。也许新夫人知道我母亲和第一个陈伯母是很好的朋友，所以她与我不大亲近。

总理和陈铭枢谈话时，我一直在旁。总理鼓励他参加爱国民主统一战线。后来他果然成了解放战争时期爱国民主运动的积极分子。

可惜解放后一封信改变了他的命运。1957 年 4 月 30 日毛泽东在最高国务会议上说要辞去国家主席之职。陈铭枢在民革中央听到传达后，上书毛泽东表示赞成，同时又指出了他个人修养上的一些弱点。不久，"反右斗争"开始，陈铭枢被划为右派。1965 年一天，他在写一封信，来不及写完就突发脑溢血去世。听说总理知道后第一个赶到，看见他伏在未写完的信上，已经死去多时了。

1943 年周恩来生日那天，他和邓颖超请妈妈与他们的一位朋友去都邮街冠生园吃面。冠生园是广东餐厅，周恩来和邓颖超曾在广东工作过，爱吃广东菜。他们之所以请那位老朋友和我妈妈，是因为前者与周恩来同年同月同日生，而我妈妈与邓颖超同年同月同日生。两对"老同庚"各据方桌的一方，副官龙飞虎和司机在另桌也各据一方，大家享用了一顿简朴而合口味的午餐。那是妈妈到重庆后最高兴的一天。

抗战期间中国一流的剧作家、演员、导演云集重庆，1942 年到 1945 年间演出了大量进步健康的剧目。爸爸没有到重庆之前，周末妈妈经常带我去中华剧艺社看演出。那是地下党领导的剧社。每次去看戏，妈妈就找司徒慧敏。我们看过的剧目，现在已被证明全是经典，如郭沫若的《棠棣之花》《虎符》《孔雀胆》，夏衍的《上海屋檐下》《法西斯细菌》《芳草天涯》，曹禺的《北京人》《蜕变》和改编自巴金小说的《家》，吴祖光的《风雪夜归人》，陈白尘的《升官图》。《家》一剧的演员阵容相当庞大，现在记得的有：金山演的觉新、张瑞芳演的瑞珏、舒强演的觉慧、沙蒙演的老太爷、王苹演的陈姨太、蓝马演的冯乐山、凌琯如演的梅表姐、黄宛苏演的鸣凤。除此之外，剧社的演员还包括舒绣文、黄宗江、巴鸿、戴浩、虞静子、路茜等。贺孟斧执导的《风雪夜归人》给我留下了特别深刻的印象。

当项堃扮演的京剧名角魏连生因小人陷害被逐出家门的时候，他悲愤地双手撑着门，背对观众，来了个定格。这无声胜有声的刹那，令我眼泪夺眶而出。

我们还欣赏了一次难得的演出。那是刚到重庆不久，一天晚上，周恩来说要请我们看话剧。好像是一起吃的晚饭，但入场后没有坐在一起。话剧是讲音乐家莫扎特的《安魂曲》。莫扎特由曹禺扮演，张瑞芳饰演他的爱人玛露霞。曹禺是著名剧作家，亲自上台表演很罕见。他写起剧本来才华洋溢，可是表演却一般。我到现在还记得他抑扬顿挫地念“玛露——霞”。散场后，周恩来又用车把我们送回家。车上，妈妈还在学“玛露——霞”的念法。

新中国成立后，我入了北京人艺，曹禺是我们的院长。我很尊敬他，当然没有和他提起“玛露——霞”的事。他是一个那么真诚的人，1986 年他和我妈妈同时在北京医院住院时，竟对我这个晚辈说：“我觉得很对你不起，那时没有给你戏演。”其实这完全不是他的责任。我想，只有心地像金子一样的人才会这样自责。其实，我正对他也有一种抱歉的感觉，不过我没有向他明言。20 世纪 50 年代，舅舅吸收他参加外事工作，我曾听舅舅说过：“曹禺是个好同志，叫他干什么就干什么。”曹禺为人太认真，结果时间都忙于从事各种活动，把写作挤掉了。听说晚年的他对于后来没有创作出什么好作品很是痛苦。

何香凝赴渝受阻

自从 1942 年舅舅被蒋介石逮捕后，外婆一直停留在韶关，想设法营救他，但始终不遂，直到日军进攻韶关她才撤到桂林。周恩来认为把外婆接到重庆比较好，大家有个照应。八路军办事处也做了种种准备工作。自从生下我后，妈妈体会到了做一个母亲的心情，正所谓“养子方知父母恩”，对外婆过去干涉她婚姻的事已经释然，关心外婆也有增无减。

1943 年春到 1944 年夏，外婆给妈妈写了许多信。外婆想去重庆而没有去成的无奈以及生活拮据的情况从信中可见一斑：

1943 年 3 月 1 日：“吾定 3 月尾即赴桂林，在桂约小住十余日则动身赴重庆。租屋闻说不易，便为我留心。如舅父（指廖承志）不来粤，大约阳历 4 月 8 日前吾必与汝会面，舅舅若来或延迟时日也……汝知得舅父不来粤，即代租定房屋，但不要租金太贵。”外婆还没有到桂林已经打算去重庆了。

1943 年 3 月 23 日：“肥哥病，闻友人言他或来粤就医，但至今未得其来信，想非事实。”新中国成立后此信收入《双清文集》下卷，但两点有误：一、时间错为 1942 年，其实是 1943 年；二、“肥哥”错注为李少石，其实是廖承志。搞错的原因，是把“病”字理解为真正生病了，实际上外婆是指舅舅入狱。舅舅被捕是 1942 年 5 月的事。如果此信写于 1942 年 3 月，那时舅舅还没有入狱呢，何来“肥哥病”之说？外婆的信，第一不爱写年份，第二常用隐晦字眼，因而容

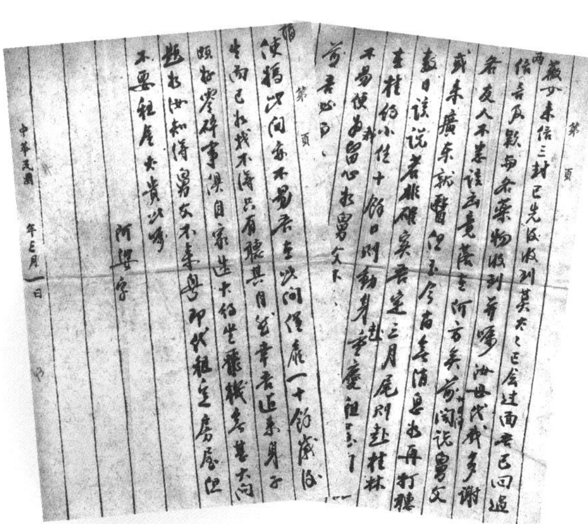

1943 年 3 月 1 日、何香凝致廖梦醒书信手迹

1943 年 5 月 7 日，何香凝致廖梦醒书信手迹

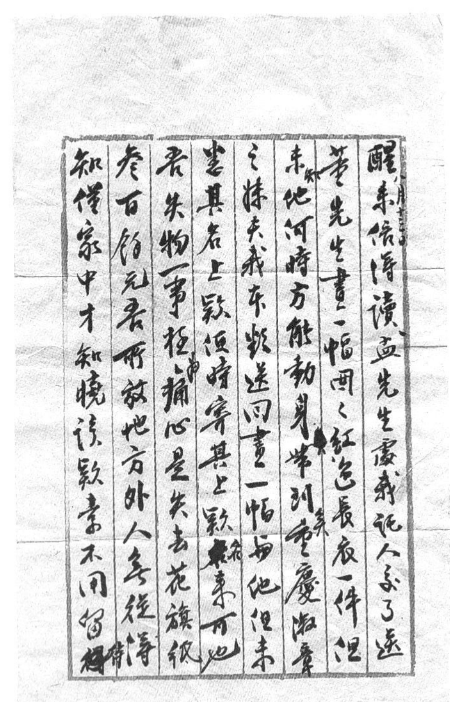

1943 年，何香凝致廖梦醒书信手迹

易使人落入陷阱。

1943 年 4 月 26 日：“吾与普及坚姐弟偕一工人已到桂林，俟有机位即来重庆。钊亦欲随吾到四川，但未悉机位如何……汝在重庆代我多方设法能使早日有机位，最好一同来。”钊是指邓文钊，他向来以我外婆、舅舅的事为己任。舅舅如今身陷囹圄，他认为自己有义务陪外婆去重庆，大有与外婆共存亡的架势。可是他的太太，即外婆的侄女何捷书也是“何门女将”，脾气与她姑妈不相上下，她大发雷霆，坚决不去四川。邓文钊一向惧内，只得作罢。

1943 年 5 月 16 日：“吾来渝已决定，因曲江之家已散，重庆新居亦已预备，如在桂林再租屋，则觉麻烦。数日后如无飞机座位，则乘车来渝也。”直到这时，外婆还天真地以为能否去重庆只是机票的问题。她决心很大，坐不上飞机，坐汽车也去。我们也信以为真，于是所有人都翘首以待。

终于有一天，外婆发来电报，称某月某日将乘飞机到重庆。妈妈当然很高兴。邓颖超等一干妇女界人士也都到珊瑚坝机场迎接。可是飞机抵达，乘客中却没有外婆。大家都很奇怪。这时胡木兰走下飞机，交给妈妈一张字条，那是吴铁城写的：“廖夫人因害怕重庆轰炸，决定暂缓赴重庆。”原来，外婆拿到机票正待上机，有人吓唬她说，现在重庆正在大轰炸，很危险，没有让外婆上飞机。

其实，这又是蒋介石的手段。他怕外婆到了重庆会为舅舅的事找他麻烦，不好对付，所以千方百计阻挠她前往重庆。

1943 年 8 月 13 日："重庆我租之房屋租金多少？该屋如再过两月我尚不能来，可不用租。但被单、蚊帐、被子、枕头等代我保留。因我只有一张被单，蚊帐亦已破了。此间买蚊帐要三四千元，真不容易。"外婆已经感到有可能去不成重庆了。她的信里信心少了，无奈多了。

1943 年 9 月 21 日："来函已收到了。七千元之款早已收用。现在桂林生活比较重庆高。肉一斤价四十元，布要百元方能买一尺。物价如再涨，吾或迁往湖南居住。四川之行恐难成事实，因有人挡驾。但情形如此，来渝亦无用。"外婆开始感到生活拮据了。而且，蒋介石千方百计阻挠她去重庆，即便她去了也不可能说服蒋释放舅舅。

这时，蒋介石一方面阻挠外婆去重庆，一方面又假惺惺地派人给她送去十万元。外婆看透了他"黄鼠狼拜年"的心思，在来函背后写了两句："画幅岁寒图易米，不用人间造孽钱。"她原封不动地将钱退回。外婆带着我舅舅的两个孩子，靠卖画维持生活。她在桂林画，妈妈在重庆帮她卖。倪斐君为外婆举办过画展，有的人佩服外婆为人，慷慨解囊；有的人看在倪斐君是市长夫人的面子，也凑份子。

"托朱先生带上画七幅，内有一幅送与你。来信的友人沫若先生托朱先生代送

1945 年端午节，何香凝（中左，桌旁穿黑衣者）于广东省八步县参加纪念诗人节活动

去。其余五幅如卖得出，给一千元与囡囡（即作者）买东西吃。余则拜托朱先生代陈。卖画若好生意，山水也有数幅。但山水价四千元左右，花卉最少两千元可也。”此信不但没有署年份，甚至连月日都没有。这个时期外婆的生活来源主要是靠妈妈在重庆替她卖画。

1944 年 5 月 7 日：“汝可往问俞济时、张治中先生，吾欲往江西一行，往看汝弟，但无通行证，恐怕不能会面。前年 10 月吾曾到过南雄，因未办手续，不许会面，不得已到半路而回，受气则可谓十分充足矣，余则尚何言哉。”外婆去重庆是为了救我舅舅，去不成也要设法救他。可是，这时与 20 世纪 30 年代已经大不相同了。那时何香凝的“余热”还未尽，外婆一屁股坐到警备司令部门口，吴铁城就很害怕。现在谁理你？

“代吾问候孙、宋、于三院长（即孙科、宋子文、于右任），请代查汝弟消息，并代汇数千元与汝弟作零用。”此信也没有署日期。类似这样让妈妈设法送钱去给舅舅的信还有好几封。

1944 年 6 月 27 日：“来函悉。卖画得十万元，慰甚……桂林疏散事，各友人已离桂很多，我之迟迟未行，因挂念承志。将来若时局再严重，他在江西之苦痛可预料。他必一贫如洗，如两三个月后，他这三千元收到了，汝可再寄三千元与他。因时局如斯，我疏散到何方，现尚未定。重庆方面，若十三年（指 1924 年）国民党之政策实现，我当来渝，否则饿死亦听其自然而矣（已）。告诉真如伯（即陈铭枢），可代我谢谢他，并将我之意告他。”日军要进攻桂林了，外婆又面临疏散。她一个人带着两个小孩，还不知将漂泊到何方。妈妈鞭长莫及，十分担忧。

妈妈遵照外婆吩咐，到处托人转钱去给舅舅，可是也到处碰软钉子。后来她回忆：

“我送过三千元到吴铁城处，吴铁城只叫秘书饶世芬出来见我。饶世芬还是我在岭南大学较要好的同学，他收下了钱，可是后来没有了踪影。我又去找宋子文。第一次是贺秘书出来，说宋院长今天没有空，改天再来吧。第二次如约前去，宋子文才出来。我知道他爱说英文，便用英文跟他说，母亲嘱我问候宋先生，并托他转三千元给承志。他说：‘I’ ll try.’谁知道他 try 了没有？反正后来见到承志，他说一次也不曾收到。他们腰缠万贯，看得起这区区三千元？反正收是收下，不作任何尝试罢了。”

运X光机去延安

在重庆，“保盟”组织过许多活动，规模最大的一次是为河南灾民募捐的“国际足球义赛”。那是由美国、英国、韩国大使馆和重庆市各组一支球队进行的比赛，发售门票的收入捐给了河南灾区。“保盟”给重庆市的知名人士都发了请帖。比赛那天，各国使节和知名人士都到场，盛况空前，宋庆龄入场时甚至奏起了当时的国歌。

在重庆，“保盟”只有两个专职人员——妈妈和王安娜。妈妈依然是办公室主任、中文秘书、财务助理以及负责一切杂事，如举办宴会。财务主任聘请美国新闻处的约翰·福斯特担任。让美国人当财务主任，目的是掩护“保盟”的捐款数目和去处。福斯特只需在存款和取款时签字，其余事情都是我妈妈做，所以妈妈常常要去美国新闻处与福斯特联系。

20世纪80年代，廖梦醒（左一）、廖承志（右一）与艾德勒（左二）在北京

1943年，宋庆龄（左四）、邓颖超（左三）、廖梦醒（左五）在重庆《新华日报》报馆操场上

“保盟”收到海外华侨捐赠的款项，大多是交给八路军办事处。为了使用方便，需要提取现钞。抗战时期通货膨胀非常厉害，小小一笔外币，折合成“法币”就是一大堆。取款时，办事处的汽车在约定时间到银行附近等着。妈妈直接找美国朋友艾德勒，他是平准基金会的代表，又是孔祥熙的财政顾问。平准基金会是美国向国民党政府提供外汇以稳定其货币的机构，拥有一亿美元基金。在艾德勒的帮助下，大批现钞顺利地取了出来。办事处的汽车看见人走出银行才开过去，立即把钱装进事先准备好的麻袋，接了人和麻袋就开走。这样的事有过多次。

一次，妈妈从银行出来碰到冀朝鼎，他是国民党政府中央银行外汇管理委员会主任、平准基金会秘书长，是孔祥熙手下的红人。他放低声音问我妈妈：“周先生好吗？”妈妈吓一跳，反问道：“哪个周先生？”冀朝鼎一看妈妈没有接招，急忙走开。妈妈把这事报告了周恩来，周恩来只是笑了笑。上海解放后的1949年夏天，妈妈陪邓颖超去上海接宋庆龄北上。一天，邓颖超说带妈妈去见一个人。她们到了上海中国银行，走上顶楼，妈妈进屋一看，等着她们的竟然就是冀朝鼎。原来他是打入到孔祥熙身边的地下党员，孔祥熙一直对他深信不疑，新中国成立后他的地下党员身份才公开。妈妈经常会惊喜地发现，一些过去认定的“敌人”，原来是自己的同志。

重庆“保盟”做过一件事，后来一直被传为佳话。有一次，国外捐来一架大型 X 光机。延安缺医少药，正需要 X 光机。但如何把它运到延安是个难题。妈妈请示周恩来。周恩来让我妈妈与宋庆龄商量，看能不能请史迪威帮忙。当时中印缅战区美军司令史迪威将军是美军中少有的承认八路军抗日战绩的将领，他允许美军运输机运送救济物资去延安。宋庆龄让妈妈去见史迪威的副官杨孟东。杨孟东也是夏威夷华侨，父辈曾跟孙中山工作过。妈妈将情况说明后，杨孟东立刻报告史迪威，史迪威一向钦佩宋庆龄，一口答应帮忙。可是这部 X 光机体积很大，进不了飞机舱门。史迪威为此下令扩大一架运输机的舱门，以便把 X 光机装进去。它运抵延安时引起很大轰动，因为这是九千万人口的根据地惟一的一台 X 光机。在延安的领导人当时挨着个儿去照了一遍。

1943 年，《新华日报》创刊五周年，在化龙桥报馆的操场上举行庆祝活动，宋庆龄也去了，邓颖超陪她观看演出。节目中有秧歌剧《兄妹开荒》，荣高棠扮演哥哥。宋庆龄难得有机会来到自己人中间，这一天她特别高兴。

改名李少石

爸爸是个认真得近乎苛刻的人。我们到重庆后，他时常因公与重庆南方局办事处通电报，但他从不提及私事。当时香港和重庆没有通邮，自澳门别后，妈妈没有收到过他片纸只字，有时妈妈甚至怀疑他出事了。1943 年初夏，周恩来在返回延安之前问我妈妈："老李近来怎样？"妈妈说："自从澳门别后既无音讯，又无消息。"周恩来说："老李这人太古板，其实他经常有报告经电台发来，怎么连几个字的家信都不附来呢？"不久，组织上就把爸爸调来重庆办事处，公开身份是《新华日报》编辑，实际上是南方局外事组成员。当时外事组有王炳南、龚澎、乔冠华、章汉夫、陈家康、章文晋、罗青等人。外事组的工作包括口译、笔译及开展对外活动。

爸爸主要是做笔译，把一些重要文件从中文译成英文，以便发给外国记者，这个任务在毛泽东到重庆谈判时更加繁重。爸爸遇难后，在他的遗物中发现有中国共产党驳王世杰的一个声明，有民主同盟主席张澜在外国记者招待会上的讲话，还有日共的《日本统治阶级对日共采取的"转向政策"》一文。据爸爸的好朋友老赵回忆，爸爸还打算把毛泽东的《论联合政府》翻译成英文。他的一本《论联合政府》，上面密密麻麻用红笔勾出许多地方，似在为翻译作准备。

除了文件，爸爸也为报纸、出版社翻译过一些文学作品。当时柳亚子之子柳无忌在大学任教，他要把大后方的进步文学翻译成英文，介绍给海外。爸爸为他翻译过茅盾的《报施》、荒煤的《支那傻子》、卞之琳的《红裤子》等。《新华日报》副刊也登过爸爸从英文转译的苏联军事小说《伟大的一天》，用的是化名李湧。我想，出版物上可能还登载过爸爸别的译文，只是可惜现在只找到这一篇。

在重庆领身份证时，爸爸把名字改为"少石"。因为"少石"二字笔画少，必要时便于更改。现在人们由于"李少石案"而知道我爸爸，其实"李少石"这个名字他一生总共只用了两年。爸爸虽然来到重庆，但仍不能和我们一起生活。由于国民党内认识妈妈的人多，而她又在宋庆龄身边工作，不能让人们知道她丈夫

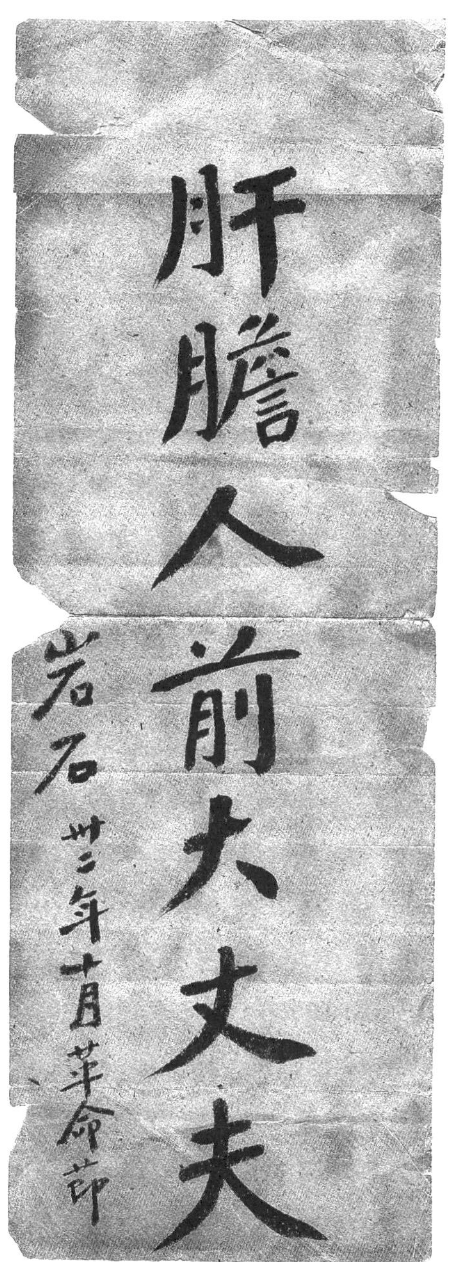

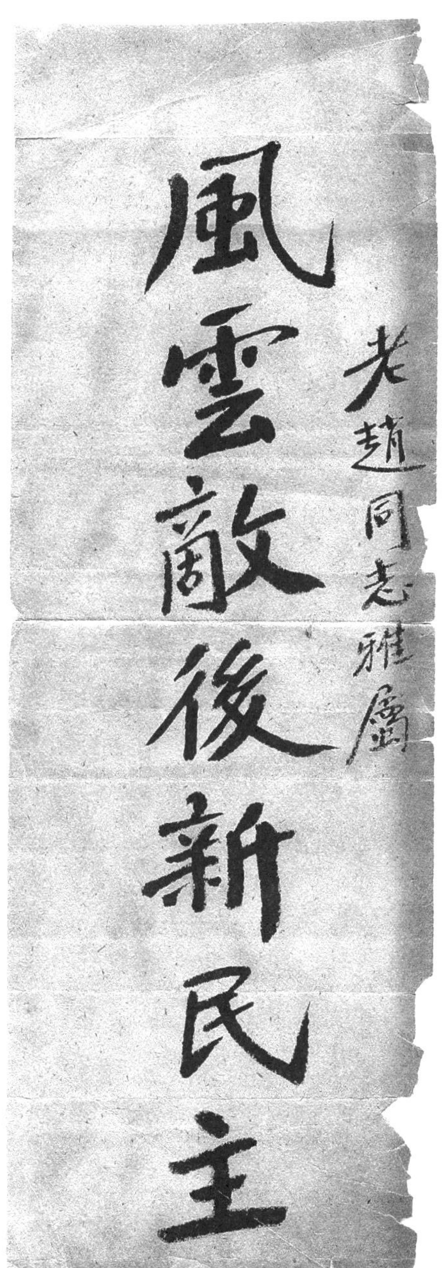

1943年11月7日，李少石写的对联

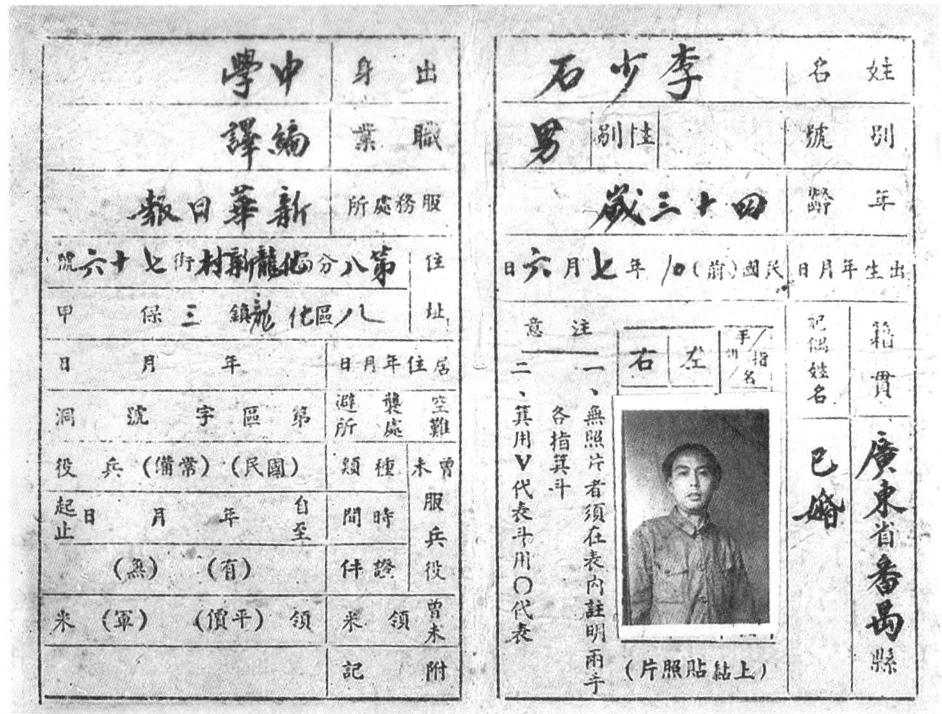

姓名 李少石
性別 男　別號
年齡 四十三歲
出生年月日 民國(前)10年七月六日
籍貫 廣東省番禺縣
記偽姓名 已婚
手指 左 右
注意 一、無照片者須在表內註明兩手各指箕斗
二、箕用V代表斗用○代表
(上貼照片)

出身 中學
職業 編譯
服務處所 新華日報
住址 第八分區化龍新村七街十六號
八區化龍鎮三保甲
居住年月日 年 月 日
空襲避難處所 第 區 字 號 洞
曾未服兵役 種類 (民國)(常備)兵役
時間 自至 年 月 日 起止
證件 (有) (無)
曾未附記 領米 領(平價)(軍)米

李少石在重庆时的身份证

是共产党而把宋庆龄“染红”，所以爸爸每个周末回家只能以我伯父的名义出现。我不能叫他爸爸，可是我又不愿意叫他“伯父”，不知怎的我就给他起了一个外号，叫“哈某”，一直到他离开人世，他都是我的“哈某”。尽管这样，能每个星期见他一次面，我已经很高兴了。妈妈和他见面的机会多一些，她在宋庆龄和办事处之间传达信息，常有机会去曾家岩五十号和爸爸一起吃午饭。

爸爸每次回家，都用包袱布裹着几本小说带来，那是他从办事处图书馆借给我看的。当时我已上小学六年级，最喜欢看剧本，特别是曹禺的剧本。办事处图书馆规模很小，剧本本来就不多，爸爸每个星期换两本，很快就被我看完了。1944 年 1 月 16 日，我十二岁生日那天，爸爸把在香港写给我的打油诗改了几句，便与时共进地变成了下面的模样：

小小姑娘李亚湄，
未谙忧患但酣嬉。
呼朋踢毽常开口，
强彼离床便皱眉。

剧本读来多不厌，
文章涂出半堪嗤。
伯爷爱汝童心在，
际此人皆浊醉时。

那时我的五叔在成都齐鲁大学读书，抗战期间大后方与香港沦陷区不通汇，家里无法接济他，这个负担就落在爸爸头上。为了省下一点儿车钱，他周末回家都是步行。爸爸有时住在红岩，从化龙桥到上清寺很远，他也照样步行。妈妈则一点一点把家里稍微值钱的衣服都搜罗去当掉。外婆总是给钱让妈妈替我买衣服，实际上我一件新衣服也没有买过，可能钱都寄去给五叔当学费了。爸爸遇难后，妈妈接到五叔一封迟到的信，信里责怪爸爸没有寄够钱给他，说爸爸不配当哥哥。妈妈气坏了，从此不再理睬五叔。

曾家岩五十号中，外事组在三楼，三楼有三间屋子。爸爸住当中的一间。夏天的重庆是个大火炉，三楼在顶层，犹如火炉上的蒸笼。爸爸特别怕热，也特别能出汗，他戏称自己是“成吉思汗”——大汗王。最热的时候他只好打赤膊穿短裤。三楼一上楼梯是女宿舍，龚澎、张颖、张剑虹结婚前都住在那里。龚澎很美丽，很有风度，不过那时她比较瘦弱，好像在患肺病，不记得是谁还把她比作林黛玉。她和乔冠华结婚后，就住到里面的一间屋子去了。再后来，龚澎生了孩

小小姑娘李亚湄，未谙忧患但甜嬉
呼朋踢毽常闹口，强彼离床便修眉
剧本读来多不厌，文章涂出半堪嗤
伯爷爱汝童心在　际此人皆浊醉时
阿湄侄女十二岁生日纪念
伯爷题

1944年，因不能暴露身份，李少石在写给女儿的诗作中只能对其以侄女相称

20世纪40年代的周恩来

子，小名叫“小巴黎”，龚澎叫他“狗仔”。“小巴黎”总是待在院子里一个四边木栏杆围着的笼子里。那时大家都忙，很少有空逗他，他就自己爬来爬去。爸爸很心疼他，说：“狗仔真可怜。”“小巴黎”的第一双毛袜是我打给他的，现在他的大名叫乔宗淮。

在国统区，曾家岩和红岩就像是沙漠中的绿洲，在四面被敌人包围的情况下，“同志”这个称呼显得格外亲切。因为工作关系，曾家岩的人有时需要去红岩，红岩的人有时需要去曾家岩。红岩是在化龙桥的一个小山坡上，去红岩就叫“上山”，回曾家岩就叫“下山”。周恩来是党中央军事委员会副主席，又是南方局负责人，但大家背后只叫他“胡公”，因为他有个时期留着大胡子。当他要坐小卧车上山时，他会让警卫员喊：“谁上山？”从红岩回曾家岩的时候，也会喊：“谁下山？”需要上山或下山的同志都可以搭他的顺风车。那时不像后来等级那么森严。解放后，“同志”这个称呼被叫滥了，完全失去了它原来的情感和意义。

我在上清寺德精小学读五年级的时候，家住在张家花园。学校离家很远，有段时间我中午去曾家岩五十号吃午饭，因为那里离学校近。为了让我得到较好的营养，他们让我在保健桌吃饭。经常在保健桌吃饭的有周恩来、董必武、王若飞、徐冰、张晓梅等人。五十号有只很难看的矮脚狗，名叫“贝当”。贝当是当时法

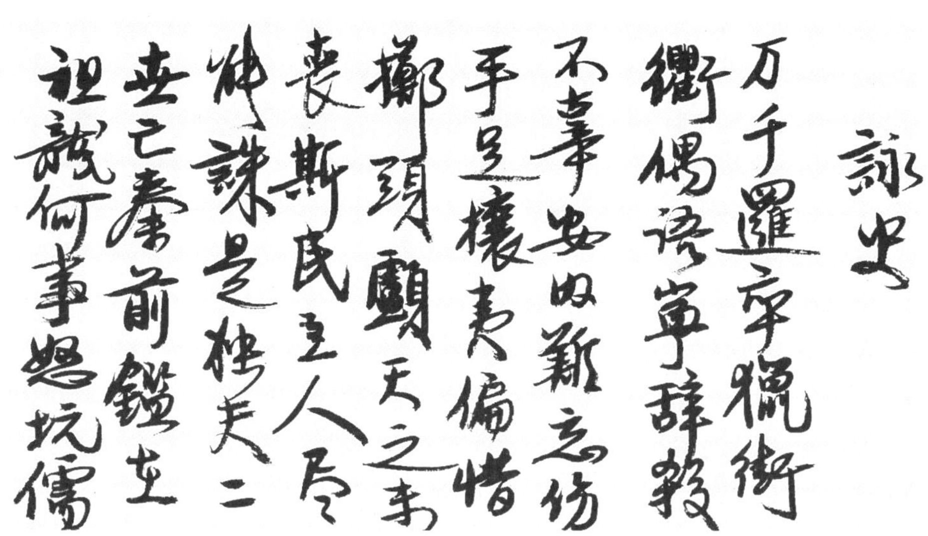

詠史

万千邏卒獵街

衢偶語寧辭殺

不辜安內難忘傷

手足攘夷偏惜

擲頭顱天之未

喪斯民主人盡

能誅是獨夫二

世亡秦前鑑在

祖龍何事怒坑儒

廖梦醒录李少石诗作《咏史》手迹

国总理的名字，他投降德国，是个卖国贼，因此大家就把那只难看的狗叫作“贝当”。一天，“贝当”突然不见了，怎么找也找不到。原来是被“老虎”吃了。“老虎”是龙飞虎的外号。周恩来最恨人吃狗肉，为此他大发雷霆。

爸爸对国民党消极抗日积极反共、“攘外必先安内”的做法很反感，在《咏史》一诗里愤怒地加以抨击：

万千逻卒猎街衢，偶语宁辞杀不辜。
安内难忘伤手足，攘夷偏惜掷头颅。
天之未丧斯民主，人尽能诛是独夫。
二世亡秦前鉴在，祖龙何事怒坑儒？

他写好这首诗，首先寄给柳亚子讨教。与柳亚子切磋诗句是爸爸生活中一大乐趣。柳亚子看到后随即和了一首：

士行折翼坠天衢，社鼠城狐未伏辜。
血沸殷红燕鼎镬，旗悬大白纣头颅。
千秋龙比惊英物，一代勋华误独夫。
犹有董狐南史简，羞他锦幕小人儒。

那时柳亚子给我爸爸的信都是通过妈妈转交。写这首诗时，我们家已经搬到牛角陀坡上。柳亚子9月24日写成此诗，当天爸爸就收到了。（不知为什么这么快。）爸爸也在当天就写了回信，询问柳亚子几个字。柳亚子的字向来龙飞凤舞，不太好认。爸爸的信曰：

柳先生：

24日来函拜读。霏最近期间只收过先生一信，其中未附入任何诗篇，想其余两信连诗三首都已失去。霏住处山坡颇高，洪乔视为畏途，故信函容易失落也。承和拙作一首，居然抛砖得玉，甚感。惟因旧学根底素差，其中有三数字看不清楚，如“旗悬大白纣（？）头颅”，“犹有董狐（？）南史简”，“羞他锦（？）蕞小人儒”。句中有（？）号之字，都未敢断定。便中望赐教。星期日因有生客在坐，故未奉陪，乞恕。遗失的三诗，如能重抄一遍寄来，则幸甚。余不及陈。敬候

文祺

柳伯母前问好

诗上9月24日

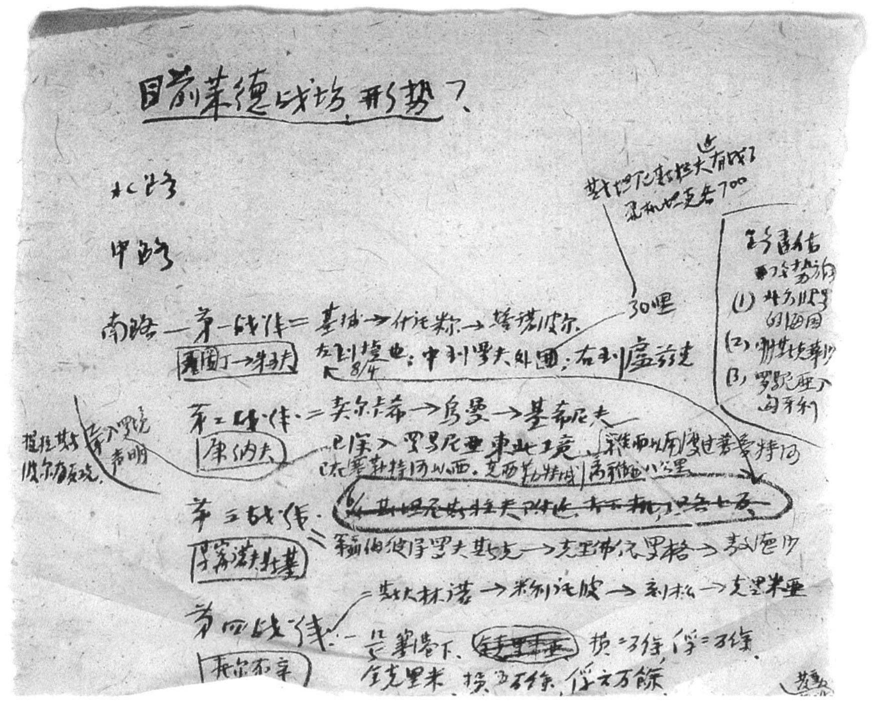
目前苏德战场形势

北路

中路

南路

1944年，李少石在重庆八路军办事处讲国际形势的提纲手稿

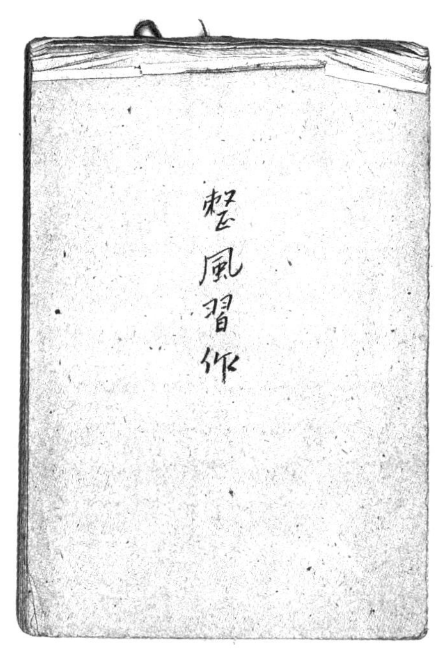

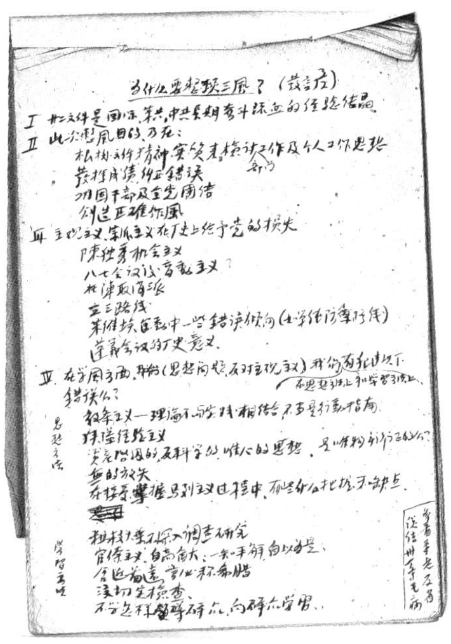

1944年，李少石在重庆八路军办事处的整风学习笔记本

爸爸是个谦虚踏实、寡言少语、埋头苦干的人，他虽然有肺病，但住在红岩的时候，夏天和大家一样从山下提水。办事处的工作人员白天工作，晚上还要轮流参加守夜，以防敌人破坏。爸爸也参加了守夜。他还给勤务员小鬼们上文化课，给他们讲国际形势。爸爸长期在香港工作，熟悉英国及其殖民地的历史与现状，便把自己的认识深入浅出地讲给大家听。他对根据地的情况不熟悉，就绘出一张全国地图，用红笔把分散各处的根据地一一标出，便于让小鬼们了解。

重庆常有日机轰炸，空袭警报一响，每人都须带上自己最重要的东西钻进防空洞。爸爸身上经常带着一张字条，上面写着："空袭时：穿衣，打字机，文件资料和文稿，钱包（钢笔，小刀），字典，衣箱。"平时作好准备，一旦空袭来临，不管白天黑夜都不会手足无措。他生活中处处有条有理，什么东西放在什么地方，都有固定位置，从来不会把时间浪费在找东西上。爸爸十分珍惜时间，工作之余每天读两三页字典，一本英汉模范字典被他通读过一遍。

过年过节红岩聚餐并开晚会，有时把妈妈和我也接去。能和自己人一起过节是妈妈最开心的事。记得有一次开晚会，周恩来让我妈妈唱歌，妈妈很大方地站起来就唱了一首英文歌《雷梦娜》，那是早期的电影歌曲。在敌人包围下响当当的革命阵营里，居然能容忍英文歌，比后来50、60、70年代在解放了的土地上还宽松，想想真是不可思议。妈妈在办事处唱英文歌不止这一次。也许因为妈妈的身份特殊吧，她在办事处既不是外人，又不是里面工作人员，她不用参加整风学习，不像我爸爸那样写下了好几本整风笔记。

有一年，红岩的饭厅里搭起舞台，爸爸也参加了演出。那是个独幕剧，戏的内容已回忆不起，只记得他扮演一个瞎眼父亲，罗晓红演他的女儿。当念完最后一句台词尚未落幕之际，瞎子突然睁大眼睛望着观众。爸爸的眼睛本来就大，他平时又是那么拘谨的一个人，如此一来更引得全场大笑。这就是爸爸的幽默之处。爸爸实际上是一个很富于幽默感的人，只不过这个特点只有最亲近的人才知道。

不过，有时搞出笑话倒并非由于幽默感。一次，爱泼斯坦等外国记者访问办事处，妈妈陪同前往。爸爸作为主方给来宾送茶。妈妈也是来宾之一，可是爸爸给每人送一杯茶，惟独不给我妈妈，搞得妈妈很尴尬。原来，爸爸想，不给妈妈送茶就表示他和妈妈没关系。真是书呆子气。后来妈妈总拿这件事取笑他，说他“食古不化”。

1945 年 8 月 15 日，日本宣布无条件投降，八年抗战结束。当山城敲锣打鼓、兴高采烈庆祝抗战胜利时，妈妈却皱着眉头说：“抗日战争结束，这下蒋介石要打内战了。”8 月 28 日，毛泽东去重庆与蒋介石进行和平谈判，到重庆第三天他就去看望宋庆龄，感谢她对解放区的大力支援。据传，毛泽东说过，对宋庆龄怎么评价都不过分。

和谈拖了一个多月，毛泽东在重庆过的中秋节。那年中秋节，红岩自然格外热闹。聚餐过后开舞会。红岩的舞会上向来是妈妈大展身手的地方。这晚，她和毛泽东跳了舞。毛泽东跳四步舞像做操，脚迈着方步，手伸得笔直。那天我们很晚才回家，妈妈十分高兴。

爸爸的重庆市民身份证上，公开职业是《新华日报》编辑，他确实也为《新华日报》写过不少稿件，但到底写过多少，由于用化名，现在已无从查起。仅在他去世后遗物中发现，他在遇难前十天之内写的社论、评论就有：1945 年 9 月 30 日社论《究竟什么是混乱不安的原因？》，评论《与敌寇汉奸同调者》；1945 年 10 月 3 日社论《捉起一批汉奸以后怎么样》；1945 年 10 月 7 日——他去世前一天的评论《不能不存戒心》。这四篇文章都围绕着一个主题：国民党在日本投降后不积极惩治汉奸和伪军头目，反而把伪军变成“先遣队”，让汉奸当“市长”，使他们继续鱼肉百姓。

为驳斥国民党《益世报》反对和谈，说共产党“做着政府的上宾，胃口越吃越大，条件越提越多”的谬论，10 月 1 日，爸爸还写了《何须》一诗：

何须良史判贤愚？正色宁容紫夺朱！
半壁河山存浩气，千年邦国树宏模。
风云敌后新民主，肝胆人前大丈夫。
莫讶头颅轻一掷，解悬拯溺是吾徒。

诗写成后，爸爸照例寄去给柳亚子求教。10月5日，柳亚子又和了一首：

夷跖千秋异圣愚，何须歧路泣杨朱。
墨希遗臭倾宗社，马列流芳示范模。
北去燕王羞篡国，南来齐帝更非夫。
探囊余智匡时略，不用忧伤学左徒。

李少石遇难

1945年10月8日中午，妈妈带了一罐爸爸爱吃的罐头牛肉去曾家岩，和爸爸、龚澎、章文晋一起在三楼吃饭。饭后，妈妈叫爸爸回家吃晚饭，因为蔡荇洲要见他。

蔡荇洲在香港时和爸爸同在一个党支部，后来去了美国，二战开始被征兵，这时他正在重庆美军反情报部门工作。他的工作是研究日本投降时收缴的大量军事档案、资料、地图等，从中分析日军对国共两军实力的评估。毛泽东到重庆进行和谈，谈判的最终结果，甚至毛泽东的生命安全，都在某种程度上系于战场上的输赢。因此，美国方面对和谈的反应、会谈期间驻华美军和国民党军队的情况，都是很有用的资料。午饭后，爸爸下地道去上厕所，在地道口他频频回头向妈妈挥手。平常他不这么缠绵的，不知为什么这天如此。妈妈忽然有种依依不舍的感觉。她怎么也想不到，这就是她和爸爸最后的见面。

傍晚，蔡荇洲在我们家等爸爸回来，他却迟迟不归。六点钟左右，忽听见山坡下有汽车喇叭响，好像在叫人似的。妈妈心里不安。蔡荇洲说："马路上来往汽车很多，又没有约什么人，谁会按喇叭叫你呢？"到七点钟，爸爸还没有回来。妈妈以为他大概被什么要紧的工作绊住了，就说，我们先吃吧，留一点儿菜给他就是。

晚上，客人走了，我也上床了，突然有人敲门，妈妈开门，是曾家岩的何谦和一个女同志。何谦说副主席要我妈妈马上去一趟，妈妈就跟他走了。这种事过去常常有，所以妈妈并不在意。那个女同志留下陪我。下坡的时候，何谦走得很快。妈妈很费劲才跟上。在车里，妈妈絮絮叨叨地说："副主席有事就派车来接我，我真是很幸福。"何谦突然带着哭声叫道："不要说了。"何谦平时是个态度温和的人，这样说话很不寻常。

到了五十号，妈妈感到气氛怪怪的，大家的眼睛都不望她。她遇见罗晓红，问她怎么一回事，罗晓红说："不知道，不知道。"上到二楼，周恩来不在他的房间。妈妈又往三楼爸爸住的房间走去，正好罗青下楼，他看见妈妈，紧紧握了握她的手，

1945年9月，蔡荇洲（左一）、李少石（左二）、李湄（左三）、廖梦醒（左四）摄于重庆牛角陀家中。这是李少石生前最后一张照片

摇摇头。妈妈当时没有注意他的表情，径自上楼去找爸爸。爸爸的房间一片漆黑，妈妈喊他名字，没有人答应。到隔壁龚澎的房间，龚澎掩着面，看见妈妈强作镇定说：“老李受了伤，正在医院输血。我陪你去。”妈妈心里咚咚地跳。

到了七星岩市民医院，进了一个房间，地上一盆盆血水，一团团血棉，爸爸躺在床上，盖着一条毯子，全身冰冷，早已死去。妈妈又一次感到好像天塌下来一样，大哭起来，双脚不由自主地在跳。那一晚，妈妈整夜对着爸爸的遗体哭。妈妈只有一条小手绢，湿透了又拧干，拧干了又湿透。办事处的李汇川和郭枫通宵陪着妈妈，让妈妈靠在他们身上，妈妈的眼泪哭湿了他们的衣襟。

天亮后，那个女同志把我带到五十号。我不知是怎么一回事。看见龚澎，便说：“我还要回学校呢。”她说：“还上学？你爸爸都死了！”我一下子懵了，只感到全身发冷，脑子发空，直到上了汽车才哭出来。人们把我带到妈妈身边，我看见爸爸的尸体，一头扑到妈妈身上大哭起来。

后来才知道，8 日下午柳亚子到办事处见周恩来，周恩来很忙，让爸爸陪他。那晚张治中举行酒会为毛泽东送行，周恩来应邀出席，需要用汽车，所以下午五时左右就让汽车把柳亚子送回沙坪坝。走的时候，柳亚子拉爸爸一同上车，说路

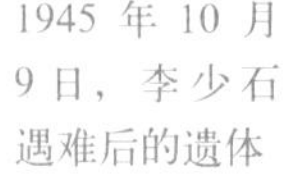
1945 年 10 月 9 日，李少石遇难后的遗体

上再多聊聊，爸爸随他上了车。事情就发生在汽车从沙坪坝驶回曾家岩途中。汽车驶到小龙坎下土湾，有国民党兵自车后射击，子弹穿过后备厢进入爸爸体内，在体内开花。司机熊维屏（熊国华）没有停车，汽车经过牛角陀我家山坡下面的时候，他按喇叭希望通知我妈妈，但不见人下来，他就把我爸爸送到市民医院，并打电话通知《新华日报》的徐君曼。当徐君曼在医院忙着为我爸爸输血时，熊维屏把车开回曾家岩车库，然后就消失了。

1945 年 10 月 8 日，李少石遇难时乘坐的汽车

后来的事，龙飞虎在他的回忆录《跟随周副主席十一年》里是这样写的：

> 酒会正在进行，忽然副官匆匆忙忙跑来，把李秘书被刺的消息告诉了我。霎时，像巨雷打在我的身边，只觉得耳朵嗡嗡鸣响。我立即报告给副主席。副主席听了也为之一震，但是他没有转告主席，只对毛主席轻轻地讲了声："有点事。我出去一趟。"就抽身走出大厅。
>
> 在去市民医院的路上，副主席的心情非常沉痛，坐在车里紧板着严肃的面孔，一句话没讲。到了医院门口，副主席跳下汽车急匆匆地走在前面。当我们来到病房时，李少石同志已经过急救躺在病床上。副主席一步抢上去握住少石同志的手，焦急而关切地问："少石同志，你怎么样？"李秘书见是副主席，眼睛睁得大大的，急促地呼呼喘气，吃力地启动着嘴唇，但是一句话也说不出来。副主席看见他那难受的样子，哀伤得流出了眼泪。副主席带着悲伤嘶哑的嗓音说："少石同志……二十年前你的岳父遭到暗刺，我也是在这样的时候赶到的，没想到二十年后你又遭到同样的毒手！"我们在场的人无不悲愤交加，泪沾满襟。少石同志终因伤势严重溘然长逝。

10 月 9 日一早，宋庆龄就去市民医院看我妈妈。她本人经历过丧夫之痛，对

Dear Singku:

Yesterday morning after I left you I gave out the news of the terrible misfortune to some US journalists who immediately cabled to NY. So all our friends there should know of it by evening.

If there is the least thing I can do for you to help you in anyway, big or small, do not hesitate to let me know. I would be so glad if you would come to live with me instead of going back to your own home. It is better to stay with friends than be left to your own thoughts. Be strong and courageous for you have many friends. You are not alone in your sorrow.

I shall try to see you tomorrow after I have seen some people.

With all my love.

9 Oct. 1945

SCL

李少石遇难后，宋庆龄写给廖梦醒的慰问信

Communist Leader Slain in Chungking

P.M. 10/9/45

By United Press

CHUNGKING, Oct. 9.—Li Hsao-Shin, one of China's most influential Communist leaders, was assassinated here yesterday.

Li, secretary of Chungking headquarters of the Communist 18th Group Army and editor of the Communist daily, *Hsin Hua Jih Pao*, reportedly was shot in a car at 6 a.m. after leaving a friend at the university. He was rushed to Chungking Municipal Hospital and died an hour later.

The chauffeur of Li's car reportedly disappeared after delivering him to the hospital. Chungking police have promised to co-operate in the hunt for the assassin.

Li was the husband of Cynthia Lee, a close associate of Madame Sun Yat Sen and participant in the China Defense League.

The *New China Daily* today said that Li resembled Gen. Chow En-Lai, Chinese Communist leader formerly appointed by Generalissimo Chiang Kai-shek to a committee of 60 designated to lay the groundwork for a constitutional government.

Li was riding in the car in which Chou often rode, the newspaper added.

Communists said this was the first assassination of a prominent Communist since the formation of the United Front Party in 1937. Li's father-in-law, Maio Chun Kai, a close associate of Dr. Sun Yat Sen, was assassinated in Canton 20 years ago on the eve of the first Kuomintang-Communist split.

Some Communists charged the assassination possibly was engineered by a reactionary element of the Kuomintang in an effort to sabotage negotiations between the Yenan and Chungking factions.

China Political Talks Ending

Negotiations between the Chinese Central Government and the Chinese Communists apparently are dissolving with virtually no hope that a real working accord can be achieved, United Press reports from Chungking. The dispatch says both sides believe "full civil war in China" can be avoided only by an inter-party political council.

Although irregular meetings continue between Communist negotiators and representatives of Generalissimo Chiang Kai-shek's Kuomintang, UP says it is pretty generally accepted in Chungking that Mao Tse-tung, Communist leader, soon will return to Yenan with only a partial agreement.

Lieutenants of the Chungking and Yenan leaders still meet to try to iron out a plan for the formation and authority of a political council but a joint communique scheduled for mid-week is not expected to contain any points of basic agreement.

1945 年 10 月 9 日，美联社关于李少石遇难的消息妈妈的悲伤深有体会。第二天，她给妈妈写了一封信：

1945 年 10 月 11 日，重庆市民医院门前

亲爱的醒姑：

昨天早上和你分手后，我就把这可怕的不幸告诉了一些美国记者，他们立刻把消息发回纽约。因此，到傍晚那里所有的朋友都会知道这件事了。

要是有什么事情我可以帮忙的话，不论大事小事，都不要客气告诉我。你如果来和我住在一起，不回自己家，我会很高兴的。和朋友们在一起，比一个人想东想西好。你要坚强勇敢，因为你有很多朋友。你不是独自一人在承受悲伤。

我明天见过一些人后将尽量去看你。

爱你

宋庆龄

1945 年 10 月 9 日

10 月 13 日，宋庆龄在致好朋友格雷丝的信中谈到我爸爸的死。她说：“上个星期辛西亚的丈夫被意外地杀死了。她是廖夫人的女儿，你见过的。”宋庆龄在“意外地”下面划了一道横杠。

爸爸遇难的消息很快就传了出去。当爸爸的尸体进行解剖的时候，妈妈和我被送到另一个房间，那里已经有外国记者在等候。解剖结果证明，爸爸是被一粒“达姆达姆”弹击中的。美国《时代》周刊记者白修德对妈妈说，“达姆达姆”弹是用来打野兽的，全世界都禁止用于打人。因为用普通子弹打野兽，如果野兽不死反扑过来很危险，所以要用体内开花的“达姆达姆”弹。这是必欲置其死地时才用的。妈妈听了更加伤心，叫他快别说了。白修德是宋庆龄的朋友，一个有正义感的美籍犹太人，后来他因为如实报道中国的情况及批评蒋介石政权，被《时代》

周刊以亲共罪名解雇。20 世纪 50 年代，他在美国受到麦卡锡主义“非美活动委员会”的迫害。奥地利进步记者严斐德要给痛哭中的妈妈和我照相，妈妈不让他照。1955 年严斐德采访万隆会议时，他乘坐的“克什米尔公主号”飞机被敌人放置了定时炸弹，他因飞机失事身亡。

装殓时，周恩来问妈妈，用什么衣服装殓。妈妈说爸爸是八路军办事处的人员，应当让他穿上八路军的灰布制服。入殓的时候，周恩来亲自到场，待爸爸装殓好，才让妈妈和我进去与爸爸做最后告别。

10 月 11 日办事处替我们发了讣告：

讣　告

先夫李少石于三十四年十月八日由沙坪坝乘车回渝途中被枪击中弹，随即送市民医院求治，以伤重流血过多，至晚七时四十七分不治逝世。梦醒闻耗赶至，已不及闻其最后声息，悲恸曷极。当于九日率女湄亲视含殓，十一日下午一时出葬，另期举行追悼。此讣。

廖梦醒率女湄泣启

十月十一日

10 月 11 日下午，天色阴沉沉的。在市民医院门前的场地举行了公祭仪式。办事处的同志和许多进步人士都来吊唁，周恩来沉痛地致悼词，他说：“敌人无论怎样残暴，共产党人是吓不倒的！敌人越是疯狂，死亡得越快。这是不可抗拒的历史规律。”公祭之后，周恩来、宋庆龄、郭沫若、柳亚子、陈树人、茅盾、徐冰、潘梓年、熊瑾玎、张友渔、曹靖华、鹿地亘以及外事组的同志约四十余人护灵到小龙坎墓地。我只记得，沿途都是坑坑洼洼的山路。抵达墓地后，周恩来开挖第一锹土。妈妈和我只是一味地哭，爸爸未入土前我们还在同一个世界，他一入土，我们就永远分隔在两个世界了。

爸爸下葬的那天，也就是《双十协定》签字的第二天，毛泽东清晨飞回延安。上飞机前，周恩来请他给我妈妈题个词，他写下了：“李少石同志是个好共产党员不幸遇难永志哀思”。

据国民党重庆宪兵司令部调查，爸爸的死是由于汽车压伤路边一个士兵，士兵的班长便向汽车开枪。由于爸爸已死，司机失踪，我方便没有目击证人。而证

1945 年 10 月 11 日，李少石公祭仪式在重庆市民医院举行。前左为：廖梦醒、李湄；四排左起：周恩来、郭沫若、茅盾、鹿地亘、柳亚子、柳无垢、罗晓红

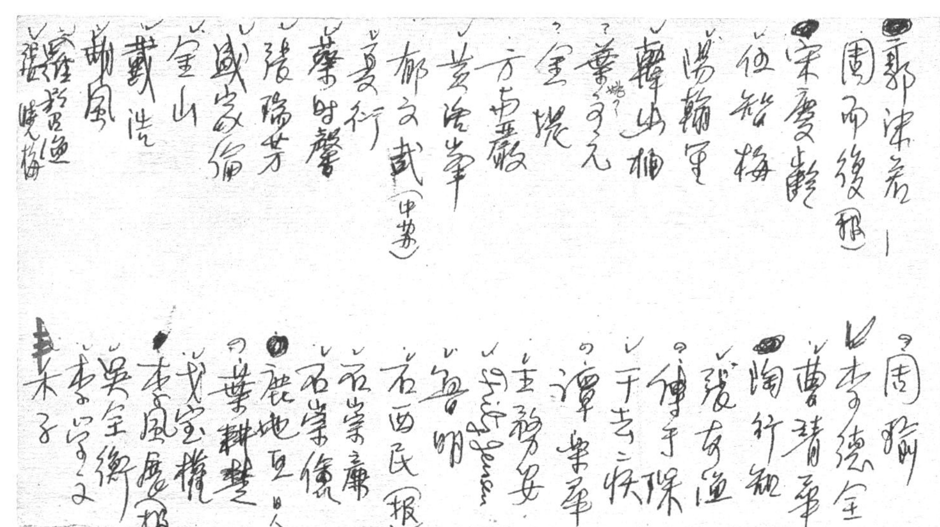

郭沫若
周而復（报）
宋慶齡
伍智梅
陽翰笙
韓幽桐
葉[illegible]
金焜
方[illegible]
黄洛峯
郁文武（中苏）
夏衍
葉[illegible]
張瑞芳
盛家倫
金山
戴浩
胡風
羅[illegible]
張曉梅
周[illegible]
李德全
曹靖華
陶行知
張友漁
傅于琛
于立忱
譚[illegible]華
王[illegible]安
[illegible]
魯明
石西民（报）
石嘯廉
石[illegible]
鹿地亘 日人
葉[illegible]
戈寶權
李[illegible]
吳全衡
李[illegible]
[illegible]子

1945 年 10 月 11 日，廖梦醒手书的重庆吊唁李少石部分人士的名单

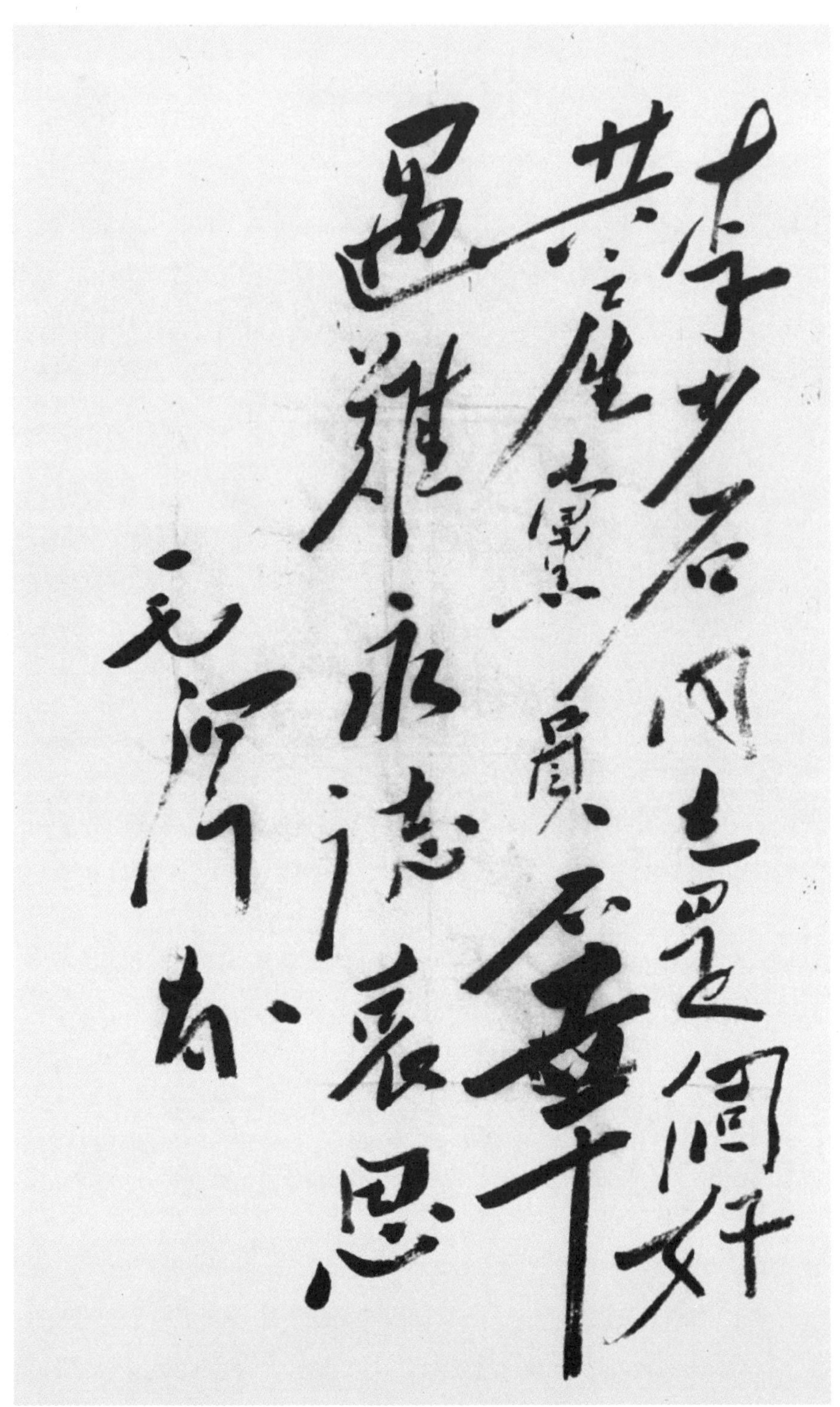

1945 年 10 月 11 日，毛泽东在重庆为李少石题词

李少石同志今日安葬

昨天孫夫人等親往弔唁

▲本報特訊 李少石同志棺柩，定今日下午一時安葬於小龍坎，追悼會另定日期舉行。（李少石同志夫人廖夢醒訃告，見本報二三版中縫，希各方人士及友好注意）

昨日李少石同志入殮以後，靈柩即移到市民醫院門外的太平房內，棺上蓋了一面國旗，上面堆滿了鮮花。門外台階左右兩邊，也擺了十幾個花圈，其中有中國共產黨中央委員會的，毛澤東同志的，周恩來和王若飛兩同志的，十八集團軍駐渝辦事處的，中國婦女聯誼會的，本報和營業部同人的花圈，寫着「哀我同志」也擺在階下，從清早起，就繼續不斷有人來悼唁，上午來的有郭沫若和夫人于立羣，馬寅初，陽翰笙，張友漁和夫人韓幽桐，林維中，黃洛峯，郁文哉，盛家倫，戴浩諸先生。十一時孫夫人由伍智梅女士陪同到來，孫夫人面色悲戚，親至靈前三鞠躬，然後將帶來的鮮花一束擺在棺上，臨走的時候，殷殷垂問少石同志的夫人廖夢醒女士和她的女兒的情形。下午馮夫人李德全女士也親自到來，此外還有曹靖華，于去疾諸先生。

11/10

1945 年 10 月 11 日、重庆《新华日报》刊载宋庆龄吊唁李少石消息

李少石同志昨安葬

十八集團軍辦事處和本報，即將舉行追悼會。

▲本市消息 李少石同志靈柩，昨天下午安葬於小龍坎墓園。下午一時正，舉行簡單公祭儀式後，即移靈，由市民醫院出發，前往執拂的有孫夫人，陳樹人，柳亞子，郭沫若，茅盾夫婦，曹靖華，鹿地亘，張友漁，韓幽桐，霍金斯等先生，及周恩來，張明，徐冰，潘梓年，熊瑾玎等同志約四十人。

下午三時一刻，靈櫬到達墓地，即舉行安葬典禮。李少石夫人廖夢醒女士及其幼女湄均悲痛欲絕，泣不成聲。周恩來同志在墓前講了幾句簡單的話，認爲這樣一個好同志的不幸死去，實在是很大的損失。他感謝死者生前爲革命事業的努力，並感謝生者。這時他沉重地與廖夢醒女士握了手。

死者的戚友們及同志們，在萬分悲痛中完成了少石同志葬禮之後，沉重地踏上了歸途。十八集團軍辦事處與本館，不日將舉行追悼會。

又訊，不幸被汽車撞傷的士兵吳應堂，現在市民醫院治療中，這兩日來傷勢頗有進步。昨午周恩來同志曾親往探視，囑其安心靜養，並向院方表示負責全部醫費。（日）

12/10

1945 年 10 月 12 日、重庆《新华日报》对李少石安葬消息的报道

人的证言是查案的重要证据。如今，惟一提供证言的，只有蒋军士兵和红岩嘴路边的茶馆老板。国民党宪兵司令部的调查报告成了案件定性的惟一依据。虽然十八集团军办事处也派人到现场进行过了解，但军警宪特都掌握在敌人手里，事情无法查清。

10 月 8 日，正值国共和谈经过一个多月拉锯战好不容易达成协议，过两天就要签字的关键时刻，斗争成果来之不易。如能争取到和平，对于刚刚经历了八年抗战的全中国老百姓来说都是个福音，毛泽东冒死犯难去重庆进行谈判，他的安危举足轻重。爸爸的死，无论是什么原因，追究下去都对大局不利。因此当时妈妈什么都没有说。

李案附录

附录 1.《新华日报》10 月 9 日：

本报编辑兼十八集团军驻渝办事处秘书李少石同志，是先烈廖仲恺先生的女婿，昨日下午 5 时许由城乘国字一〇三五七号汽车陪送柳亚子先生回沙坪坝柳先生寓所，归途车过沙坪坝时，突有人自车后用枪射击，弹穿车皮和靠垫，并由背腋射入李少石同志肺部，顿时血流如注，经急送城内市民医院，因伤势甚重，不及输血，痛于七时四十七分不治逝世，其夫人廖梦醒女士于闻噩耗后赶到，痛哭失声，在场十八集团军办事处及报馆同人，也莫不万分悲愤。

周恩来同志惊悉李少石同志突然遇害，于八点五十分偕宪兵司令张镇赶到医院，顿时泪如雨下，悲切地说："二十年前廖仲恺先生遭反革命暗害，其情景犹历历在目，不料二十年后，他的爱婿又遭凶杀。"言下无限痛愤。宪兵司令部警务处卫处长于今晨一时余率领随员曾往检验出事汽车。现李少石同志遗体尚留市民医院，以待法院检验，至于凶手及遇难原因，现正在侦查追究中。

李少石同志今年三十九岁，广东番禺县人，共产党党员，他长期为革命事业艰苦工作，并因此而入狱，出狱后，继续为中国人民解放事业工作不懈，为人温静和蔼，寡言笑，不喜交游，平时足不出户，且向无私怨，此次偶因送其岳父至交柳先生返寓，竟遭毒手，殊令人愤慨不已。

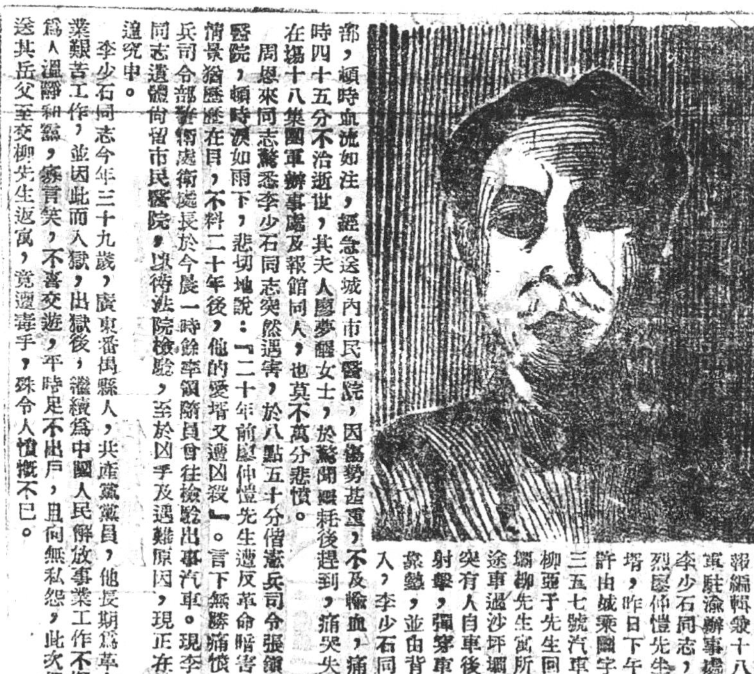

十八集團軍駐渝辦事處秘書

李少石同志突遭暗殺

▲本報特訊　本報編輯錄十八集團軍駐渝辦事處秘書李少石同志，是先烈廖仲愷先生的女婿，昨日下午五時許由城乘國字一〇三五七號汽車陪送柳亞子先生回沙坪壩柳先生寓所，歸途車過沙坪壩時，突有人自車後用槍射擊，彈穿車皮和[illegible]，並由背脇射入，李少石同志肺部，頓時血流如注，經急送城內市民醫院，因傷勢甚重，不及輸血，痛於七時四十五分不治逝世，其夫人廖夢醒女士，於驚聞噩耗後趕到，痛哭失聲，在場十八集團軍辦事處及報館同人，也莫不萬分悲憤。

周恩來同志驚悉李少石同志突然遇害，於八點五十分偕憲兵司令張鎮趕到醫院，頓時淚如雨下，悲切地說：『二十年前廖仲愷先生遭反革命暗害，其情景猶歷歷在目，不料二十年後，他的愛婿又遭凶殺』。言下無勝痛憤。憲兵司令部警衛處衛處長於今晨一時餘率領隨員曾往檢驗出事汽車。現李少石同志遺體尚留市民醫院，以待法院檢驗，至於凶手及遇難原因，現正在偵查追究中。

李少石同志今年三十九歲，廣東番禺縣人，共產黨黨員，他長期爲革命事業艱苦工作，並因此而入獄，出獄後，繼續爲中國人民解放事業工作不懈，爲人溫靜和藹，寡言笑，不喜交遊，平時足不出戶，且向無私怨，此次偶因送其岳父至交柳先生返寓，竟遭毒手，殊令人憤慨不已。

《新华日报》刊载的关于李少石遇难的消息

附录2. 敌伪档案。10月9日，敌特渝市西郊组特务王明光报告“十八集团军办事处秘书李少石被枪杀之经过情形”：

查昨（八）日午后二时许（据迫击炮团三营七连之兵说，确系该日下午二时许所发生事件，而新华报所发出消息系下午六时许。或系该报故弄玄虚），有驻璧山之陆军重迫击炮团三营七连之士兵，共计三十六人（内有班长六人，步枪六枝，子弹三百发），由排长胡关台率领在南岸弹子石领得棉军服后返璧，经过小龙坎下土湾时，在该湾红岩嘴第六号之对角处休憩。适有国后字一〇三六七号（据该连士兵所说，该车号码系一〇三六七号，而报载系一〇三五七号）小轿车一部向市区行驶至该连休憩处时，将该连三等兵吴应堂头部压伤。该车在肇事后并未停，吴应堂之直属班长某（名不详，各士兵均不愿说出其名字）乃用步枪向车射击，枪响后而该车仍直驶而去。当时尚不知系李少石即被此枪命中。值宪三团宪兵在该地警卫，见有军人鸣枪，即向该领队人索交鸣枪军人，但排长胡关台交人不出，当被宪三团宪兵带去。负伤之吴应堂亦送至市民医院就医，闻有生命之虞。胡排长现被押于宪兵司令部中。

李少石同志昨晚入殮

遺體內彈片已由法院會同有關機關代表檢出

1945 年 10 月 10 日，《新华日报》发表的李少石解剖报告

附录 3.《新华日报》10 月 10 日，李少石遗体解剖报告：

昨日下午四时四十分，地方法院检察官于凤坡，市民医院外科主任冯约医师，会同宪兵司令部、警察总局、卫戍司令部等各机关代表，剖尸取弹，剖尸工作在五时四十五分完毕。据医师解剖所得报告说：外部左侧肩胛间部，在第七肩椎左两公分，有外伤一处，直径约一公分，呈焦色。内部沿肩胛线第七第八两肋骨折断，入口大小，内部直径三公分。在左侧中腋线又有一伤口，第五第六肋骨折断。相对胸壁有淤血块，直径约有十公分。由淤血块中取出弹片大小共四块。横膈膜部有三个创口，直径各约一毫米。左肺上叶后部外侧，有伤口一处，直径约一公分。左肺下叶有伤口

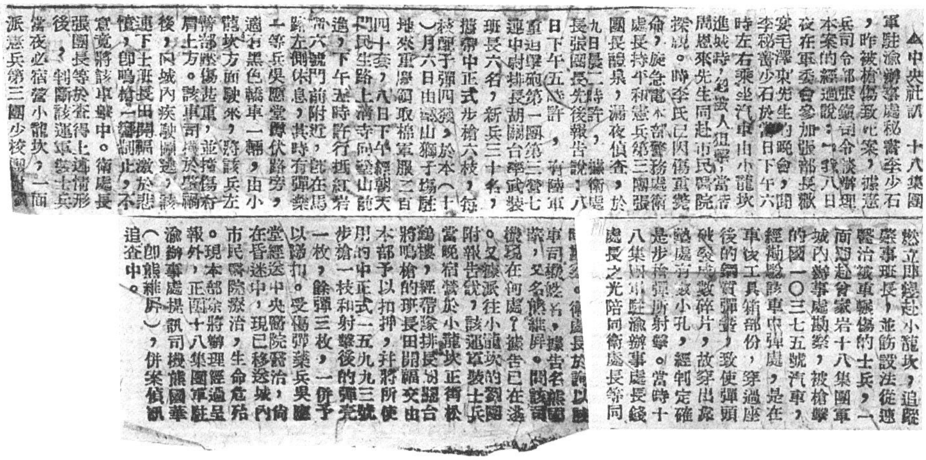

1945 年 10 月 10 日，《新华日报》发表的国民党重庆宪兵司令张镇谈办案经过

三处，在后部外侧，直径各约一公分。取出的弹片最大的也不过米粒一样大小……

附录 4.《新华日报》10 月 10 日，宪兵司令张镇谈李案：

我 8 日夜在军委会参加张部长欢宴毛泽东先生的晚会，闻李秘书少石于当日下午六时左右乘坐汽车由小龙坎进城时，忽被人狙击，当偕周恩来先生同赴市民医院探视。时李氏已因伤重毙命，旋急电本部警务处卫处长持平和宪兵第三团张团长醴泉，漏夜侦查，于 9 日晨二时许，据卫处长张团长先后报告说：8 日下午五时许，有陆军重迫击炮第一团第三营七连中尉排长胡关台率武装班长六名，新兵三十名，携带中正式步枪六枝，每枝配子弹四发，于本月 6 日由璧山狮子场驻地来重庆领取棉军服二百四十套，8 日下午经朝天门民生路上清寺向璧山前进，下午五时许行抵红岩嘴六号门前附近，即在马路左侧休息，其时有弹药一等兵吴应堂蹲伏路旁，适有黑色轿车一辆，由小龙坎方向驶来，将该兵左臂部压伤甚重，并撞伤右肩上方。该车司机于肇祸后，向城内疾驶图逃，该连下士班长田开福激于悲愤，即鸣枪一响制止，不意竟将该车击中。

附录 5.《新华日报》10 月 11 日，十八集团军驻渝办事处处长钱之光谈李案：

根据现有各项材料判断，事情的经过是这样的：本月 8 日下午五时前，李少石同志乘本处国字一〇三五七号汽车，送柳亚子先生由曾家岩周公馆

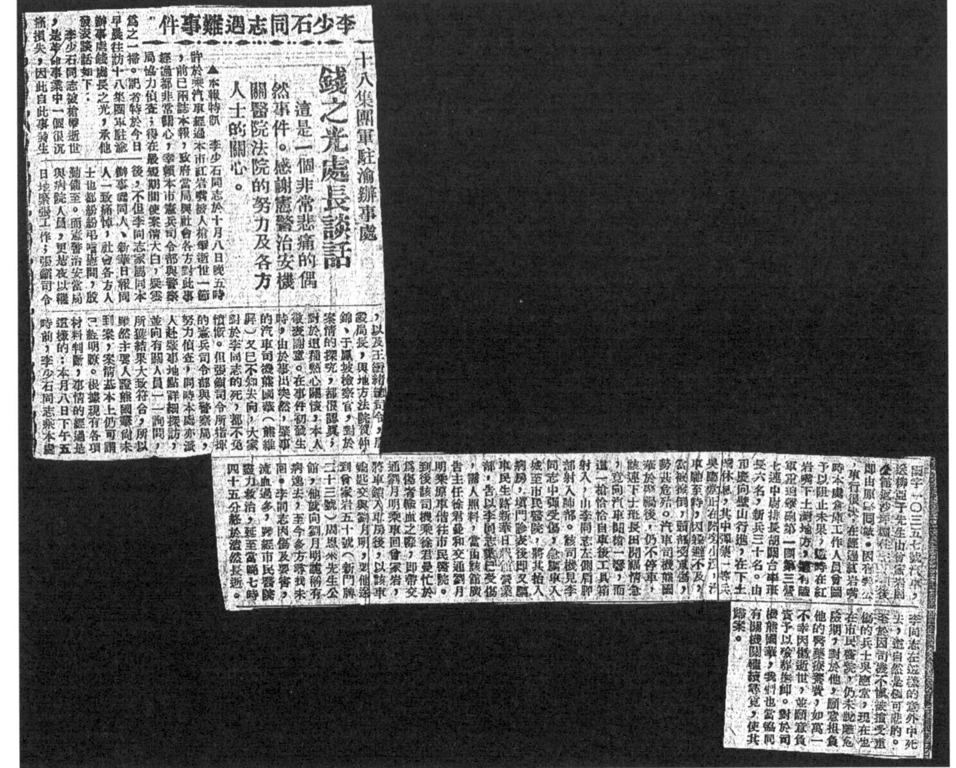

十八集團軍駐渝辦事處

錢之光處長談話

這是一個非常悲痛的偶然事件。感謝憲警治安機關醫院法院的努力及各方人士的關心。

——李少石同志遇難事件——

▲本報特訊　李少石同志於十月八日晚五時許於乘汽車經過本市紅岩嘴被人槍擊逝世一節，前已兩誌本報，政府當局與社會各方對此事經過都非常關心，幸賴本市憲兵司令部與警察局協力偵查；得在最短期間使案情大白，疑雲爲之一掃。記者特於今日早晨往訪十八集團軍駐渝辦事處錢處長之光，承他發表談話如下：

李少石同志被槍擊逝世，是革命事業中一個很沉痛損失，因此自此事發生後，不但李同志家屬同本辦事處同人、新華日報同人一致痛悼，社會各方人士也都紛紛弔唁慰問，殷勤備至。而憲警治安當局與病院人員，更是夜以繼日地緊張工作；張鎭司令，以及王[illegible]司令，唐毅局長，與地方法院[illegible]師錦、于鳳坡檢察官，對於案情的探究，都很認真；對於這種熱心關懷，本人謹表謝意。在事件初發生時，由於事出突然，肇事的汽車司機熊國華（熊維屏）又已不知去向，大家對於李同志的死，都不免憤慨。但張鎭司令所指揮的憲兵司令部與警察局，努力偵查，同時本處亦派人赴肇事地點詳細探訪，並向有關人員一一詢問，所獲結果大致符合，所以雖然主要人證熊國華尚未到案，案情基本上仍可謂已經明瞭。根據現有各項材料判斷，事情的經過是這樣的：本月八日下午五時前，李少石同志乘本處

國字一〇三五七號汽車，送柳亞子先生由曾家岩[illegible]返沙坪壩住宅後，即由原路回城。因有要公，車行很快，在經過紅岩嘴時本處倉庫工作人員曾圖予以阻止未果，這時在紅岩嘴下土灣地方，適有陸軍重迫擊砲第一團第三營七連中尉排長胡關台率班長六名，新兵三十名。由重慶向璧山行進，在下土灣休息，其中彈藥一等兵吳應堂正在路邊小便，汽車馳至時，因躲避不及，當被撞倒，頭部受重傷，勢甚危殆。汽車司機熊國華於肇禍後，仍不停車，該連下士班長田開福情急，竟向汽車開槍一響，而這一槍恰恰自車後工具箱射入，由李同志左側肩胛部射入肺部。該司機見李同志中彈受傷，急驅車入城至市民醫院，將其抬入病房，填門診表後即又驅車民生路新華日報館營業部，告以李同志業已受傷，需人照料，當由該館廣告主任徐君曼和交通劉月明乘原車偕往市民醫院。到後該司機乘徐君曼忙於爲傷者輸血之際，即帶交通劉月明乘車回曾家岩，將車鎖入車房後，以該車鑰匙交與劉月明，要他送到曾家岩五十號（新門牌二十三號）周恩來先生公館，他就向劉月明詭稱有病逸去，至今多方尋找未回。李同志因傷及要害，流血過多，雖經市民醫院盡力救治，延至當晚七時四十五分終於溘然長逝。

李同志在這樣的意外中死去，這自然是極可悲的。至於因司機不慎被撞受重傷的兵士吳應堂，現在也在市民醫院，仍未脫離危險期，對於他，願意担負他的醫藥營養費，如萬一不幸因傷逝世，並願意負責予以殮葬撫卹。對於司機熊國華，我們也當協同有關機關繼續緝覓，使其歸案。

1945 年 10 月 11 日，《新华日报》发表的八路军驻重庆办事处处长钱之光的谈话

返沙坪坝住宅，而后即由原路回城。因有要公，车行很快，在经过红岩嘴时本处仓库工作人员曾图予以阻止未果，这时在红岩嘴下土湾地方，适有陆军重迫击炮第一团第三营七连中尉排长胡关台率班长六名，新兵三十名，由重庆向璧山行进，在下土湾休息，其中弹药一等兵吴应堂正在路边小溲，汽车驰至时，因躲避不及，当被撞倒，头部受重伤，势甚危殆。汽车司机熊国华于肇祸后，仍不停车，该连下士班长田开福情急，竟向汽车开枪一响，而这一枪恰恰自车后工具箱射入，由李同志左侧肩胛部射入肺部。该司机见李同志中弹受伤，急驱车入城至市民医院，将其抬入病房，填门诊表后即又驱车民生路新华日报馆营业部，告以李同志业已受伤，需人照料，当由该馆广告主任徐君曼和交通刘月明乘原车偕往市民医院。到后该司机乘徐君曼忙于为伤者输血之际，即带交通刘月明乘车回曾家岩，将车锁入车房后，以该车钥匙交与刘月明，要他送到曾家岩五十号（新门牌二十三号）周恩来先生公馆，他就向刘月明诡称有病逸去，至今多方寻找未回。李同志因伤及要害，流血过多，虽经市民医院尽力救治，延至当晚七时四十七

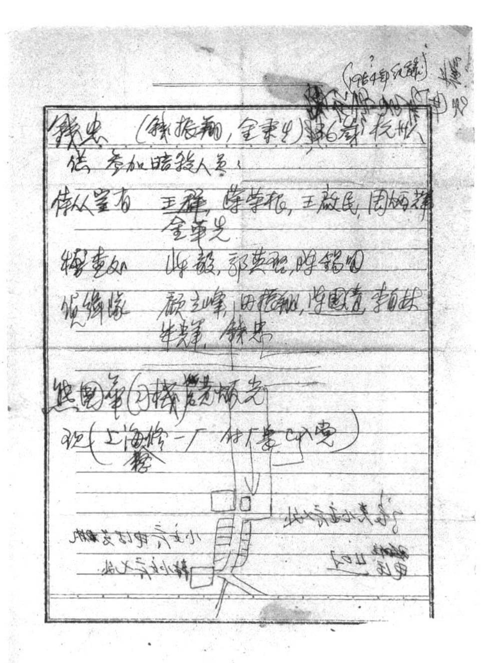

钱忠（钱振翔，金秉生）36岁 杭州

参加暗杀人员：

侍从室 王群，蒋荣根，王启民，周炳辉 金革先

稽查处 陈毅，郭英启，陈锡明

侦缉队 顾立峰，钱振翔，陈国清，李自林 朱辉，钱忠

熊国华（化名黄炳光）

现在上海整修一厂 副厂长 已入党

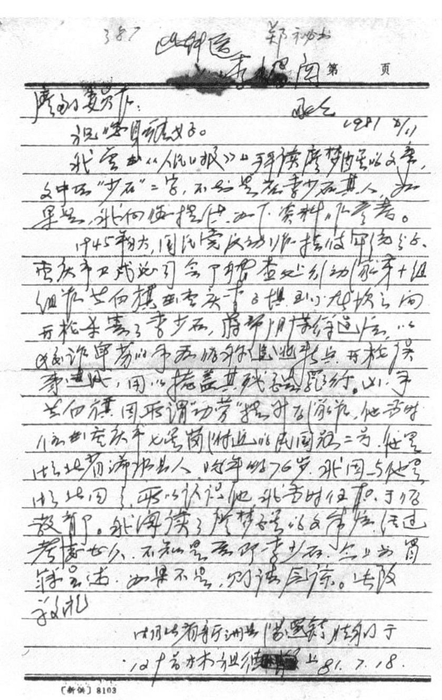

此件送李湄阅

1981 8/11

81.7.18.

〔新供〕8103

1955年，廖梦醒在重庆调查李少石案的记录（左）

1981年8月11日，廖承志转给李湄的群众来信。天头处是廖承志的批示："此件送李湄阅。"（右）

分终于溘然长逝。李同志在这样的意外中死去，这自然是极可悲的。至于因司机不慎被撞受重伤的士兵吴应堂，现在也在市民医院，仍未脱离危险期，对于他，愿意担负他的医药疗养费，如万一不幸因伤逝世，并愿意负责予以殓葬抚恤。对于司机熊国华，我们也当协同有关机关继续寻觅，使其归案。

附录6. 20世纪50年代，廖梦醒在重庆公安局查阅李案有关材料，发现肃反时，重庆市纺织工业局挖出潜伏特务钱忠（又名钱振翔、金秉生），三十六岁，杭州人。据他交代，侍从室、稽查处、侦缉队都参与了李少石事件。参与者名单：

侍从室——王群、蒋荣根、王启民、周炳辉、金革先；

稽查处——陈毅、郭英启、陈锡明；

侦缉队——顾立峰、钱振翔、陈国清、李自林、朱辉。

新兵队班长开的枪。

熊国华化名黄炳光，在上海整修一厂当副厂长，已入党。

附录7.1981年8月11日，廖承志转给李湄的一封群众来信：

廖副委员长：

祝您身体好。

我曾在《人民日报》上拜读廖梦醒的文章，文中有“少石”二字，不知是否李少石其人，如果是，我向您提供如下资料作参考。1945年秋，国民党反动派指使军统分子、重庆市卫戍总司令部稽查处行动队第十组组长兰白旗在重庆李子坝到小龙坎之间开枪杀害了李少石，蒋帮阴谋得逞后，以狡诈卑劣的手段伪称追逃新兵开枪误事造成，用以掩盖其残酷罪行。凶手兰白旗因所谓“功劳”提升为队长。他当时住在重庆市七星岗附近的民国路二号。他是湖北省浠水县人，现年约七十六岁。我因与他是湖北同乡，所以认识他，我当时任职于伪教育部。我阅读了廖梦醒的文章后，经过考虑甚久，不知是否即李少石，今上书冒昧呈述，如果不是，则请原谅。此致敬礼

湖北省新洲县阳逻镇胜利街一百二十九号

林祖德敬上81.7.18

柳亚子

爸爸的死，妈妈和我悲痛欲绝自不必说，还有一个人得知噩耗有如晴天霹雳，那就是曾经救过爸爸一命的柳亚子。

那天下午，柳亚子把我爸爸拉上汽车，一路上两人谈得很尽兴。一回到家，他便像个孩子似的，按捺不住兴奋给我妈妈写了一信并立刻投邮。这是他当晚的第一封信：

仙霏：

今天下午我用绑票办法，把诗翁用汽车绑走，在车中大谈古诗，痛快极了，可惜你没有参加啊！诗翁生日已查清楚，丙午阴历润4月16日，即1906年6月7日，明年我们如果在一起的话，应该请我们吃寿面呢。不过你的生日，却生了问题。起初我以为你是1907年2月4日生的，一定为阴历丙午12月22日，但这样，你比诗翁小了，是不对的。

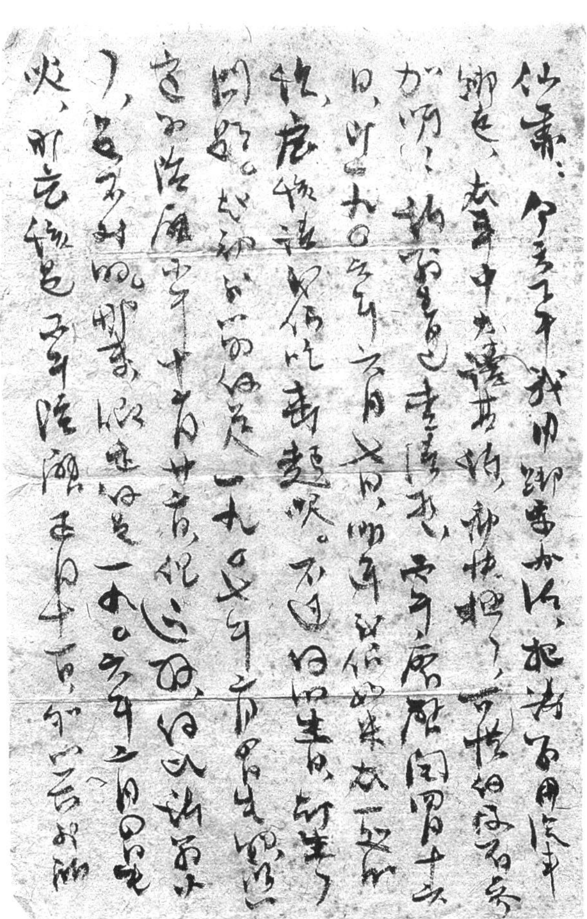

1945年10月8日晚，柳亚子致廖梦醒书信手迹

那末，假定你是1906年2月4日生呢，那应该是丙午阴历正月11日，和以前我们知道你和囡囡都是阴阳交界日子生的话又不对，弄得我尴尬极了。现在，还是请你把阴历的生日赶快宣布吧，何必这样婆婆妈妈呢？！千万拜托之至！！！诗翁说你们双十节来沙坪坝，非常欢迎。不过若然下午来，时间太局促了，希望你们那天上午来，在我那儿吃便饭，多玩玩，看看我的诗稿子。柳伯母不在家，不会弄什么好东西请你们吃的，只要你们不饿肚子就好了，是不是呢。再会！

亚10月8日夜

柳亚子是个感情非常丰富的人，喜怒哀乐都十分极致。他做梦也没有想到，爸爸把他送回沙坪坝之后仅过了几分钟就遇难了。次日早晨，他又给我妈妈写了悲痛欲绝的第二封信：

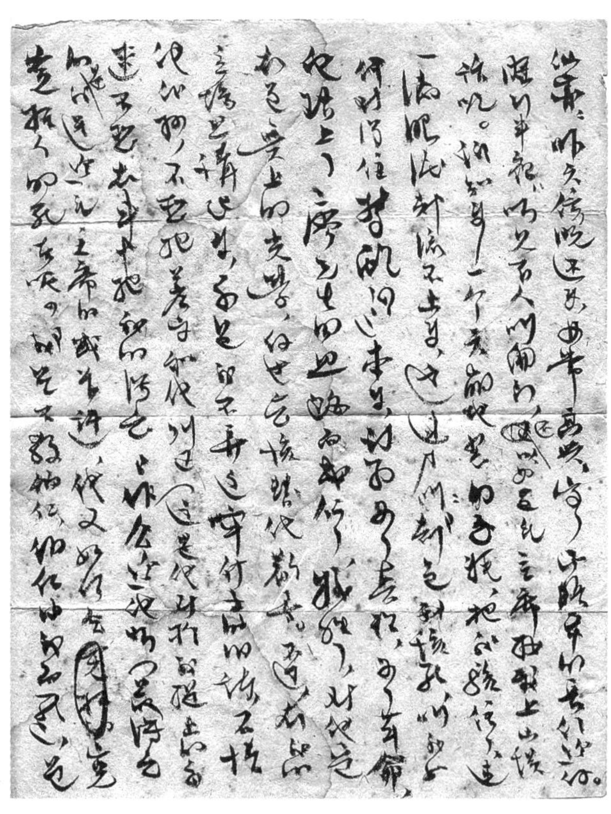

1945年10月9日凌晨，柳亚子致廖梦醒书信手迹

仙霏：

昨天傍晚回来，非常高兴，写了两张纸的长信给你。睡到半夜，听见有人叫开门，还以为是毛主席接我上山谈话呢。谁知来了一个天崩地裂的噩耗，把我骇住了，连一滴眼泪都流不出来，只连声叫：“都是我该死，叫我如何对得住梦醒？！”本来诗翁为了真理，为了革命，他踏上了廖先生的血迹而成仁了，牺牲了，对他实在是无上的光荣，你也应该替他欢喜。不过，在我的立场上讲起来，要是我不弄这劳什子的旧

1935 年 2 月，柳亚子将他们夫妇的合影赠给廖梦醒

诗，不请他代抄，不想把差字和他纠正（这是他对我提出的要求），不想在车中把我的满意之作念给他听（最满意的是我送给毛主席的几首诗），他又如何会冤冤枉枉的死去呢？“我虽不杀伯仁，伯仁由我而死”，是古今历史上最痛心的事情。想到这里，仙霏，我亲爱的仙霏，为了减轻我的罪孽起见，我真想请你去找一枝手枪来，把我打死，使我瞑目在九泉之下吧。当然，你一定不会答应我这个要求的，那末，我活在世上一天（也许我死的日子也不远了吧），叫我良心上如何能得到安慰，如何能对得起你们?！可怜，你现在是做了没有丈夫的人，而囡囡是做了没有父亲的人，还有诗翁的老母，她又是如何的在澳门倚闾盼望，望她爱子的归来呢？这些话，我本来不应该讲，因为在你万分哀痛之下，这都是会增加你底刺激的。不过，仙霏，我亲爱的仙霏，请你饶恕我罪该万死吧！因为这些话不讲出来，在我心中藏着，更是何等的痛苦呢?！昨天听说你和他的遗体都在市民医院，我本来要求他们把我送到市民医院，和你抱头痛哭一场，也看看诗翁最后的丰采。但他们坚决的拒绝了，他们叫我不要在这深夜中出门。并且，他们来也匆匆，去也匆匆，连我想托他们带一封信给你的时间也没有，这又是使我如何地难过呢?！我本患失眠之症，十二时以后，不能好好地睡觉，昨天，当然更不用说了，现在是早上五时三十分钟，我在床边开了电灯写这信给你，希望看了不会太增

加你的悲痛吧。倘然诗翁十年前在上海的被捕，我是曾经有丝毫营救的劳绩，而今天到十年以后，还是为我而死，这又是何等稀奇古怪的事情呀！我心中酸痛得很，写不下去，希望你自己保重，替我望望囡囡！

亚

10月9日晨

这两封信妈妈是什么时候收到的，我不清楚。但可以肯定，妈妈读这两封信时一定大受刺激。这两封信妈妈都一直收藏着。1983年柳亚子逝世二十五周年出版他的文集时，妈妈把后一封信交给了前来征集文物的人，但前一封信妈妈一直没有拿出去，连我都不知道有这么一封信存在。也许是因为这封信对她的刺激更大吧。柳亚子按捺不住的狂喜和肝肠欲断的悲痛都发生在同一个夜晚，反差之大令人无法承受。

爸爸遇害第二天，柳亚子写了一首带有长篇序文的《诗翁行，哭李少石，二十叠九字韵》。参加完爸爸的葬礼后，他又写了《誓墓行》。过些日子，他去曾家岩，触景生情，再写了《十月二十九日，重过曾家岩有作示乔木》。乔木就是乔冠华，他和我爸爸同住在五十号三楼。柳亚子上到三楼，肯定会想起我爸爸。诗中有四句："已除迷信宁天意，可奈沉哀有万端。突兀高文犹在眼，伶仃遗裔更无男。"爸爸的死一直折磨着他。

本来我们一家和柳亚子的关系很密切，突然，亲密的关系变得别扭了。爸爸出事后，妈妈很怪罪他。柳亚子是个性情中人，他总是想找机会向妈妈赔罪。一次，妈妈带我去曾家岩收拾爸爸的遗物，看到爸爸的办公桌和桌旁空空的床，妈妈趴在床上哭了一场。到吃午饭时，我们进到饭厅，正好柳亚子在，他一见我妈妈就迎上前，可是他结结巴巴没讲两句，妈妈便大哭着跑出了饭厅。柳亚子难过极了，饭也没吃就走了。

柳亚子为此事曾给周恩来去过一信，内容不详，但是从周恩来的回信中可以看出端倪。北京"周总理革命事迹展览会"上展出的信，其中有这样几句：

"……少石之死，大家哀痛。但我党从无一人，从无一语怪先生者。反之，我等常自责不应催车太急，致闯车祸。伯仁之痛，痛在我方，岂有责先生之理？！至汽车够用与否，非一语所能答。先生应相信，我等非官僚，毛同志在此，汽车用以尽保护之责及接友谈话之用，决非专供来及若飞乘坐也。失错在该天不应该答应先生借车，实际上车子仅仅迎来，而反虑先生白坐了。故临时抽车，致有此失。

1958年，廖梦醒为柳亚子扫墓

此类琐事，本不愿向先生饶舌，但先生既以此下问，又以此为谆谆之诫，遂不得不说明真相，并阐明其错究何在也。”

随着时间流逝，妈妈和柳亚子的关系渐渐恢复，但见面时还是有点儿尴尬。人们都说柳亚子狂，我从来没有这种感觉，我只觉得他是一个非常真实的人，想到什么就说什么，我行我素而已。我挺喜欢这个用苏州话叫我“囡囡”的柳公公。我觉得，他敢“摸老虎屁股”，当着外婆面说她偏心舅舅，这就不简单。外婆最不喜欢别人说她偏心，明知别人不爱听，还要去说，这样的人世界上有几个？而他这样说，是为了维护妈妈。更重要的是他救过爸爸。所以柳亚子去世时，妈妈还是挺难过的。他的那两封信妈妈一直收藏不是没有缘故的。

柳亚子有一本大纪念册，第一页就是毛泽东的题字。毛泽东题字后，柳亚子把纪念册交给周恩来，请他也题字。但周恩来没有题。这本纪念册在中南海西花

廖梦醒保留的柳亚子赠给他的照片。照片花边系廖梦醒亲手所剪

厅一躺就是二十多年。直到1976年周恩来去世后，邓颖超让我进周恩来的办公室，把纪念册拿出来翻给我看，让我代她还给柳家后人，这时柳亚子已作古二十年了。我不明白，周恩来在我妈妈和我的纪念册上都题了字，为什么不给柳亚子题呢？

爸爸下葬后，周恩来让汽车直接把妈妈和我从墓地送到红岩小住。我们在红岩住了一个多月。妈妈天天以泪洗面，什么也吃不下，大师傅只好熬点儿粥，做点儿肉松给她就粥吃。我因为哭得太厉害，眼睛发炎，每天早晨醒来眼睛都糊住睁不开，要先用硼酸水洗，然后才能睁眼，后来落下了慢性结膜炎的毛病。正好在此之前，叶挺的孩子叶扬眉和她的两个哥哥叶正明、叶华明从国民党监视下逃出来，住在红岩，他们成了我在这些日子里的玩伴。

妈妈带着我在红岩小住时，周恩来几次到我们住的房间来看妈妈。关于柳亚子的事他也劝过妈妈，但完全没有责备的意思。一次，周恩来和王若飞一同来看妈妈，妈妈向他们吐露了心事，说怕爸爸没了，她和党的关系也没了。因为自从爸爸被捕她失去党的关系后，虽然她没有一刻离开过党的工作，但有人一直不承认她是党员，只说她是个“客卿”（开始妈妈不懂“客卿”是什么意思，还很高兴。后来爸爸告诉她，“客卿”就是非党员）。周恩来听了很生气，他安慰妈妈说，党信任她并不是由于我爸爸的缘故，没有我爸爸，她和党的关系依然和过去一样。过了几天，南方局管组织工作的钱瑛找妈妈谈话，问了她许多情况并让她补交一份自传。过后，钱瑛告诉我妈妈，因为工作性质关系，她不能暴露身份，仍然是一个秘密党员。

妈妈迟迟没有提出下山的要求，害怕回到牛角沱回忆起爸爸周末回家的情景。直到有一天周恩来告诉她，宋庆龄要去上海了，“保盟”也准备迁往上海，他希望妈妈尽快去上海迎接新的工作。妈妈怀着沉重的心情回到牛角沱的家，看见平常爸爸亲自洗涤不许我们碰的碗筷、他回家时穿的拖鞋、他睡过的床，没有一样

1945 年 10 月，
廖梦醒与李湄
在重庆小龙坎
李少石墓前

东西不令妈妈痛心，她整天两眼泪水涟涟。说来也怪，我家本来养着一只黑猫，全身乌黑，只有眼睛发出绿光，它每晚钻进我的被窝睡觉。人们都说黑猫是不祥之物，妈妈从不迷信，对这种说法一笑置之。可是在爸爸出事之前，黑猫突然不见了。以后我家再也不养猫。

11 月，宋庆龄坐飞机返回上海，她让妈妈随后就去。妈妈想到，爸爸是因为她而调到重庆的，现在自己走了，倒把爸爸留下，她的心里像刀割一样难受。周恩来对妈妈说："多年来你一直在孙夫人身边，现在又找不到适当的人来代替你。你不愿离开重庆的心情我理解，但是为了工作，你还是要勉为其难啊。"周又说，他已经和上海的许广平联系过，妈妈到了上海可以先住在她家。

美国新闻处包了一艘船送他们的职员复员回上海，龚澎为我们弄到两张船票。战后从重庆复员回南方的人像潮水一样。我们的所谓"船票"，其实只是在甲板上有块地方躺着而已，但这已经是费了九牛二虎之力才搞到的。我们躺的地方，身旁就是湍急的水流。途经三峡的时候，常常有淹死者的尸体漂浮着从我们身边流过。12 月的寒风把妈妈和我吹得透心冰凉。

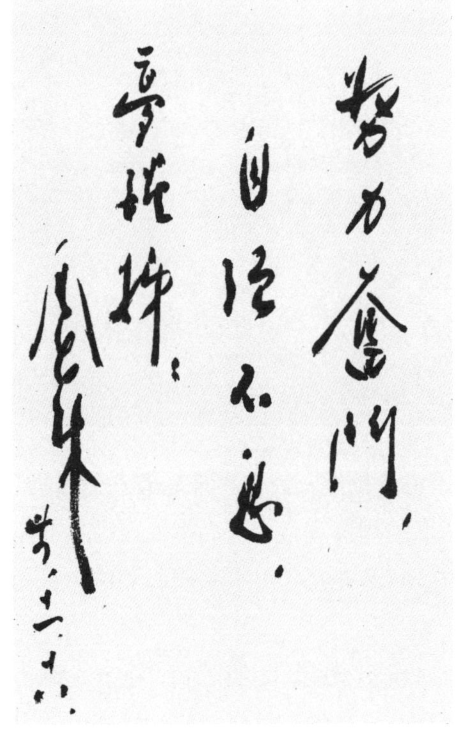

1945 年 11 月 18 日，周恩来为廖梦醒题词（左）

1945 年 11 月 18 日，周恩来为李湄题词（右）

中国福利基金会

抗战爆发我们离开上海的时候，是爸爸、妈妈、外婆一起走的。如今重回上海，爸爸已离开人世，外婆又不知在何处，妈妈的心情十分沉重。幸好开始住在霞飞路霞飞坊许广平家，她把妈妈当妹妹看待，关怀备至，使妈妈的悲伤得到一些宽释。周恩来指定与我妈妈联络的人是徐迈进。妈妈第一次见到徐迈进是在重庆乔冠华动手术那天。乔冠华不知因为什么病须把肠子切去一段，后来大家开玩笑称他“断肠人”。当天徐迈进在病房里穿着一件白大褂，妈妈一直以为他是医生。他到许广平家来看我们的时候，妈妈称他“徐医生”，把他搞得莫名其妙。

宋庆龄 11 月离开重庆，12 月在重庆发表了《保卫中国同盟声明》，宣布“保盟”由于战争结束，任务改变，因此改名为“中国福利基金会”，将致力于战后的救

1945 年许广平赠给廖梦醒的照片

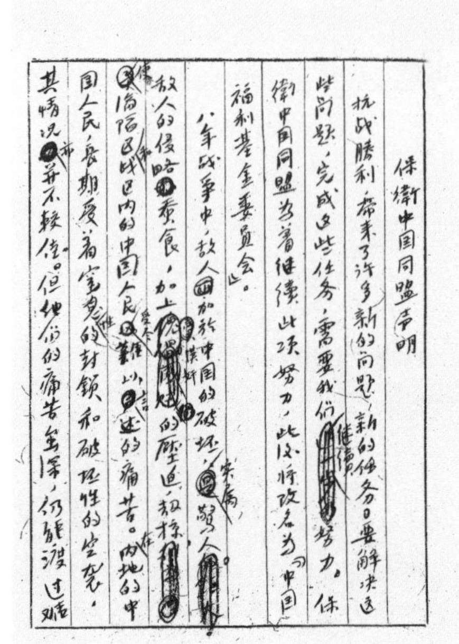

保衛中国同盟声明

抗战胜利，带来了许多新的问题，新的任务亟要解决这些问题，完成这些任务，需要我们继续努力。保衛中国同盟为着继续此项努力，此后将改名为中国福利基金委员会。

八年战争中，敌人加於中国的破坏，惊人敌人的侵略蚕食，加上汉奸的压迫，掠夺，使沦陷区战区内的中国人民难以言述的痛苦。内地的中国人民，长期受着的封锁、和破坏性的空袭，其情况并不较佳。但他们的痛苦虽深，仍能渡过难

1945年秋，李少石为保卫中国同盟起草的声明

济工作。这份声明已收进《宋庆龄选集》。没有人知道，原来它是我爸爸执笔的。我想，有可能是在周恩来授意之下起草的。爸爸遇难是1945年10月8日，由此推断，《声明》的起草时间是在8月15日日本投降到10月8日爸爸遇难之间。

《声明》的草稿中有一句："中国福利基金会的总办事处暂设重庆，将来迁往上海或南京。"我认为，关于地点的不确定，主要是考虑党的南方局将来迁往何处这个问题当时还很难决定。实际上，以周恩来、董必武为首的中共代表团是1946年5月才从重庆转移到南京的。至于宋庆龄，她本来就不会复员去南京，她只可能去上海。因而，地点的考虑也从侧面反映出，其实保卫中国同盟——中国福利基金会，从一开始就是党领导的。

妈妈刚到上海时，中国福利基金会还没有办公室，工作也还没有走上正轨，有事才开会，开会也只有四个人：宋庆龄、王安娜、奥地利人魏璐诗和我妈妈。后来在苏州路河边颐中烟草公司大厦里借了一个房间，就在那里办公。中国福利基金会下设两个基金：一个是救济贫困儿童的"儿童福利基金"；另一个是救济贫困文艺界人士的"文化福利基金"。妈妈仍然分管财务。除上述四人外，后来又加入了金仲华和塔丽莎·耿丽淑。不久，宋庆龄又请了美国人谭宁邦来当总干事。

中国福利基金会第一次为"文化福利基金"筹款是1946年3月27日、28日在上海兰心大戏院演出两场音乐剧《孟姜女》。《孟姜女》一剧原是地下党员姜椿芳等编剧，由中国歌舞剧社演出，已经演过很多场。戏本身没有什么政治色彩，但国民党的国防部长何应钦仍派人捣乱。剧团负责人袁励康去见宋庆龄，希望得到她的支持。宋庆龄让我妈妈去具体联络。剧社把两场演出交给中国福利基金会主办，宋庆龄亲自出席。这样一来，《孟姜女》的演出变成了城中盛事，宋美龄、孔祥熙、各国使节、外侨、工商企业界巨头和社会名流都来观看。演出不仅为基金会筹得了一笔款项，也抑制了特务对剧社的寻衅。一年后，中国福利基金会再

1946 年 10 月 12 日，宋庆龄、孔祥熙、廖梦醒出席中国福利会儿童读书阅览室开幕式

次为“文化福利基金”筹款，这次是在上海林森路中国银行俱乐部举行游园会，为贫困文化人进行募捐。

二战结束后，联合国善后救济总署给受战争严重破坏的国家发放救济款项和物资。在中国，由于国民党当权，使占全国遭受战祸人口一半的解放区，只得到百分之二的救济，百分之九十八都给了国统区。中国福利基金会极力为解放区争取公平合理的分配，解放区为此成立了解放区救济总署，由董必武担任主任，伍云甫担任秘书长兼上海办事处处长。妈妈负责中国福利基金会与“解总”的联系。

说来也巧，外公在孙中山身边一直是负责财政方面的工作，妈妈在宋庆龄身边也总是管财务。“保盟”在香港的时候，妈妈就管过财务。不过那时她只管账，不管钱，出纳是邓文钊。香港政府规定，所有机构每年都要由执业会计师审核账目，“保盟”的账是由会计师陈乙明审核。（他在解放后成为香港地区的政协委员，他去世后，他的儿子会计师陈文裘成为政协委员。）陈乙明看了妈妈记的账说：“写得很乱，但没有错。”妈妈一直对这句评语引以为豪。

开始中国福利基金会人手少，妈妈一人兼会计与出纳，款项进出全由她一个人负责。本来这是不符合财务规定的。只是在白色恐怖下，革命者早把生死置之度外，脑袋都是暂时寄放在自己脖子上，谁会去打公款的主意呢？妈妈转交过很多笔款项，同志之间交接，完全凭信任，有时根本没有时间慢慢去点数，甚至也没有收条，但是从来没有发生过短少钱银的事。

那时的捐款，是收一笔送走一笔，尽量当天送走。如果当天送不走，就放进保险箱。保险箱有两把钥匙，妈妈拿一把，谭宁邦拿一把。妈妈常常做噩梦，梦见钥匙丢了，急出一身冷汗惊醒。国民党全面发动内战后，上海白色恐怖加剧，地下党员随时有被捕的危险，妈妈向宋庆龄提出不再管财务了，改为分管翻译和儿童剧团。这样，万一被捕，对基金会的影响会少一些。宋庆龄同意了她的意见。交接时，宋请了会计师李文杰来审核账目。在会计师审核之前，妈妈自己先清点一遍，不知怎么一回事，多出了十美元。妈妈心里纳闷，就把钱装在一个信封里。李文杰与接手妈妈工作的汪海清核数之后，确认账目一点也不差，并没有多出十美元，妈妈这才放下心来。不论在香港和在重庆的保卫中国同盟，或在上海的中国福利基金会，也不论是为八路军、解放区筹款，还是为贫困文化人、为灾区、为难童筹款，所有款项都经过严格审核，专款专用。上述这几个机构，办公地点都很狭窄，很简朴，工作人员很少，工资也很低。大家都有一个共识——把钱用到最该用的地方。

命运中的偶然性

我们在许广平家住了不久，就搬到自己的房子里。新家在静安寺路五百八十七号，是一栋外国人盖的四层公寓楼，叫 Ascot Apartment。（现在已经拆除，原址建了高架桥。）当时的静安寺路是英租界，这栋楼的风格也是欧式的，楼梯盘旋而上，中间是铁栅门电梯。我们住在三楼三〇三号，那是一套三十平方米左右的单元，国外称为 studio，即只有一间房带一个厕所，没有厨房，像旅馆一样。妈妈在房里放了一张沙发床、一张饭桌和一张长条桌。她自己睡沙发床，我就住在那间大约四平方米的更衣室里。至于厨房，就只好委屈与厕所共处了。好在有一个小阳台，面对成都路一片空地，因此并不觉得憋闷。

1992 年秋，李湄摄于原上海静安寺路五百八十七号三〇三室门前。此楼现已拆除

就这么一套房子，还是用金条"顶"来的。抗战胜利后，逃难到大后方的人纷纷复员回上海，上海房子供不应求，房价飞涨。租房子要先付"顶费"若干根金条，也就是说，要从上手那里把房子顶替下来。以后你不住了，把房子转租给别人的时候，你也可以从别人那里收回"顶费"。那时在上海没有金条根本谈不到租房子。我们租房子用的金条自然是党组织付的。

1946年，廖承志出狱后与邓颖超在重庆

刚定居下来不久就得知，根据国共和谈签订的《双十协定》，舅舅得以在重庆获释，他是抗战胜利后第一个获释的政治犯。这时外婆已经回到香港，舅舅也在广州与她相会过了。妈妈知道后很高兴。可是不久就发生了一件不幸的事。

1946年4月8日，刚获释的叶挺带着叶伯母、扬眉、初生的“九仔”与王若飞、邓发、秦邦宪等人返回延安途中，飞机在山西省黑茶山失事，全机人员无一幸存。这是一架美国军用飞机，它从重庆出发，在西安机场加油后飞赴延安。飞机撞在黑茶山南坡的一块巨石上爆炸。这块巨石露出地面只有十余米，如果飞高一点点，这场灾难就不会发生。据说，当天黑茶山地区雾很大，能见度低。可是，延安在西安的正北，为什么飞机会飞到黄河以东的山西省黑茶山去呢？难道是那个美国机长（他是飞虎队的熟练飞行员）不熟悉中国地形？同机四名美国飞行员也一起遇难。

我和扬眉分手才五个月，消息传来，令人难以接受。妈妈也很难过。她和邓

1946年清明节，亲友们在重庆为李少石扫墓。前坐者何谦；第二排蹲者左起：廖承志、乔冠华；站立者左起：钱之光、叶扬眉、经普椿、叶挺夫人李秀文

1946年清明节，亲友们在重庆为李少石扫墓。左起：何谦、陈家康、邓发、廖承志、乔冠华、经普椿

发是好朋友，不久前，邓发作为解放区的工人代表去巴黎参加一个国际性的工人大会，回来送给妈妈一条漂亮的头巾。妈妈是个感情丰富的人，得知噩耗，拿出那条头巾，抚巾掉泪。邓发原是香港海员，省港大罢工时和妈妈认识的。他曾任中央保卫局局长，据说，国民党曾悬赏五万大洋买他的脑袋。

本来舅舅和舅妈也要乘这架飞机去延安的。出发前几天正好是清明节，舅舅、舅妈、叶挺、叶伯母、扬眉、邓发等人去小龙坎墓地为我爸爸扫墓。这块墓地里还埋葬着周恩来的父亲和邓颖超的母亲。出发之前，舅舅临时被改派去南京，便没有上这架飞机。人的命运有多少偶然性啊。舅舅临时没上飞机，逃过了厄运；爸爸临时上了汽车，便万劫不复了。

中共代表团迁到南京，在上海马思南路也有一个办事处。周恩来有时在南京，有时在上海。舅舅、舅妈随代表团到了南京。舅舅刚去南京，周恩来就把我妈妈接到南京与舅舅见面。从太平洋战争开始妈妈和舅舅就没有见过面，虽然只有四年多，但已物是人非。妈妈与舅舅见面，相拥着大哭一场。

戴爱莲将自己的剧照赠给廖梦醒（摄于1979年）

在上海，妈妈渴望去马思南路，就像一个嫁出去的女儿总想回娘家一样。有一点儿事她就往马思南路跑，以致邓颖超叫她不要总去。1946年7月25日，妈妈又带我到那里，午饭后，突然传来陶行知猝死的消息。周恩来和邓颖超急忙赶往陶家。由于“保盟”支持过陶行知办的育才学校，妈妈认识陶行知，所以周恩来让妈妈和我一起上车同去。陶家在一个小楼上，虽然是中午，光线却并不明亮。据家人说，他是在如厕时突发脑溢血猝死的。陶行知的丧礼在上海万国殡仪馆举行。送葬者人山人海，十分拥挤。周恩来对陶行知的去世很难过，他给中央发电报称陶行知是因“劳累过度、健康过亏，刺激过深”而死，说“这是中国人民又一次不可补救的损失”。他提出应该关心进步人士的健康。这个任务正式纳入了中国福利基金会的工作。

陶行知是著名的平民教育家，他有一句名言：“千教万教教人求真，千学万学学做真人。”抗战期间他在重庆办了一个育才学校，以勤工俭学的方法培养穷苦而有才能的儿童，妈妈的好朋友戴爱莲就在那里教过舞蹈。学校经费困难，音乐系的学生就从郊区进城开音乐会，表演自己的作品，售票筹募经费。他们的演出是定期的，一月一次，卖套票。妈妈和我是忠实观众，每场必到。他们表演的歌曲，如讽刺国统区压制民主的《茶馆小调》、痛斥奸商发国难财的《你这个坏东西》等，都成了进步圈子里的流行歌曲。

南京扫墓

8 月 20 日是外公遇刺的日子。1946 年的这一天，周恩来派人把妈妈和我从上海接到南京梅园新村中共代表团。那时候从上海到南京要坐一晚火车。上午，代表团开了一辆大车去紫金山扫墓，周恩来、董必武、邓颖超、舅舅、舅妈、妈妈和我合影留念。代表团数十人列队向外公的墓行三鞠躬。扫墓之后，大家又去中山陵。中午，周恩来请家属去一个饭馆吃饭。他开玩笑说这是当年卓文君当垆卖酒的地方，妈妈信以为真。其实卓文君当垆卖酒是在四川，怎么会在南京呢？

这时离爸爸遇难还不到一年，妈妈一听到别人说起爸爸就哭，我和妈妈谁也不愿提起爸爸。舅舅看见我这个样子，就给我画了一幅漫画：一个大胖子（就是他自己）劈开双腿坐着，调皮地在眨眼，头上立着几根头发，像三毛。旁批是：“革命者的神经，不要像纤维一样，应该如钢丝一样！因此，经常笑；经常头看天，永远不消沉！”这几行字，与其说是写给我，不如说是借写给我而给妈妈看的。她的哀伤更甚于我。

1946 年 8 月，廖承志在南京梅园新村为李湄作画

梅园新村的房子并不宽敞，妈妈和我在舅舅、舅妈的卧室里搭了一张床。我从来没有四人睡一屋的体验，觉得很新鲜。这时正是夏天，南京这个大火炉特别热，尤其是和一个打呼噜带冒热气的大胖子在一起，热闹极了。不过妈妈非但不觉得难受，反而觉得很开心。爸爸去世后，我们的心一直是冰凉的，确实需要温暖。

那时，国共和谈尚未完全破裂，中共代表团与作为“调停人”的美国代表团之间还有来往。妈妈和我在南京

1946年8月20日，董必武、经普椿、李湄、廖承志、廖梦醒、周恩来、邓颖超为廖仲恺扫墓

1946年8月20日，南京中共代表团成员祭拜廖仲恺墓。前立者为周恩来

1946年11月18日，周恩来、邓颖超摄于南京。邓颖超在照片下沿的白边处写："醒姐 1946.11.18 南京"

期间，一晚，美国代表团放电影，请周恩来观看。他便带我同去。记得章文晋介绍我时用了"step-daughter"这个字。美国人只有"养女""教女"，没有"干女儿"一说。那晚放的电影是《Leave Her to Heaven》，直到今天我依然记得。

我们在南京住了几天，妈妈舍不得走，但是要回上海上班了。临行前，舅舅用铅笔给我画了一个头像，我高兴地拿去给周恩来看，他提起笔就在画上写"李湄画像"四个字。可惜这幅画妈妈1948年底从上海撤退时未及带走，后来不知去向。

在上海时，有一天，何谦来我家对妈妈说，周副主席想到我们家来吃大闸蟹，但是他不要妈妈花钱，叫妈妈拿他的二十元去买，到时候他们来。妈妈和我本来就很爱吃螃蟹，这下正中下怀。那天，妈妈不但买了螃蟹，还准备了酿冬菇、蒸肉饼、蛤蛎汤。妈妈知道周恩来爱吃狮子头，广东的蒸肉饼有点儿像狮子头，但里面要放剁碎的鱿鱼等物。周恩来在广东住过，想必爱吃广东菜。果然，那顿饭周恩来吃得很满意。可是何谦的反应却迥然不同，他说："她们家吃饭太斯文，什么都少少的，吃不饱！"

在国统区，周恩来和宋庆龄见面很不方便，有一天妈妈便把宋庆龄和周恩来请来了。那天大家都很开心，也很随便，小小的房间充满温馨。饭后他们谈话，妈妈让我回我的小屋去做功课。小孩儿总是想参与大人的事，我把我的“卧室”门开着，边做功课，边竖起耳朵听。不料更衣室门一打开，门上的穿衣镜反光，把宋庆龄晃得睁不开眼，于是她下命令：“囡囡，把门关上。”我只好放弃参与热闹，乖乖地关起门做我的功课。

还有一次，代表团收到从德州带来的西瓜，周恩来让何谦送一个给妈妈。何谦说，瓜很熟了，赶快吃吧。我们立刻切开，已经晚了，瓜瓤全变成了水。我们只好用碗一人盛一碗西瓜汤喝。尽管如此，心里还是觉得甜甜的。

妈妈保存的旧信里有一张邓颖超写的便条：

醒家、鲁鲁（这是她叫我的名字）：

我一觉睡到四点，睡得又香又甜！起来饮茶洗面休息一下已是四点半了，我又有事要走了，特留数字告你们。《文艺复兴》一册，我借去看看。

大姐干妈 7.19。

便条没有署年份，但《文艺复兴》是1946年在上海出版的刊物，因此便条可能是1946年7月在上海写的，因为第二年7月她已撤返延安了。从语气上看，似乎她在我们家小睡，睡醒顺便借走刊物。但我一点儿印象也没有了。不过，从这张便条可以看出，当时同志间彼此是很随便的。妈妈还保留了一封这个时期邓颖超写给她的信，信末尾邓颖超用了“吻你”二字。这在解放后是难以想象的。

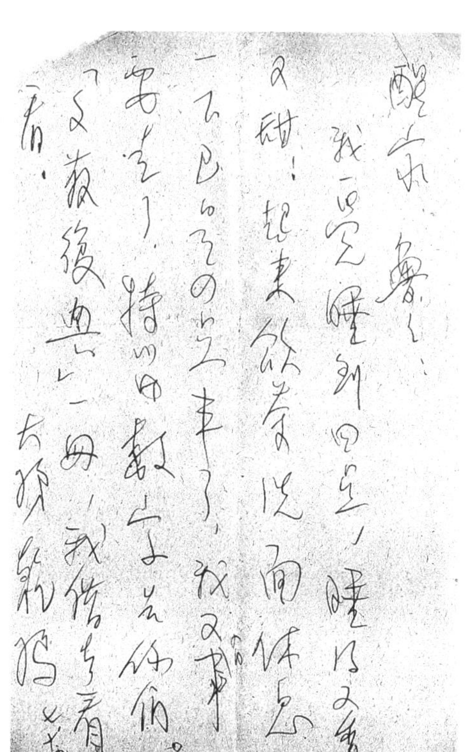

醒家、鲁鲁：我一觉睡到四点，睡得又香又甜！起来饮茶洗面休息一下已是四点半了，我又有事要走了，特留数字告你们。《文艺复兴》一册，我借去看看。大姐干妈

1946年7月19日，邓颖超在上海廖梦醒家中留的字条

1946年6月，蒋介石撕毁“停战协定”，发动全面内战。中共代表团即将撤返延安。妈妈怕敌人抓住我来威胁她，要求周恩来把我带走。周恩来没有同意，他知道，爸爸死后我是妈妈的命

1947年，李湄到香港后摄。左起：廖蒹、廖晖、何香凝，后站立者李湄

根子。他说："延安很可能要打仗，孩子去不安全。不如把她送去外婆那里吧。"1946年11月，南京的中共代表团撤返延安，走之前妈妈并不知道，一天有人给妈妈送去一块延安产的粗呢料，说是周恩来送的。这块呢子此前妈妈是见过的，她这才知道代表团撤走了。年底，妈妈托人把我带到香港外婆家，她自己继续留在上海坚持工作。不久，又有人把一个玻璃柜和一支竖灯送来给妈妈，妈妈曾经在"解总"伍云甫那里看见过这两样东西，称赞过它们好看。妈妈收到后，知道伍云甫也走了。她顿时觉得上海冷冷清清。

转手的巨款

“解总”撤离之前，妈妈帮伍云甫转过好几笔巨款。一次，伍云甫要把两万美元送到香港给龚澎。不知通过谁的关系，找到了一个美军飞行员，托他把钱带走。两万美元当时是一笔很大的数目。伍云甫把这笔款交给我妈妈的时候，它是用胶布包得严严实实，看起来像是一包照相用的胶卷，那个美国飞行员并不知道是钱。他走后，妈妈几天都睡不好觉，提心吊胆怕钱丢了。直到香港有口讯来，说钱已收到，妈妈的心里才一块石头落了地。

1948年，廖梦醒在上海

经妈妈手转出去的款子最大的一宗是一鞋盒金子。伍云甫让妈妈把它交给袁超俊。袁超俊曾负责南方局的秘密交通工作，在重庆红岩时妈妈就认识他。不过，地下党是单线联系，虽然同在上海，但彼此没有来往。伍云甫把联络地点给了妈妈，妈妈在四马路附近找到袁超俊。袁超俊让他的妻子钟可玉取，妈妈和她约好在公休日办公室没有人的时候去。两人提着鞋盒进了女厕所，鞋盒里是一条条用纸卷着的金子。钟可玉事先准备了一条窄长的布口袋，两人把东西往里装。一不小心，掉地下一条，她们才知道原来那是金元宝，她们赶快把散落在地的金元宝一个个拾起，排成长条，与其他“金条”比比长短，看有没有短缺，确信没有丢失又继续装。装完之后，钟可玉把布口袋绑在身上，穿上宽松的大衣匆匆离去。

记得那时上海报纸登过一幅新闻图片：一个骑车的人，后座两边每边挂着一

1947年，廖梦醒在香港

尺多高的成捆钞票，这是当月的工资。垂死的蒋政权拼命搜刮民脂民膏，通货膨胀惊人，买一只鸡要三百万法币，一担米要三千万。后来国民党又发行金圆券，勒令老百姓在1948年9月30日前把所有金、银、外币都换成金圆券。三百万元法币换一元金圆券，一美元换四个金圆券。可是金圆券也分分钟在贬值。妈妈一个当医生的表妹夫就是怕政府查抄，不敢不把辛辛苦苦储蓄的美元换成金圆券。很快，金圆券贬值得形同废纸，表妹夫毕生积蓄全泡了汤，气得心脏病发作死去。

当时私人储存外币属于违法，汇外币出境也会招致“私款外逃”的罪名。可是“解总”要撤离上海了，钱不能留下，需要转到香港，伍云甫让妈妈以私人名义把钱汇过去。这事当然不能在官府银行办，只能去私营银行想办法。私营国华银行的总经理饶韬叔认识外婆，妈妈便去找他。那时，妈妈每月从中国福利基金会领取美元工资，妈妈就以女儿在香港需要用钱为借口，请饶总经理帮忙把美元汇往香港。饶总经理说要收百分之六的汇费，妈妈同意，他便让手下去办。汇款需用支票办理，妈妈只得把汇款先存入中国福利基金会的活期账户，然后再开出汇款与汇费两张支票。不料交支票时，银行说，汇款用支票，汇费用现金。妈妈又跑去把汇费的支票兑现。这么一番折腾，银行下班了。有个人站在铁栅门口，看见妈妈，让她把汇费现金交给他。妈妈跟他要收据，他阴阳怪气地说：“不是告诉过你，这是犯法的吗？你拿了收据，就是犯法的证据。”妈妈想自己交，这人又不让她进去。他穿的是中式长袍，里面的白衣服袖口翻在长袍袖子外。妈妈立刻想到有人告诉过她，上海滩某个帮派的人就是这种打扮，她知道与这种人纠缠不会有什么结果，好在大笔的汇款收据已经拿到，汇费到底是小数目，便悻悻地走了。银行开的提款单也是怪怪的，上面写着：“凭单请交来人呢绒×丈×尺×寸。”妈妈原封不动把这张古怪的提款单送去给伍云甫。至于如何凭它在香港提款就不得而知了。

上孫夫人書
孫夫人：自從政治協商會議的決議被蔣介石及其爪牙黨
內頑固份子推翻後，中國人民渴望的民主與和平便不能早
日實現，且深陷於慘酷的內戰災禍中；本黨的各級領導機
關，在反動派把持之下也變成了背棄總理遺教，甘為獨裁
者自私和賣國殘民之工具。我們應海內外大多數黨中同志的
要求，特發起於本年十一月十二日總理誕辰紀念日在香港開
一黨內民主派代表會議，討論本黨新生與實現國內民主和平
問題。我們以夫人二十餘年來一貫之主張為主張：我們認定只有
第一第二兩次全國代表大會及由此兩次代表大會產生的中央執
行機關，是本黨的合法領導機關，只有此兩次代表大會決定的
政綱政策，是本黨之真實的奮鬥目標。我們擬於會議中
代表會議中指出蔣介石背叛總理，背棄遺教，出賣革
命，迫害同志，殘殺人民的罪行，否認他一手把持下的反動中
央，並召集繼承第二次全國代表大會革命黨統的第三次全國
代表大會，建立正式中央，指導機關，為革命的三民主義之實
現而奮鬥。在第三次全國代表大會未開之前，先設立一臨時
中央指導機構，肩起當前迫切需要的促成民主和平的使
命。夫人為總理遺志的繼承人，負有完成總理救國救民偉
大事業的任務，所以我們深切盼望夫人立即命駕南來，主
持中央，領導我們。內以慰全國人民暨各民主黨派民主人士
的渴望，外以爭取英美蘇之同情。如因礙於環境，行動不便
不能於會前趕來主持開會，亦請順應海內外同志一致之請
求，接受擁戴，來函指示進行方針，並於會後以領導人之
地位，發表談話，宣示本黨重建之必要，與同意大會之決議。
萬一發表談話亦有不方便之處，便只來函指示方針，對於新聞
記者之詢問，不作任何正面或反面之表示。以上三項請求，甚望夫人
斟酌環境及時局發展情形，決定選取其一。現在各地代表已陸續來
到香港，開會各種準備工作，亦已大體完成，唯所等候，便是夫人的指示。

1947年，何香凝、李济深、柳亚子等请宋庆龄到港领导民革的《上孙夫人书》

1947年夏天，妈妈从上海去香港度假。自从太平洋战争爆发爸爸、妈妈一同离开香港后，这是妈妈第一次返回香港，她心中自然百感交集。不过，这也是妈妈港战后第一次见到外婆，这次见面双方都很高兴。母女俩过去虽然有过摩擦，但到底是骨肉之亲，时间能磨平心中的疙瘩。

这次到香港，名义上是为了看我，实际上是当时负责香港工作的潘汉年叫她去的。1946年底国民党宣布民主党派为非法组织，进一步迫害国统区的民主人士。许多民主党派的领导人撤到香港，公开反蒋。当时，在香港的国民党反蒋人士正在紧锣密鼓地筹备成立“国民党革命委员会”。外婆与李济深、柳亚子、彭泽民、李章达、陈其瑗六人联名写了一份《上孙夫人书》，请宋庆龄南下香港领导这个新机构的工作。这份文件写在一块白绸子上，据字迹上看，此件的起草人是潘汉年。潘汉年让我妈妈去香港，就是为了把这份文件带回上海亲手交给宋庆龄。

胡风给党送情报

1948 年的一天，倪斐君忽然来找妈妈，说她在丈夫贺耀祖的办公桌上看见一份黑名单，是一个被捕的人招供出来的，她让妈妈尽快通知这些人。妈妈一看，十几个名字中有两三个是她认识的，大吃一惊。但她不敢贸然承认自己能找到地下党，便请倪斐君把名单留下，说想想办法看。倪斐君走后，妈妈立刻把名单夹在一张钞票里出了门。她叫上一部三轮车到金神父路，其实目的只是要经过威海卫路，威海卫路的福民食品店是地下党的一个秘密接头地点。三轮车走过福民食品店，妈妈好像突然想起什么似的，叫三轮车停一停，说要买点儿东西，让车子在门口等她。妈妈走进福民食品店，郑老板不在，只有售货员老熊在（他们两人的名字都上了黑名单）。老熊以前在香港八路军办事处，妈妈见过他。她向老熊买一盒点心，付款时，有意把那张钞票掀开一点，让老熊看见里面夹着纸条，并说 :“快些！快些！”然后，妈妈提着点心上车继续向金神父路走去。到底他们是否逃走了呢？妈妈一直很挂心，然而当时不能打听。

20 世纪 50 年代的倪斐君

新中国成立后妈妈在上海华东医院住院，遇到老熊才知道，那次由于某种失误，他和老郑都未能逃脱敌人的魔爪。冒险送去的情报竟没有起到作用，令妈妈不禁扼腕叹息。后来更令妈妈难过的是，“文革”中，倪斐君竟被迫害致死。她曾利用自己的特殊身份为党做过那么多事。妈妈常常感叹 :红花还要绿叶扶，不少朋友都为建立新中国出过力，历史应该记下他们的一份功劳。

淮海战役正进行得如火如荼的时候，胡风打电话给妈妈，说要见她。妈妈与胡风在重庆时就认识，当时他是中华全国文艺界抗敌协会常委，他还请妈妈和宦乡一起吃过饭，不过大家已经很久没见面了。妈妈约他到办公室见面，胡风说，要单独谈，于是妈妈安排他来静安寺路家中。胡风开门见山地拿出一份情报，请我妈妈转交给共产党。妈妈感到十分意外。胡风说，他的一个朋友（即诗人阿垅）有个老同学在南京国民党军的首脑机关任职，朋友从老同学处得知国民党对沂蒙山区的作战计划：以两个师守住一点，以九个师从左边迂回包围那一点会合，从而把解放军在中间吃掉。老同学边说边在纸上画。胡风的这位朋友拿了这张图专程从南京到上海，请胡风设法把它交给共产党。妈妈给胡风留下活话，说自己想想办法看，然后立刻去找赵朴初，请他代约地下党的负责人张执一见面。张执一约妈妈去一家素菜馆吃饭，听了汇报之后，他让我妈妈接下这份情报。

1949 年 8 月，胡风摄于北京

后来才知道，这就是著名的孟良崮战役。在这场战役中国民党七十四师全军覆没，师长张灵甫被击毙。阿垅的情报是有功的。然而在 1955 年的反胡风运动中，阿垅受牵连被逮捕。胡风交代了这件事，提到我妈妈。组织上让妈妈提供材料。1955 年 9 月 15 日，妈妈如实写了这件事的来龙去脉，为胡风和阿垅作证。1957 年 1 月，时任中共中央统战部副部长的张执一也证明阿垅—胡风送情报的事。然而，这些证明都无补于事。阿垅仍长期被关押，直到 1967 年病死狱中。至死他也不承认自己是反革命。

妈妈还从胡风手里转过另一份重要情报，上海局把这份情报密电给中央军委。由于它对作战有很大价值，上海局受到中央军委嘉奖。这份情报有如此重要的价值，妈妈并不知道。直到 1983 年，张执一写了一篇回忆录谈到此事，妈妈才想起。她本已忘记这件事了，更不知道中央军委发嘉奖令的事。这时妈妈才知道，胡风的另一位朋友，也曾为党提供情报的人，原来就是著名翻译家丽尼（原名郭安仁）。这时他已作古十余年了。丽尼曾经翻译和写过许多进步作品，他翻译的屠格涅夫的《贵族之家》和《罗亭》都是我这一代人年轻时喜爱的读物。当时丽尼在国民党国防部当英文翻译，因此有机会接触到国民党军的高级将领，并取得情报。不幸也正是曾在国民党军首脑机关工作过的这段历史，使丽尼在肃反运动中被定为“反动党团骨干”，20 世纪 60 年代被赶出北京。“史无前例”的年代，他在南方农村劳动时猝死在酷热的稻田里。

翻译家曹靖华介绍他的外甥祝更生来见我妈妈。祝更生当时任国民党浙江省某县县长，他打算起义，苦于找不到门路。妈妈把这事向张执一汇报后，他决定见祝更生，约好在电影院见面。他让人给我妈妈送来两张票，妈妈和祝更生一同去电影院。开映后张执一才入场，坐在我妈妈旁边。散场时，他先走，让祝更生跟着他，妈妈就自己回家了。这次，因为祝更生开宗明义谈的就是起义问题，所以妈妈知道他们谈的内容。大多数情况下，妈妈只是转送情报，并不了解情报的细节。因此，她不知道自己在什么事件里起过什么作用。

妈妈一生并没有做过什么轰轰烈烈的事，但是她默默无闻地不断起着桥梁的作用。

何香凝提前做大寿

农历5月27日是外婆的生日，1948年的这天，妈妈特地请假从上海飞到香港为她做“大寿”。潘汉年当时领导香港工作，是他提出让妈妈回香港的。外婆这时住在香港半山区坚尼地道二十五号一楼，那是外婆的侄女何楚骚婆家的产业，近二百平方米的单元里有一个能容上百人的大客厅，客厅外面的大阳台俯瞰维多利亚港。另外三间房，大的一间住着陈此生一家，另一间外婆带孙儿、孙女住，还有一间是外婆的画室。我住在学校。外婆有空就作画。她曾劝我跟她学画，但我的兴趣是在戏剧、舞蹈、音乐，对美术兴趣不大。这时外婆收了一个女弟子申慕韵，她按时到家里来跟外婆学画。

1948年，何香凝与廖梦醒在香港（潘汉年摄）

坚尼地道二十五号外婆家是反蒋人士的聚会地点，民主人士每次举行大型聚会，就以新年团拜或者给外婆祝寿为借口。中国国民党革命委员会成立前的筹备会议，以及1948年元旦有数十人参加的民革成立大会都是在这里举行的。

1948年，中共发

1948年6月，何香凝七十大寿。前排左起：廖蒹、何捷书、何香凝、廖梦醒、廖晖；后排：李湄

1948年，何香凝、廖梦醒等摄于香港。左起：陈歌辛、瞿白音、夏衍、丁聪、何香凝、洪遒、廖梦醒、欧阳予倩

出《纪念“五一”口号》，提出打倒蒋介石，召开政治协商会议，成立民主联合政府的主张。5月5日，外婆与李济深等十二人代表各民主党派及无党派人士发出《致全国同胞电》，响应中共号召。然而，香港民主党派的“五五通电”发出两个多月一直没有得到中共回应。直到8月1日才得到毛泽东回电，说“五月五日电示，因交通阻隔，今始奉悉……”。据2012年秦立海著《民主的追求：1948—1949筹建新中国实录》一书中披露，其实回电延迟并非因为交通阻隔，而是有着复杂的原因。

总之，香港这边在等待的两个多月内并没有闲着。先是在香港的连贯和龚澎说服我外婆提前做七十大寿，以便有个场合联络在港各界进步人士，募集签名，发表一份《迅速召开新政治协商会议》的声明。6月初，潘汉年又把我妈妈叫去香港，操办祝寿事宜。实际上这年外婆只有六十九岁。祝寿活动分三天进行，一天是民主人士，一天是文化界，一天是妇女界，总共募集了二百三十人签名。第三天妇女界祝寿客人还照了一张大合影。一连三天宾客盈门，上百人轮番前来，光是招待茶水，就把妈妈和外婆的侄女何捷书、陈此生太太盛此君忙得不亦乐乎。客人全走之后，外婆让妈妈、何捷书、我、廖蒹、廖晖在寿幛下合影。20世纪90年代，广州的廖仲恺何香凝纪念馆展出这张相片时，错把何捷书当成舅妈经普椿。

爸爸遇难后，妈妈一直瞒着祖母，怕她伤心。这次妈妈回到香港去看她，祖母不知道爸爸已去世，不停地问爸爸的情况。妈妈心里像吃黄连，脸上还得装出笑容。祖母家在香港西环一栋居民楼的四层，妈妈一出她家门就泪如雨下，心烦意乱中从楼梯跌下来。送妈妈去祖母家的是妈妈的干哥哥关耀光，妈妈叫我在车上等她，怕我在祖母面前露馅。关耀光是妈妈在香港极少数有来往的朋友之一，我出生时，就是他开汽车接送妈妈去那打素医院的。我们看见妈妈捂着胸口困难地走出门口，大吃一惊，急忙把她送去看跌打医生。医生诊断，她的一根肋骨断了。

伤筋动骨一百天。妈妈在外婆家躺了一个星期，假期已满。妈妈只好服用重量止痛药坐飞机返回上海。福利基金会的同事汪海清和任德耀到上海机场接她，把她扶回家。可怜的妈妈一个人在床上躺了个把月才痊愈。

上海的白色恐怖越来越厉害。1948 年底，宋庆龄告诉妈妈，她得到消息，妈妈的名字已上黑名单，让妈妈马上离开上海。妈妈是党员，不能自说自话就离开，于是通过地下电台请示周恩来。周恩来说："上了黑名单就赶快走吧，还请示什么呢。"宋庆龄让谭宁邦给妈妈买去香港的船票。那时由于战争形势的发展，人们纷纷离沪去香港，卖船票已登记到 1949 年 2 月。谭宁邦托他的一个犹太人朋友买黑市票，妈妈付了二两金子。当然，这是党组织的钱。妈妈是连夜走的，为了不引起特务注意，她几乎什么也没有带。谭宁邦把妈妈送上船就离开，妈妈提着小皮箱不知往哪里去才好，因为谭宁邦根本没有给她船票，更没有舱位。一个水手走过来，问道："你的票呢？"妈妈答："代我买票的人把钱吃掉了，我现在连甲板票都没有。"那水手说："你愿意住水手室吗？"妈妈说："只要住得起，什么房都可以，不过我身上没有多少钱。"水手收了妈妈三十万法币，把她带进水手室，让出了自己的床位。原来，水手们都把自己的床位卖黑市了。水手室里男男女女已有许多人，他们都是急于离开上海的人。

1948年，廖梦醒与李湄在香港

接宋庆龄去北京

妈妈到香港后，首先在潘汉年领导下，争取宋庆龄北上。1949年1月19日，毛泽东、周恩来给宋庆龄发了一份电报，请她北上参加新政协。电报如下：

庆龄先生：

中国革命胜利的形势已使反动派濒临死亡的末日，沪上环境如何，至所系念。新的政治协商会议将在华北召开，中国人民革命历尽艰辛，中山先生遗志迄今始告实现，至祈先生命驾北来，参加此一人民历史伟大的事业，并对于如何建设新中国予以指导。至于如何由沪北上，已告梦醒与汉年、仲华切商，总期以安全为第一。谨电致意，伫盼回音。

毛泽东周恩来

子皓

这封当时属于机密文件的电报，1983年《人民日报》公开发表时有个注释："这份电报是附在中央发给在香港的方方、潘汉年、刘晓的指示电之后，并要他们设法转送给宋庆龄的。两份电报均由周恩来修改审定。中央指示电指出：'兹发去毛周致宋电，望由梦醒译成英文并附信，派孙夫人最信任而又最可靠的人如金仲华送去，并当面致意。万一金不能去，可否调现在上海与孙夫人联络的人来港面商。''总之，第一必须秘密，而且不能冒失。第二必须孙夫人完全同意，不能稍涉勉强。如有危险，宁可不动。'这些话是周恩来审改时加写的。"

宋庆龄接到电报后暂时没有北上。她给周恩来回了一封信，是用英文写的，信中表示："经过长时间考虑，确认一动不如一静。我将在上海迎接解放。"从1948年底起，香港党组织已租了往返香港与东北的外国货轮，把民主人士分批送往解放区，为召开新政协做准备。最初去的人士，都是转道东北。这一行动起先并没有引起国民党注意，后来他们听到风声，便设法阻挠，使人人离港都不得不

20世纪40年代在香港，左起郭沫若、谭平山、蔡廷锴、沈钧儒、何香凝、马叙伦

秘密进行，有时甚至充满戏剧性。新政协的召开意味着新中国即将成立，国民党是无论如何不愿意看到这些头面人物参加新政协的。

外婆本来早该北上了，但时值冬天，外婆怕冷，她想等天暖再走。开春的时候，潘汉年告诉外婆，舅舅又添了一个男孩，外婆大悦，这下她急于去北平看孙子，也顾不得天气了。北上之前，外婆想准备一份礼物送给毛泽东，她让妈妈陪她到九龙亚皆老街张大千的寓所，请张大千画一幅画给毛泽东。张大千开始推托，后来答应三天后交卷。三天后是妈妈去取的，是一幅一米多长的《荷花图》。

潘汉年派人为我们安排北上事宜。这批北上的人里还有其他人士，不仅我们一家。1949年4月初的一晚，外婆、妈妈带着廖蒹、廖晖和我离开了坚尼地道二十五号，住进中环的一家小旅馆。第二天，外婆带着我们三个孙辈上了一艘希腊货船，妈妈留在旅馆看行李。因为五个人加行李同时上船太引人注目，而且货轮靠岸上下货之后很快就须停泊到维多利亚港外，以后上船就要坐小汽船靠过去再沿着吊在货轮旁的扶梯上船，外婆是不可能这样上去的。然而送我们上船的人并没有给外婆解释清楚这个道理，外婆带着我们三个孩子上了货轮，左等右等妈妈和行李都没有到，又急又气，少不得把妈妈埋怨一顿。

从香港到天津塘沽，货船行驶了三天三夜，海上风浪大，我一直晕船没有起床。因此凡是在船上拍的照片都没有我。后来有人还误以为我不是乘这艘船和妈妈一起到北京的。这艘希腊船第一次走这条航线，船长只知道经过山东，看见威海卫灯塔，向左转就到天津了。但那天大雾弥漫，海上根本看不见灯塔，幸好舅舅、舅妈坐汽船到海上来接应。报务员用无线电与希腊货轮联系，可是希腊船长不懂汉语，报务员又不懂英语，妈妈便充当翻译，说出货船所处的经纬度，这样才把我们接到了天津。

1949 年 4 月 11 日，我们一家从天津坐火车抵达北平。站台上，妈妈首先看见了周恩来、邓颖超、林伯渠，还有许多外婆的老朋友、先期到达的民主人士，以及早期的黄埔军校出身的著名将领，共几十人，他们都热情地上前和外婆握手。妈妈第一次踏上解放了的土地，这热烈场面令她落下了眼泪。出站的时候，邓颖超拉着妈妈的手说："你一直当秘密党员，现在北平已经解放，你的党籍可以公开了。"妈妈说："上海还没有解放，孙夫人还在上海，公开我的党籍是否会对她不利呢？"她表示还是过段时间再公开为好。

当晚，毛泽东在怀仁堂设宴为外婆洗尘，周恩来、邓颖超作陪，妈妈、舅舅、舅妈也出席了。外婆亲手把张大千的《荷花图》送给毛泽东。据说，毛泽东后来把它挂在自己的办公室里。周恩来问妈妈："多少年没有到北平了？"妈妈答："这还是第一次。"周恩来笑道："怪不得说起普通话来南腔北调呢。"

舅舅那时主管中央人民广播电台，因此我们住在护国寺麻花胡同中央人民广

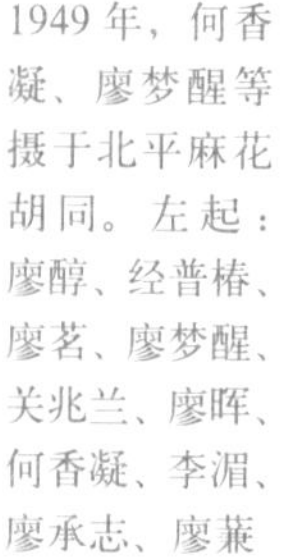

1949 年，何香凝、廖梦醒等摄于北平麻花胡同。左起：廖醇、经普椿、廖茗、廖梦醒、关兆兰、廖晖、何香凝、李湄、廖承志、廖蕙

播电台宿舍。那是一个很大的院子，当中有个宽阔的庭院，外院住着东江纵队司令曾生的妻子沅群英和孩子，还有杨康华的妻子张逸，舅舅给张逸起了个外号“阿靓”。我们第一次住四合院，觉得房子高得不得了，但总是阴阴冷冷的。

1949 年，廖梦醒摄于北平

这年，党又为外婆做了一次七十大寿，说 1948 年在香港的那次不算，现在才是真的七十大寿。宴会就在我家庭院里举行，摆了许多桌，还放音乐助兴。周恩来、朱德、董必武、林伯渠等领导人，外婆的好友柳亚子、彭泽民、蔡廷锴等都来了。席间不知谁说起外婆添了一个孙子，特别高兴。周恩来笑道：“连廖夫人这么进步的女性都免不了重男轻女呢。”从这一年开始直到“文革”，外婆每年过生日，周恩来或邓颖超两人中总有一人来向她祝寿。

1949 年 5 月底，上海解放，宋庆龄北上不再存在安全问题。毛泽东、周恩来再次写信给宋庆龄，请她北上，并派邓颖超专程去上海迎接，妈妈陪同前往。6 月 25 日到上海后，邓颖超让妈妈先去和宋庆龄打个招呼，然后她再去拜见。当妈妈身穿灰布制服，头戴灰布军帽出现在宋庆龄面前时，她还以为来了一个女兵，妈妈叫了一声“Aunty”，她才发现是我妈妈，笑了起来。妈妈告诉她，毛泽东、周恩来给她写了信，特别派邓颖超来接她上北平，大家都盼望她去参加新政协。她说：“北京是我伤心之地，我怕去那里。待我考虑考虑，想好再通知你吧。”当晚，邓颖超去拜会宋庆龄，交上两封信，表示渴望她 7 月中旬去北平共商国是。

那时，上海到北平没有飞机航班，坐火车也要三天。宋庆龄表示目前身体不好，不能作长途旅行。她希望有机会去苏联治病并在国外工作一段时间。两天后，妈妈再次去见宋庆龄。谈话间宋庆龄流露出有“盛情难却”之意。邓颖超得知后，觉得争取她北上还有希望。晚上，宋庆龄设宴招待邓颖超，然而席间，宋仍然没有表示北上之意。

1949年宋庆龄、邓颖超、廖梦醒在上海参加“七一”庆祝晚会

到6月30日宋庆龄才通知邓颖超，她同意去北平。不过她提出：（一）在北平只住半个月到一个月就回上海；（二）途中想在济南停一下，参观她向海外筹款建立的国际和平医院。邓颖超立即电告周恩来。7月1日到8月13日周恩来给邓颖超发去七封电报，都是关于安排宋庆龄北上的事。

新政协原计划在8月中旬召开，但宋庆龄说，8月6日她要在上海为姨妈祝寿，而8月下旬她在上海还有事，必须赶回上海。这样，就排除了8月份开会的可能。开会日期一改再改，最后定于9月21日。宋庆龄则订于8月26日启程赴北平。

周恩来为宋庆龄在北平准备了一处舒适的住宅，地址在朝阳门南小街的方巾巷。周恩来认为我外婆比较了解宋庆龄，让外婆先去看看，力求使宋庆龄满意。看房那天外婆带我同去。那确实是当时北平稀有的西式花园洋房，拿现在的话说，就是“独栋别墅”，还带个大花园。试想，1949年全北平能有几栋这样的房子？！

为了照顾宋庆龄的身体，周恩来还细心地安排宋庆龄从上海先坐头等卧车到南京，在南京再换有餐车的卧车直开北平。本来三天的路程，特快列车两天就到了。1949年8月28日下午四时十五分，列车抵达北平前门车站。

尽管宋庆龄表示不要安排接车，但结果还是去了五十多人，毛泽东、周恩来、朱德、董必武、林伯渠、李济深、沈钧儒、柳亚子、彭泽民、蔡廷锴、郭沫若、陈其瑗、我外婆和舅舅等均亲赴迎接。那时车站很简陋，根本没有什么“贵宾室”，所有人都是站在月台上等候。毛泽东也和大家一起在月台上等了很久。大概外婆

1949年8月20日，林伯渠、柳亚子、毛泽东、彭泽民、蔡廷锴、李济深在北平火车站迎候宋庆龄（廖承志摄）

是这批接车人中年龄最大的吧，有人搬来一张凳子让她在靠边不显眼处坐了下来。火车刚停稳，毛泽东就走上车厢迎接，边握手边对宋庆龄说："一路上辛苦了！"毛泽东一生中大概只有这一次是走上车厢接人的。当晚他就设宴为宋庆龄接风。

我有幸见证了这一历史时刻。

那天我和住在我们家的夏衍的女儿沈宁陪外婆去接车，我们穿着华北大学的绿色制服，一左一右搀着外婆，人们还以为我们是她的服务员。

新中国成立前后，党派了一批学生到苏联学习，为新中国的建设准备人才。我一到北平，舅舅就让我去苏联学习。但是，我和妈妈一样，由于生活不安定，学业一再被打断，缺乏循序渐进的系统性，因而理工科很差。我不愿意学理工，只想"参加革命"，认为上学不是"参加革命"。舅舅无奈，介绍我去华北大学一部。一部是为期三个月的政治训练班，学员学习马列主义基本理论，毕业后分配到急需干部的地方。这样，我到北京第十天就入了华北大学一部。

1949年7月23日，我从华北大学毕业。当时南方许多地方刚解放，急需干部，很多学员报名参加"南下工作团"，我也跃跃欲试。妈妈正在上海，我无法与她联系。听动员报告时，我知道区队长胡华要去中央开会，便从笔记本撕下一张纸，匆匆写了几个字，托胡华带给周恩来，说我已在华北大学毕业，马上就要分配工作了，我想参加"南下工作团"到群众中去，征求他的意见。胡华把信递上去后，没想

1949 年 8 月，宋庆龄在北平麻花胡同何香凝家

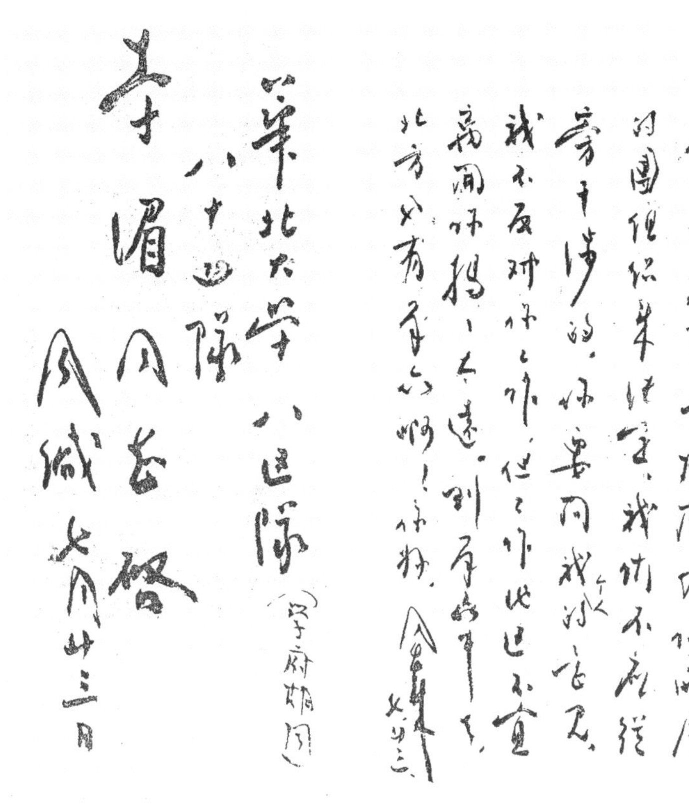
李湄：

七月廿三日来信收到，你是否应该立即工作还是继续学习，应由学校负责机关及你所属的团组织来决定，我们不应从旁干涉的。你要问我个人的意见，我不反对你工作，但工作地区不宜离开你妈妈太远。到群众中去，北方也有群众啊！你好。

周恩来 七.廿三.

華北大学 八區隊 八十四隊（李府胡同）

李湄同志啓

周緘 七月廿三日

1949 年 7 月 23 日，周恩来致李湄书信手迹

到当天周恩来就派人送来回信。信的原文如下：

李湄：

七月二十三日来信收到。你是否应该立即工作还是继续学习，应由学校负责机关及你所属的团组织来决定，我们不应从旁干涉的。你要问我个人的意见，我不反对你工作，但工作地区不宜离开你妈妈太远。到群众中去，北方也有群众啊！你好。

周恩来 七．廿三

谁都知道，周恩来从来不照顾自己的亲戚，可是他对我妈妈的照顾却细致入微。这件事虽然发生在我身上，实际上是他关怀我妈妈的表现。如果那时我离开妈妈南下，很难想象她会发生什么事。周恩来对妈妈一生的最大关怀，莫过于把我留在她的身边，以及在“文革”中保护了她。而这两件事妈妈当时都是不知情的。

1949年9月，第一届全国人民政治协商会议华南代表团合影。第一排右起第一人为廖梦醒

新的全国政治协商会议在北平开幕。外婆、舅舅、妈妈都参加了会议。一家出了三个代表，一时传为佳话。1949年10月1日，中华人民共和国成立，我们一家人都到天安门广场参加了开国大典。外婆、舅舅和妈妈作为代表上了天安门城楼观礼。我和当时住在我们家的沈宁跟随中央人民广播电台的队伍，站在中山公园门口的群众队伍里。那天有阅兵，有游行，场面十分壮观，当毛泽东站在天安门上庄严宣告中华人民共和国中央人民政府成立时，人们都激动得流下了热泪。妈妈无限感慨地想：为了这一天，付出一生也值得！

艰难的转型

很快冬天到了。我们这些广东人第一次看见鹅毛大雪，高兴得很。舅舅让人给妈妈、我和沈宁做棉衣、棉裤、棉帽，说："在北方，上身穿少一点没关系，裤子穿少了会得关节炎。"于是我们都穿得像只粽子。幸亏有舅舅，我们果然都没有得关节炎。妈妈老年时浑身是病，惟独没有关节炎。

安定下来之后，邓颖超问妈妈对工作安排有什么想法。妈妈说她什么都不了解，就请大姐安排吧。于是，邓颖超安排妈妈去全国妇联。当时妇联国际部部长是瞿秋白的爱人杨之华，除了她之外只有一个叫戚云的人。杨之华对我妈妈说："国际部现在只有我们三个人。我是部长，你是副部长，戚云是秘书。"妈妈从来没有当过什么"长"，听杨之华这么一说，便诚惶诚恐地提出："副部长我当不了，让戚云当副部长，我当秘书吧。"妈妈是个直率的人，说这话并不是客气，是她的真实想法。但是她不知道，"大实话"并不合时宜。

妈妈负责的第一件工作是为亚洲妇女代表大会在中山公园搞一个展览。妈妈不熟悉新的工作环境，遇到许多具体问题：预算经费只到位十分之一；钉展览品的木板不够要用钱买；刚布置好的场地，因苏联馆展品太多要换地方，造成搭了又拆，拆了又搭；做木架的商家追着要钱，请示领导，却到处找不到人，等等。一天晚上，下起小雪，妈妈看着工作人员给苏联馆盖好油布才回家，到家已经很晚。刚要睡下，有人来电话说苏联馆塌了，吓得妈妈赶紧冒着雨雪跑去。一看，展览馆好好的，根本没事，

1950年，廖梦醒在北京中山公园

1951 年，廖梦醒与李湄摄于北京颐和园

是那人在作弄她，妈妈气得掉泪。到做总结的时候，大家又批评妈妈事务主义。妈妈很是委屈。

那时妈妈的党员身份还没有公开，协助她工作的几个人是基层来的小青年，其中一人说妈妈是“民主人士，不会办事”。妈妈反驳道：“我参加革命的时候你还是个孩子呢。”为此，回到国际部，妈妈受到批评：“缺乏组织性纪律性，暴露秘密党员身份。”妈妈想不通。暂不公开党员身份是她自己提出来的，目的是为了保护宋庆龄，现在上海已经解放，根本就没有必要再对党员身份保密了，有什么暴露不暴露的问题呢。可是不知为什么，妈妈的党员身份直到 1953 年才正式公开。

长期在白区做地下工作，妈妈不习惯“民主生活会”“批评与自我批评”这些老区的思想教育方式，她也不善于在会议上作长篇大论发言，更不会去做别人的思想工作——而这些都是当领导不可或缺的本事。因此，妈妈当领导，就像在炉子上烤一样。直到有一天，有人当面对她说：“你根本没有资格当副部长！”妈妈就找邓颖超表态：“本来我就没有能力去领导别人。我的能力大概只能去打字。领导不用顾虑我没犯错误不好降我的职，如果分配我去当打字员，我也愿意。”邓颖超安慰妈妈不要胡思乱想。

新中国成立初期，由于处于帝国主义封锁这样一个特殊的国际环境，国内一直抵制西方，受西方教育的知识分子不吃香。即便妈妈这样的老党员，也因受西

1951年在中南海西花厅。左起：成元功、孙新世、邓颖超、周秉宜、李湄

方教育长大有很多旧的习惯而成为另类，人们背后说她是“党内民主人士”。妈妈在日本长大，习惯讲礼貌，别人为她做一点小事，比如，走在前面的人为她开开门，她都说“谢谢”。在重庆曾家岩，妈妈讲礼貌有口皆碑，“李太太特别讲礼貌”是一句夸奖的话。可是在这里，妈妈讲礼貌成了“毛病”“资产阶级生活作风”，甚至成为笑柄。有人一见她就嘲笑地学她“谢谢，谢谢”。一次，她友善地伸出手与人握手，对方竟拒人千里：“我刚刚洗过手。”妈妈大惑不解，在她的心目中，“同志”是可以相互托付生命的人，是在伤心的时候给她温暖的人，就像重庆时代的同志那样。记得1946年底，中共代表团从南京撤返延安的时候，章文晋、张颖给妈妈留了一封信，信中说：“信立刻就要拿走了，现在只是想着，我们走了，你一定更寂寞了。”这封充满温馨的信妈妈一直保存着。过去的同志情谊现在哪里去了？

那时外婆家已搬到北新桥王大人胡同一号的平房，妈妈和我还是与外婆、舅舅住在一起。舅舅一家住在后排，前排一边外婆住，一边妈妈和我住。搞展览会的时候，妈妈每天很晚才回家。到家时，外婆已经就寝。外婆习惯于子女每天早晨向她道早安，晚上向她道晚安，现在多少天也见不到妈妈人影，外婆很不高兴，以为妈妈故意躲避她。外婆是个直肠子，高兴不高兴全摆在脸上。妈妈难得一天

20 世纪 50 年代，何香凝在政务会议上发言

早点儿回家，看见外婆也不是好脸色。妈妈后来说，这段日子很不好过，“在机关看白眼，回到家看黑脸。”

一天，外婆去看了在东单东总布胡同为李济深准备的房子，那是个高级四合院，有好几进，已全部翻新。当晚外婆大发脾气。她一发脾气往往拿妈妈出气，舅舅一劝就好。可是这次连舅舅出马也不管用，最后她竟离家到北京饭店去住了，过好几天才回家。不久，王大人胡同一号旁边的空地上开始动工修建一所西式平房，有一个非常大的花园。周恩来告

1951 年，何香凝、廖梦醒、廖承志等摄于北京王大人胡同一号。前排左起：廖蒨、经普椿（怀抱廖醇、廖菁）、廖茗、廖晖、廖承慧；二排左起：何香凝、廖承志、廖梦醒、邓广殷；站立者左起：李湄、叶剑眉

诉外婆，这是毛泽东建给她住的。房子的设计完全按外婆的需要，舅舅一家住在东翼，外婆和秘书等人住在西翼，中间是大客厅和饭厅。外婆那边还有一个小客厅和一间画室。实际上这显然是周恩来的安排。除了他还有谁能那么细心?

自从外婆大发脾气之后，妈妈就决定搬到机关宿舍去住。妇联给她在东城史家胡同十五号腾了一间大约七八平米的小房间。这是后院一个里外间的里间，外间是集体宿舍，住着三个女同志。厕所在楼外，是公用的。那时大家都吃食堂。妈妈吃不惯北方饭菜，得了神经性胃病，每顿饭后都呕吐。这段日子是妈妈最困难的时候。妈妈独自住在宿舍，很寂寞，又担心着我，还有一阵跌伤脚，行动不便，只能独自挣扎。

我在华北大学集体生活中染上了肺病。那时肺病被认为是不治之症，似乎得上了就一定会像林黛玉一样死去，妈妈很紧张。邓颖超知道后，与中组部部长帅孟奇商量，把我送到了北戴河的中组部疗养院。新中国成立初期，在向苏联学习的浪潮中，北戴河的几百栋老别墅大部分都成了职工疗养院。那时从北京到北戴河火车要走九个小时。妈妈送我去，我们坐的是夜车，母女俩头靠头在硬席坐了一个通宵。我在北戴河疗养了半年，当中妈妈去看过我。我在公路上等她，看见她风尘仆仆的样子，想到她一个人坐火车硬席颠簸九小时，看我一眼，第二天又再颠簸九小时回北京上班，我的心揪着痛。

每逢周末，妈妈看见年轻人成双成对出去，年纪大的坐丈夫派来的汽车回家，她无处可去，就想爸爸，暗自伤心。爸爸死后妈妈特别喜欢李清照的词，她在纸上写着:“寻寻觅觅，冷冷清清，凄凄惨惨戚戚……”心理学家丁瓒给妈妈看过病，他告诉舅舅，妈妈有抑郁症，发展下去后果堪虞。舅妈把这情况告诉了我，要我注意妈妈的情绪，我很震惊。那时我只有十几岁，还不懂得妈妈的痛苦。有同志劝她再婚，但是她忘不了爸爸，也怕我不接受，拒绝了。

新中国成立初期，宋庆龄提出想去张家口、秦皇岛等地参观，因为那里有着孙中山未竟的理想。于是政府安排她去东北参观，林伯渠陪同前往，跟随一同去的还有罗叔章、沈粹缜（邹韬奋夫人）、我妈妈等人。妈妈觉得自己确实很需要了解新社会。从当时拍的照片可以看出，妈妈在认真地做笔记。她感到自己与现实有很大距离，随时都会犯错误。一次，她不知在什么情况下说了一句“国民党抗战的时候……”受到了批评，说她立场不稳，因为那时人们认为国民党只打共产党，什么时候打过日本?

妈妈诚心诚意地进行思想改造，光是笔记就不知写了多少本。她努力紧跟党

1950 年，宋庆龄在东北访问。背坐者左二为林伯渠，正面坐者左一廖梦醒，左二宋庆龄，左三罗叔章

1950 年，宋庆龄在东北。立者前排左一罗叔章、右一宋庆龄、右二廖梦醒

走，不断挖自己的资产阶级思想，在那个“左”的思潮占统治地位的时代，“紧跟”使她变得谨小慎微。有一次，邓文钊从广州送给她一些虾米，她竟立刻寄回钱去。邓文钊觉得她很见外，这使得他们的关系变得疏远。家里有一张单人沙发，平时一直是妈妈坐的，孩子们看见她来就让给她坐。就连这一点，她也检讨说是“个人主义”“惟我独尊”。

机关常常要填各种表。每次填表，“出身”这一栏都使她犯难。外公廖仲恺毕生跟孙中山搞民主革命，孙中山是共产党肯定的，外公是“革命先烈”，也是共产党承认的。但外公又是国民党的高官，而国民党是共产党的敌人。妈妈搞糊涂了。结果，她在“出身”一栏里填的是——“革命官僚”。类似妈妈这样的迷惘，舞蹈家戴爱莲也有过。20 世纪 50 年代，戴爱莲也对如何填自己的成分感到为难。她去问有关部门，那里的人对她说：“你是华侨。不过你解放前已经回国，就不能算华侨了。这样吧，你就算‘历史华侨’吧。”

1950 年，何香凝在北戴河（李湄摄）

1950 年，李湄在北戴河

去重庆视察

1952年元旦，我在广州结婚了，妈妈去参加了婚礼。周恩来、邓颖超送给我一床“龙凤被”，被面是绿色缎子上绣着一龙一凤。因为正值“三反五反”运动，邓颖超让我不要对人说。外婆画了一幅梅花送给我们，舅舅、舅妈送给我的却是一把瑞士折叠刀。（我们家人真是很反传统，一般哪有结婚送刀子的？！）他们还发电报去广州表示祝贺。我印象最深的是，电文没几个字，署名却一长串：凝志普坚孙笃平丁。我爱人陈思是青年团系统的，舅舅为了照顾妈妈，把他从广州调到北京，使我不致离开我妈妈。当年秋天，我生下了第一个孩子，那时正值召开亚洲及太平洋区域和平会议，妈妈被调到会议工作，因此给我的儿子起名“小和平”，大名陈平。过了两年，我又生下一个女儿。那年正是公布宪法之年，本来我想给她起名叫“小宪”，可是“宪”字像个老头儿的名字，便改为“晓燕”，是出生在北京的意思。两个孩子的出生给妈妈带来了很大乐趣。这时，妈妈已搬到东四四条一个小四合院。虽然住房朝西，但到底有了自己的家。周末孩子大人都回去，一家乐融融。妈妈逐渐适应了北京的生活。

1953年，廖梦醒与外孙陈平在北京

1954年，廖梦醒与外孙女陈晓燕在北京

新中国成立初期，中苏关系处于“蜜月”之中，大量苏联专家来中国

1952 年 1 月，
李湄、陈思摄
于广州

1950 年冬、李湄、陈思摄于广州

1952 年 1 月，陈思、廖梦醒、李湄于广州

1956年5月，廖梦醒在广东顺德县建德缫丝厂视察

帮助建设，俄语翻译成了紧缺人才。妈妈小时候学过俄语，但没有学成，于是她鼓励我去学。1954年，我进入北京俄文专修学校。那年，单我们一个学校，就招了一千五百名学生，宿舍不够，学生就睡在走廊里。第二年，学校改成北京俄语学院，干脆整个学院几千人都学俄语。就在“苏联热”的时候，妈妈参加了中国妇女代表团访问苏联，代表团团长是许广平。这是妈妈在新中国成立后惟一的一次公派出国。

本来，妈妈还有一次出国机会。维也纳举行世界和平大会的时候，中国代表团团员名单里也有我妈妈，她是中国世界和平大会的理事。可是临时要增加邵力子夫人傅学文，名额不够，代表团团长是我舅舅，舅舅就要求妈妈让出她的名额，说“以后再还”。妈妈明知又是“刘备借荆州”，但二话不说就答应了。当年廖仲恺把广东省省长的职务都不知道让出过多少次，区区一个出国名额算得了什么？1979年舅舅率领“中日友好之船”访问日本，他有三十个名额可以支配，他都给了“文革”中受迫害的老干部的亲属，不但没有给我妈妈，连他自己的儿女也一个没有去。有人写书，想当然地说我为妈妈向舅舅讨名额，因为他欠妈妈一个名额。这完全是子虚乌有的事。

“文革”前的第一、第二、第三届全国人民代表大会，妈妈都是代表。人大代表一年只开一次会，但每年都可以到外地去视察。她本是岭南大学农科蚕桑系学生，大革命时代生活动荡没有完成学业，但她一直对这个专业感兴趣。1956年5月，妈妈到广东以蚕桑业著称的顺德县视察。20世纪20年代初是顺德蚕桑业的黄金时代，20年代末开始衰落，有些农民改种甘蔗。新中国成立后农村建起合作社，为增加收入，一部分蔗田又改种桑树，恢复养蚕。他们采用了仲恺农业学校培育出的一种新蚕种——“仲恺种”。当地农民说，“仲恺种”的蚕耐热性强，存活量大，丝产量高。妈妈听后自然非常高兴，所见情况她都一一做了笔记。

重庆是妈妈魂牵梦萦的地方，1955 年她选择了去重庆视察。如果不是有人大代表视察的机会，妈妈是没有可能去重庆的。那时干部不能随便离开工作岗位，请假要获得批准。妈妈带着鲜花去小龙坎墓地拜祭了爸爸。这是她最后一次去看爸爸。“大跃进”时，毛泽东提倡人死一律火化。小龙坎墓地里的遗骸全部挖出，火化后骨灰装进坛子，深埋土里。一起挖出的遗骸包括周恩来的父亲、邓颖超的母亲和我爸爸等人。深葬之后，妈妈画了一张草图，标明骨灰深葬的地点是重庆沙坪坝区小龙坎复元寺染房湾。因为一个坛子深深埋在大田里，

1955 年，廖梦醒在重庆为李少石扫墓

1958 年，李少石等人的骨灰深埋于重庆小龙坎后在大田里立的碑

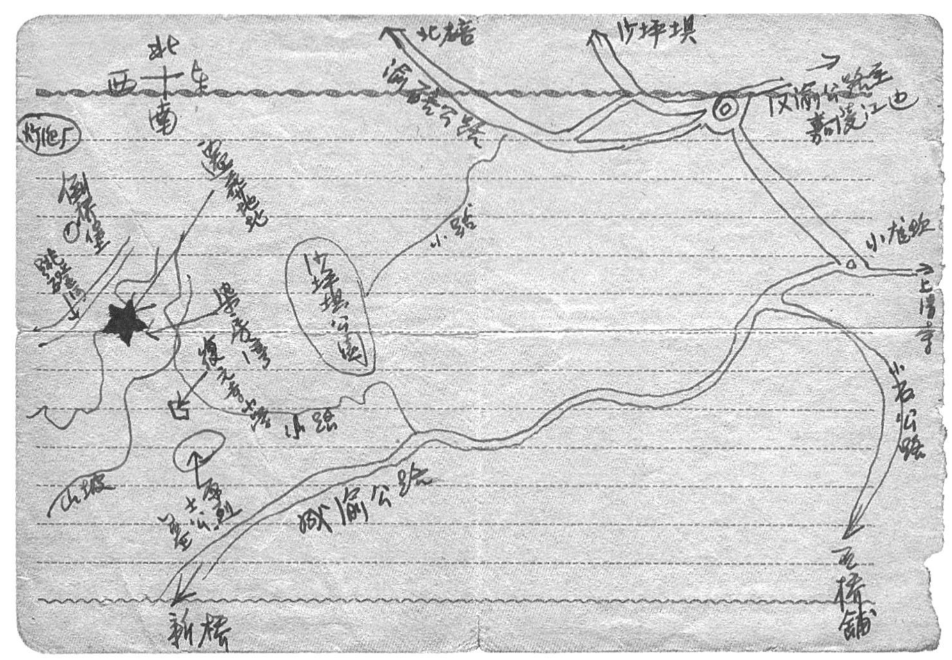

廖梦醒绘李少石骨灰深葬的地点图

时间久了，妈妈怕找不到爸爸，她特别注明：即在跳磴河右岸坡上大田内。深埋坛子的地上立了一块石碑，写着死者的名字。果然，日久天长，这块地长满杂草，石碑被掩没在杂草丛中，已没有人知道那里埋着人。1981 年，我的女儿晓燕利用婚假专门去重庆找她外公的墓。她按照我妈妈画的草图在大致方位的田里转来转去，问了许多老乡，都没有人知道深葬地点。正在一筹莫展之际，她回身一看，就在她站立的田埂下方杂草丛生处现出一块花岗石碑！这正是她要找的墓碑！真是“踏破铁鞋无觅处，得来全不费功夫”。晓燕特意拍下照片拿回北京给妈妈看。1983 年 12 月 1 日，政府把骨灰迁葬到红岩后山，在那里修了一个很像样的墓。可惜那时妈妈已经年迈，不能去看爸爸了。

爸爸的死，是影响妈妈整个后半生的一件大事。因此，在重庆视察期间，妈妈去公安局调看了李少石案的材料。她赫然发现，新中国成立初期镇压反革命的时候，重庆市纺织工业局挖出了一个潜伏特务钱忠，据他交代，李少石一案是有预谋的，国民党的侍从室、稽查处、侦缉队都参与了李案，开枪的是新兵连的人。据钱忠供称，1945 年 10 月 8 日他看见汽车过沙坪坝后，即去布置，等车子回来时下毒手。妈妈很震惊，回到北京告诉了我。她一直对爸爸的死有怀疑，因为仅从现有材料已可看出，当时的结论漏洞百出。但经过数十年地下工作锻炼，她已成为一个组织性、纪律性很强的人。组织上告诉她，爸爸的死已有定论，叫她不要再提这件事了，因此妈妈没有做进一步调查。

可以告慰爸爸在天之灵的是，后来中国青年出版社出版了萧三编的《革命烈士诗抄》，其中有爸爸的十七首诗。“大跃进”时，天津团市委请妈妈去给学生讲爸爸的事迹，妈妈写了约七千字的讲稿，题为《一个平凡的共产党员李少石》，开头是：“李少石同志是一个很平凡的共产党员。他生得平凡，死得也平凡，本来没有什么值得我们谈的。我的国语又讲得不好，会浪费你们时间。只因团市委要我讲，我就服从分配来了。少石同志主要的是对党无限忠诚。对于党，几十年如一日，一直忠心耿耿，无论做什么事，首先考虑的是党的利益……”

《少石遗诗》书影。廖梦醒编，1979年12月三联书店出版

妈妈用她的南腔北调国语讲了近两小时。过了二十年，1979年，妈妈应三联书店之约，编了一本《少石遗诗》并加上后记。书脱销后，美国一个华侨帮妈妈在美国影印了二百本寄来，那时北京还没有影印机。本书中有关爸爸的事，许多都来自妈妈写的稿子。

1955年4月，潘汉年到北京开会，妈妈去北京饭店找他，找不到，后来听说他被抓了起来，妈妈惊呆了。新中国成立前潘汉年和我妈妈有长期密切的工作关系，他怎么可能是“特务”“内奸”呢？这件事对妈妈打击很大，她开始失眠、头晕、头疼、心悸、出汗、乏力、关节疼，医生诊断为“更年期症状群”。妈妈从年轻时候起，习惯了每天早晨用凉水擦澡，数十年如一日，雷打不动。她的身体本来很好，绝少生病。但是从这时起，病魔一直折磨了她几十年。

斗病日记

1957年，李湄全家摄于北京内务部街家中。左起陈平、陈思、陈晓燕、廖梦醒、李湄

自从妈妈由东四四条搬到内务部街以后，她的身体就更不好了。内务部街四十六号是史家胡同二十五号的后门，后门和前门不是一个档次。史家胡同二十五号原是国民党大官范汉杰的公馆，一个高级的北京四合院，总共有四进。第一进是门房，第二、第三进是正式宅子，最后一排平房原是车房。我们住最后那排房子，那里出去已是另一条胡同——内务部街了。这三间一排的平房，因为临街，砖墙又单薄，十分潮湿，墙上的石灰没完没了地剥落。妈妈在澳门因天气潮湿落下的手疼病，在内务部街复发了，每天晚上两臂疼得不能入睡，要起来用热水浸泡才止疼，往往一夜要泡两三次，一年到头不能安眠。本来妈妈就浑身是病，手疼的痼疾更使她雪上加霜。

1961年1月，陈赓去上海养病，走之前他到内务部街看望妈妈。妈妈正被手疼折磨得苦不堪言。陈赓建议她去上海治疗，说可以介绍她进华东医院。妈妈认真考虑了他的建议。她是一个做什么事都非常认真的人，这次也不例外，她在一张大纸上写下“权衡轻重”四个字，下面划一条直线，右边写上“去”字，左边写上“留”字，对比去留的利弊。她在北京已治疗很久，一直没有奏效，这时正值隆冬，天寒地冻，去医院看病，公共汽车挤不上，三轮车又寒风刺骨，易地治疗也许会有转机。可是想到这一去劳民伤财，上海又没有家，孤零零一个人，她左思右想拿不定主意。然而，长期生病不能上班是妈妈最大的苦恼，她希望赶快把病治好，恢复工作。最后她还是决定——去。

1961 年，廖梦醒在上海华东医院

去上海之前，妈妈用纸订了一个小本，封皮写上《斗病日记》四个字。小本记录了她从 1 月底到 5 月底每天的治疗。“医生们想尽方法使我不必泡手而又免于痛，”她写道，这包括中西医的各种方法：打针、吃药、电疗、针灸、推拿、按摩……真是应有尽有。妈妈的病，按中医说是“气血不和”，按西医说是“血管神经功能失调”。神经性的病最难治，什么方法都用尽，手疼依旧。2 月 7 日，妈妈写道：“昨夜十时就痛，晒日光灯，吃‘索密痛’，止了一下，再痛就大痛，服‘可咗因’亦无效，还是泡水了之。”4 月 7 日写道：“这几天没有接到囡囡信，心神不宁。每夜都泡两次，昨晚更甚，未睡着就已先作痛。连泡手带服药，睡不及三小时。”4 月 8 日写道：“昨日收到信，心胸顿开，尽管大风阴雨，夜晚一夜安眠。”这么受心理因素左右，难怪医生束手无策。

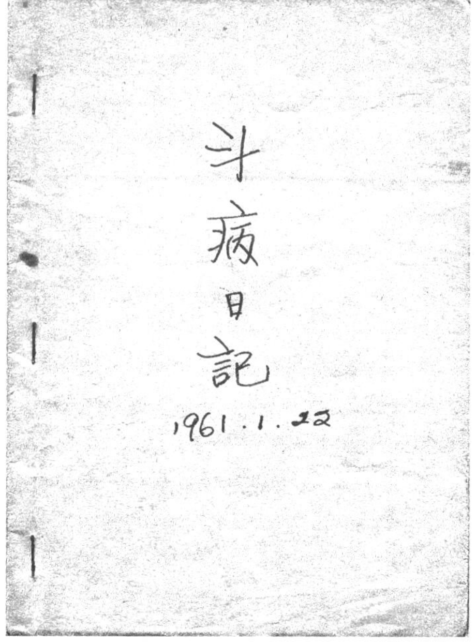

1961 年，廖梦醒所写《斗病日记》

一天晚上，妈妈失眠，作诗一首：

1960 年 5 月 29 日，林伯渠去世。右二为廖梦醒，右三为林伯渠夫人朱明

“一任医者定去留，留留去去两不愁。但图康复鼓干劲，能重工作更何求。”妈妈受爸爸影响，也喜欢诗。在去上海之前，妈妈还担心在上海会“孤零零”，实际上到医院去看她的人络绎不绝，以致有一天她在日记里写道：“一日未有人来看我，这是很稀有的事。”

经常去看妈妈的人当中，有林伯渠的夫人朱明。林老在大革命时代和外公合作，关系很好，他一直把妈妈看作自己的子侄。林老已于 1960 年去世，朱明对妈妈也很关照，这种情感甚至延伸到后代。朱明比妈妈先回北京，她知道晓燕得了肾炎，多次让司机送食物来给我们。1961 年正值困难时期，晓燕患肾炎，我们很难弄到食物给她补充营养，朱明送来的食物，简直是雪中送炭。外婆有时也让司机老杨送来两条猪尾巴，我们用黄豆煮了给晓燕吃，这就是我们最珍贵的肉食。那时，贵如全国政协副主席的何香凝，特权也就是额外买几条猪尾巴而已。后来朱明没有再派人送东西来，我们也没有在意。多少年以后才知道，原来 1962 年她就被迫害死了。据说，是因为她写匿名信揭发江青。

1961 年 3 月 17 日，陈赓突然在上海心肌梗死去世，妈妈一下子变得沮丧起来，她在《斗病日记》里写道：“长久以来担心着的事发生了，陈赓已于昨日逝世。他们没有通知任何人。今晨月霞（指张月霞）来才知道。马上和她，在李院长和王护士长陪同下到傅涯处，但已见不到他的面。我们到机场参加了送别会才回来。

20 世纪 50 年代，陈赓与夫人傅涯和他们的孩子

他是为党的事业贡献了一切精力积劳成疾而死的。这在党和国家，是个大损失。像他这样的猛将中国是很少的。在我，是失去一个最能关心我的老朋友。我伤心透了，回来就发起烧，一日未起床。”一个多月前，农历除夕，宋庆龄请陈赓和我妈妈等人去吃饭，当时陈赓还好好的。妈妈把自己的悲痛向宋庆龄诉说，宋庆龄也很难过。第二天，《人民日报》刊登了宋庆龄致陈赓亲属的信：“陈赓同志为中国人民的解放事业献出了毕生的精力，立下了卓越的功勋，陈赓同志的躯体虽逝，而精神永存。”这是公事公办的话。她真实的感情在给妈妈的信中：“我不知道怎么安慰你才好……这是一个沉重的打击，我觉得十分沮丧。它使我产生一种失落感。为什么好人总是在风华正茂的时候死去？”

妈妈回忆：

1949 年我随邓大姐到上海接孙夫人，开始我们住在上海大厦，第一个来看大姐的就是陈赓。当时我没有在大客厅，大姐派人叫我去。我不认识陈赓，大姐介绍后，他说：“我已见过你两次了。还记得在黄埔军校跑到你前面绑草鞋带的那个人吗？”

我想起来了，那是 1924 年的事，我当时正在休病假。一天清晨，父亲叫我起床，说要带我去黄埔玩。我们在天字码头换乘一艘快艇，沿着珠江，二十分钟就到了黄埔。父亲带我到军校办公室，然后他就忙着跟周恩来商量什么事，也没有给我作介绍。周恩来刚从巴黎回来不久，是父亲亲自接他回黄埔的。后来又进来几个人，似乎要开什么会。我听不懂他们的“京话”，就独自待在外室东看看西看看。也不知过了多少时候，他们到外室来，带着我一起向大礼堂走去。在一条小路上，有个学员从我后面赶到我前面，蹲下绑他的草鞋带。我走到他旁边时，他抬头调皮地向我笑了笑。原来这就是陈赓。

1956年11月12日，纪念孙中山诞辰九十周年赴南京的中央谒陵代表团部分团员参谒廖仲恺墓。左起第一人为廖承志、第三人为陈赓、第五人为切列潘诺夫、第六人为廖梦醒

陈赓坦白说："那次我是故意跑去看你的。第二次见你，是1925年6月23日'沙基惨案'那天。你满身是血，我在西关街上碰到你，你被两个人搀着，我问：'要帮忙吗？'你答：'谢谢，不用啦，我找一部车仔（人力车）就能回家。"

后来陈赓和妈妈成了好朋友，他对妈妈的关心是真心实意的。妈妈住在内务部街的时候，他常常来看她，有时和夫人傅涯一起，我在家里多次碰见过他。有一次，《人民文学》还是什么别的刊物登载了一篇关于他的文章，他拿来给妈妈看。他和妈妈谈起过去的事时，充满怀旧的情意。1956年11月12日纪念孙中山诞辰九十周年，妈妈、舅舅、陈赓等人一起去南京拜谒中山陵，随后又去拜扫廖仲恺墓并摄影留念。同去谒陵的还有苏联代表团成员切列潘诺夫。此人在苏联总参谋部学院（后改名为伏龙芝学院）东方系学习时结识了瞿秋白，便于1923年来华，1924年在黄埔军校任教。他是陈赓的老师。他汉语不行，而黄埔学生对俄语一窍不通，就这样他居然教出了一群精英。黄埔军校东征攻打淡水时，切列潘诺夫带头用人梯登上城楼插旗。

渴望工作

20 世纪 50、60 年代妈妈百病缠身在家休养时，她开始写些东西。本书中引用的《地震》等短文就是她那个时期写的。1957 年外公八十诞辰的时候，妈妈在《工人日报》还发表了一篇名为《父亲廖仲恺之死》的文章。不过，那时她主要是翻译。妈妈从日本工人解放诗集《京滨之虹》中选译了《生日》《大炮》《我们的城镇》《缝衣》《祖国之中有个外国》《我，可不能这样做！》以及《协二啊！》，作品大多登在《人民日报》副刊。匈牙利事件发生后，妈妈自己还写了《致匈牙利的爱国妇女》一诗，刊登在《文汇报》副刊。爸爸和妈妈都喜欢翻译。爸爸以前是百忙之中抽空翻译，他喜欢把中国的优秀的作品译成外文，传向海外。妈妈则喜欢把外国的作品介绍到中国。可惜她生活的年代里，有很长一段时间不可能广泛涉猎外文书籍，只能降格以求，逮住什么译什么，因此她的译作都带有时代特征，革命性有余，艺术

1960 年，廖梦醒与外孙陈平（左）、外孙女陈晓燕摄于北京

20世纪60年代，廖梦醒（左）向安娜·路易斯·斯特朗祝寿，右为李德全

性不足。妈妈去世后，发现了两篇她从英文翻译的未发表的稿子。一篇是节译，两万字左右，书名不详，好像是一个传教士的女儿写她家族在中国的生活，以及对比20世纪初期、中期、后期中国发生的变化。也许妈妈选择这本书翻译，是因为其中有一段描写周恩来宴请这位作者的内容。另一篇是《莫斯科和我》，较短，作者是美国黑人作家兰斯顿·休，妈妈署名是“恺儿”。

妈妈在家休养，没有谁要求她去研究日本问题。可是她熟悉日本，觉得应该去研究。她在一个小本子里记录下各种各样的日本问题，包括：日本劳工运动状况、日本人修改宪法的斗争、日本的旧家族制度、日本农村妇女问题、日本的“儿童宪章”等等，应有尽有。妈妈总是自觉自愿地做这做那，不是为了给别人看，而是一种责任感。她的“党性”是在骨子里的，尽管她不是工农兵出身，不会讲马列主义大道理，甚至还保留着许多洋习惯。

20世纪60年代，“末代皇帝”溥仪写过一篇日记：“下午，遇廖梦醒，勉励要不断努力、上进、争取，如能入党，更是惊人创举。改造中，自己虽有进步，主要更在于限制和将来的努力……”这篇日记后来公开发表，题目是《应永记廖大姐最恳切的期待》。事情是这样的：有一天，妈妈去协和医院探望病人，在走廊里遇到了溥仪，妈妈和他握手问候之后，就直截了当诚恳地鼓励他好好改造，说以后还可以争取入党。溥仪大为感动，回家当即写了这篇日记。我想，溥仪所接触到的人，不是向他点点头，“今天天气哈哈哈”，就是干脆什么都不说，很少人会像我妈妈那样，在人来人往的走廊里与他大谈思想改造，还鼓励他入党。溥仪一定觉得妈妈与众不同，特别真诚。妈妈其实口才并不好，她不善辞令，但她的真诚常常感动别人，像一团火，谁来熔化谁。

妈妈没心眼，实心实意，不会拐弯儿，有时就成了外婆说的“哪壶不开提哪壶”，搞出一些尴尬事。妈妈常常自嘲的一件事，是一次外婆请齐白石等十几位著名画家到家里合作作画，妈妈帮忙招待客人。她端着一盘瓜子挨着个儿请客人吃，当送到陈半丁面前时，陈半丁笑了起来。妈妈一看不禁也笑了。原来陈半丁门牙全无，正如广东人所说的“张大嘴得个窿”。

親愛的和平、小燕：

你們好麼？最近功課怎樣？

我來到新会，已走了好多个県份了。從广州經佛山，大良，順德，中山，江门市，才到这儿。在江门看見了你公公的一位老同志，从前一起工作的。他告诉我怎樣一起计划去炸国民党的黄色工会（反动的），回来后我给你們講。写不了那末多呢。

希望你們好好念書，用功，要做个不愧為公公的孫子的学生才对。你們以為怎樣？

我很累，但精神是愉快的。昨天吃了本地中医院院長的药，昨夜一夜没有起床也能睡，今天又吃了。希望今夜亦一樣的好。他打算给我几个方子带回去吃药。如果从此不痛就好了。祝你們快乐

吻你們

愛你的婆婆 '64 二月九日

1964年正月初九日，廖梦醒自广东写给陈平、陈晓燕的书信手迹

1959年，国民党革命委员会主席李济深病逝，民革缺主席，外婆是最合适的人选，可是她不肯当。周恩来亲自去劝说，才把她说服，这时距李去世已经过去半年多了。1963年，外婆当选人大副委员长，《何香凝传》就是这个时期提上日程的。从上海回北京后，妈妈接受了一个任务，即帮助《何香凝传》写作班子收集材料。那时决定由作家韩北屏和白朗合写。由于这个任务，那段时间妈妈经常去外婆家。

妈妈的普通话虽然南腔北调，但起码能懂。外婆的普通话比我妈妈更糟糕。她的所谓“普通话”，也就是把广东话翻译成书面语言来念而已。一次，她让阿姨去“喂九”，阿姨听不懂指示，没动。外婆说了几遍，都急了，最后才搞清楚，她是要阿姨去喂狗。原来，广东话的“狗”和“九”同音，经她一翻译，就变成

1964 年 7 月 6 日，何香凝生日聚会。左起：蔡廷锴、章蕴、何香凝、邓颖超、经普椿、廖梦醒、蔡廷锴夫人、彭泽民夫人

“喂九”了。像这样，不管谁采访外婆，如果没有人在一旁进行翻译，简直就是“鸡同鸭讲”。

“文革”前几年，妈妈主要就是干这件事。终于能工作了，妈妈很高兴，从她在外地写回来给陈平、晓燕的信中可以看出她高涨的情绪。她多次去广东省江门、新会、惠州、广州等地找了解情况的老人谈话，收集到的材料有一大箱。1966 年是孙中山诞辰一百周年，打算开一个展览会，妈妈在收集外婆、外公的资料同时，也收集一些有关孙中山的文物。“文革”暴风骤雨般来到，写传计划告吹，那一大箱材料，1969 年妈妈面临被逐出京之时，将其送到外婆家去保存。由于妈妈接触过许多有关外婆的原始材料，20 世纪 80 年代社科院近代史所的尚明轩写《何香凝传》时，就经常来找妈妈要材料。妈妈曾抱病整理了一份《何香凝大事纪年》，她去世后我整理她的遗物，却不见有此稿。可能有人借去没有归还。

红卫兵砸宋家坟墓

1966年那场浩劫突如其来的时候，中国人都没有思想准备，妈妈也不例外。忽然间一切都翻转过来，对的变成错的，错的变成对的，革命者变成反革命，好人变成坏人……当时觉得日子很难过。不过现在回过头来看，妈妈所受的折磨比起她的许多朋友少多了。她可能是中国受冲击最小的老干部之一。她只是一个审查对象，不停地写交代材料，挖自己的“封资修”思想，批自己和被人批，但没有关过牛棚，没有坐过“喷气式”，没有挨过斗，甚至没有下放过农村。真是难以想象的幸运。

20世纪60年代，廖梦醒在北京

据说，妈妈机关的造反派起先也把她的名字列入“走资本主义道路当权派”的名单中。周恩来说：“梦醒算什么当权派？”尽管妈妈确实算不上当权派，她从来没有当过权，并且长期生病，但是如果没有周恩来的一句话，造反派要把你算成“当权派”，你也没办法。那是一个没有道理可讲的年代。要是妈妈被划成“走资派”，以她那样的病体，早就没命了。

也有人说，妈妈之所以幸免，是因为毛泽东那幅字。新中国成立后妈妈家客厅里一直挂着毛泽东书写的“李少石同志是个好共产党员不幸遇难永志哀思”那张题词。那是爸爸遇难后周恩来请毛泽东给我妈妈写的。“文化大革命”既然是毛泽东亲自发动、亲自领导的，他老人家说我爸爸是个好共产党员，对好共产党员的妻子就不能太过造次，因为“文化大革命”是一个株连九族的革命呀。造反

1958年，宋庆龄在家中大炼钢铁

派来抄家，对挂着题词的客厅和惠及到的客厅里面的卧室，都不敢碰，只是把另一个房间翻了个底朝天。她们看见妈妈种的一盆盆热带植物，说妈妈是“封资修”。她们走后，妈妈生气地把花盆一个个摔烂。煽动红卫兵起来造反的号召是“横扫一切牛鬼蛇神”。“牛鬼蛇神”的定义是什么？没有指示。因此，每个人都有可能变成“牛鬼蛇神”，遭受抄家、鞭打、批斗等人身污辱。这种“红色恐怖”后来达到无以复加的地步，即便不是“牛鬼蛇神”也没有人身保障，谁都有可能遭到任何一个戴红袖章的人侵犯。他可以拿着剪刀，看见你头发长，就肆无忌惮地把它剪掉，并不需要征求你的同意。当时我所在的单位的红卫兵就是这样，他们拿着剪刀满楼转，吓得留长发的女同志躲在办公室里哭。

想不到住在共和国副主席官邸里的宋庆龄，也和我单位那个女同志一样，为她那把长头发提心吊胆。“破四旧”的时候，一天，宋庆龄请妈妈和我去吃午饭，在座的还有妈妈在中国福利基金会时的同事、奥地利人魏璐诗。宋庆龄同我谈起红卫兵“破四旧”的事，问我外面是不是要求所有女同志一律剪短发。她说：“我不要剪短发。”我安慰她：“只要你不愿意，没有人会强迫你的。”中国有句古语：“身体发肤，受之父母，不可毁伤。”宋氏三姐妹的母亲临终时，要求三个女儿永远爱护她们的头发。因此宋氏三姐妹都不剪头发，梳着同样的发髻，一生没有改变发型。1966年8月30日，周恩来开出一份包括宋庆龄和我外婆在内的应保护的人士名单，得到了毛泽东的批准，宋庆龄才安下心来。宋庆龄是个孝顺的女儿。

1958年11月，宋庆龄在上海郊区。照片后面写着："送给最亲爱的辛西亚。"

当她知道自己父母在上海万国公墓的坟被红卫兵砸得稀烂的时候，其难过可想而知。她立即派人叫我妈妈去，给妈妈看墓地被砸毁的照片，请妈妈把照片送交周恩来。妈妈很快把照片转了去。1967 年 3 月 13 日妈妈收到邓颖超的复信：

“据了解，在 1 月中旬到 2 月上旬期间，上海六十二个公墓均受到不同程度的破坏，甚至烈士墓园也波及，在被劝阻后才未扩大……上海方面已将宋副主席父母坟墓现场所拍的照片送来，现送上请转宋副主席。除已将她前次的酌情处理意见告知上海方面，在她看了现场照片后，是否可提出处理的意见，望告。我和恩来同志看了后，我们有这样一个设想：因为遗体和遗骨已经又埋入墓穴了，是否就在墓穴上面加工覆盖好。墓碑并没破坏，仍照旧保留，只把碑文的下款立碑人的名字磨掉，改刻宋副主席一人的名字。如果把遗体和遗骨挖出来火化，恐难挖全。究竟如何，请宋副主席考虑。”

邓颖超的信和墓地的照片妈妈交给了宋庆龄，她对于周恩来在这困难时刻为她做的事十分感激。关于宋庆龄父母坟墓被红卫兵砸的事，已见诸许多文章，但都没有说出具体时间。从这封信来看，坟墓被砸应是 1967 年 1 至 2 月的事。妈妈在宋庆龄去世后写过一篇文章《我所知道的宋庆龄同志》，说 1966 年 7 月宋庆龄派人叫她去，谈及她父母坟墓被砸的事。其实 1966 年 7 月去宋庆龄家，是谈头发的那次，而不是谈坟墓的那次。后一次我并没有去。写这篇文章时妈妈已经七十七岁，记忆力不好了。

人的名字，如果要把遗体和遗骨挖出来火化，恐难挖全。究竟如何，请宋付主席考虑。

我想你还记得在一九五八年恩来同志的父亲和我的母亲，包括李少石同志在内的十数同志的遗体，在北京已经作了深埋，让我再告诉你葬在淮安的恩来同志母亲及其上辈人的很多坟墓，在三年前也采取了深埋，使可以用的土地为生产服务了。一併顺告。

你如有机会见到宋付主席时，请代为问候，她有何嘱办之事，尽管告知，望勿客气。

致以

敬礼

邓颖超 一九六七年三月十三日

1967年3月13日、邓颖超就修复宋氏墓地事宜回复廖梦醒的书信（赵炜执笔，邓颖超签名）

独自在家

宋庆龄派人来找我妈妈时，妈妈家的电话已经被切断。妈妈是审查对象。一次，妇联的“走资派”曾宪植（叶剑英的前妻）自行解除隔离，到妈妈住的宿舍区来。妈妈看见她很高兴，叫保姆包饺子让阿曾大吃一顿。饺子煮好后端上桌来，她们正吃着，造反派便闯进门来，立即把阿曾押走，并把妈妈出入的内务部街四十六号的门封了。从此，妈妈出入只能走前院，即史家胡同二十五号的大门。史家胡同二十五号是个很大的院子，妈妈拿着拐杖，从我们住的后门走到前门要走好久，因此她基本上蹲在家不外出。本来“文革”时期人与人就不敢联系，这一下她更断绝了与外界的来往。

妈妈受审查的原因之一，我想，可能是“里通外国”吧。1967 年的一天，晓燕从妈妈单位传达室取报纸时，带回来一张邮局催领包裹的通知单。我们没有收

20 世纪 60 年代，廖梦醒一家在北京内务部街家中

到过包裹单，怎么直接就收到催领单呢？催领单上没有任何字样，也不知道是哪里寄来的。到了邮局才知道，原来是妈妈的日本朋友西村政子寄来的肥皂和毛巾。邮局的人问，包裹已来了一个月，怎么现在才来领。我猜想，包裹单很可能是被造反派扣下了（这种事在当时是很普通的），如果收下这个包裹，肯定会惹来一堆麻烦。我本想不领，但邮局的人说，如果不领，就退回日本。这又使我犹豫起来。因为包裹退回去，对方很可能产生猜疑，以为妈妈失去自由，这样对国家不利。经过斟酌，我还是把包裹领了回家。果然，这包裹给妈妈惹来不少麻烦。当时毛巾、肥皂还不需要凭票供应，为了这些最普通的日用品，妈妈做了一大堆交代。事情其实很简单：年初，西村政子和西村敏子姐妹访问北京，这时舅舅已被隔离，不能接待她们，外办要妈妈出面接待。妈妈自己花钱买了一些礼物给她们，政子回去后就寄了这些小礼品来，如此而已。这么简单的一件事，当时却好像不得了似的。甚至妈妈1927年在日本接触过的进步组织“关东妇女同盟”，妈妈也不得不为它写了八页交代材料。不过这些还是其次，“文化大革命”对妈妈最大的折磨，是全家人都离开了北京，剩下她一个人孤零零地生活在对自己命运无法掌握的恐惧中。

20世纪70年代，廖梦醒在西便门家中

1969年林彪的“一号令”下达，所有“有问题”的人都被赶到农村。开会要大家表态。妈妈情绪抵触地说：“我要去问问老李（指我爸爸）！”其实，爸爸即便九泉下有知，也保佑不了她。妈妈以为自己必定下放无疑了，11月10日给宋庆龄写了一封信，信中说：

“我在收拾行李，虽然还不知道要到哪里去。北京人口太多，我属于‘老弱病残’，北京不需要我。我拣出必需而又能带走的东西。收拾过程中发现了一封写给你，但一直没有机会发出的信。在这里我是不会再有机会给你写信了。到了新住处再给你写吧。”

我家有很多书。这些书肯定无法带往农村。机关说，下放的人可以把书存进仓库。妈妈好不容易把书拉到机关，机关却不收。她已无力再把书拉回家，只好三分钱一斤卖给机关门口收废品的人。我们单位也把我作为“有问题”的人要赶去干校，于是我去找妈妈机关的一位同事（不记得她是什么职务了），说：“我妈妈生活不能自理，如果要她下放，就让她跟我到我们单位的干校吧。”这位同事一口回绝：“我们有我们下放的地方！”我想，妈妈到了干校，不说别的，光是喝开水和吃饭就是大问题，想到她一手拿拐杖，一手拿热水瓶的样子，我就心如刀割。那一阵，我专门把上班时间从白班换成夜班，以便白天可以去陪妈妈。每天中午快下班的时候，我守在妈妈机关大门口，等她从办公楼拿着拐棍慢慢走出来。她一看见我，就露出笑容，刚才受的鸟气全丢在脑后了。而我，则一面向她迎去，一面搜索旁边那些欺负她的人，示威性地向她们抛去愤怒的目光。

下放的人有购物券，可以去买大木箱。妈妈发现没有人给她发购物券，便去问军代表。军代表问：“你要购物券干什么？”妈妈答：“大家都买大木箱，我下放也得带个大木箱。”军代表问：“你去得了吗？”妈妈答：“如果要我去，爬着也得去呀。”军代表说：“老弱病残，你只缺一个‘残’字了。不去，不去！”这样，妈妈和我才安下心来。

可是，妈妈不得不面对一个新问题：孤独。因为很快，我、陈思、陈平、晓燕全都离开了北京，天南海北到各地去了。剩下妈妈孤苦伶仃一个人独自留在北京，她写信向宋庆龄倾诉。1970 年 1 月 25 日，宋庆龄给我妈妈回了一信，这是一封很特别的信，因为宋庆龄给我妈妈的信，从来不谈大道理，这是惟一的例外，也许她是想开导我妈妈吧。她写道：

“许多城市居民正在迅速下放。他们自然很留恋自己的朋友和家园，很难割舍这些朋友和不得不留下来的财物。他们之中有些人可能永远也不会回来了，因为他们是被送到边远的省份，没有钱回来。这是令人难过的。但是对国家来说这是一件大好事，因为有些省份人口很稀少。我们必须加强、发展、建设这些省份。必需想到二十年来它们对中国所作的贡献！二十年前中国是一块洪水泛滥的土地。现在洪水受到了控制，多余的水被利用来灌溉，没有人挨饿，每个农户都有余粮。虽然取得这一切不是没有困难。二十年前，中国是一个瘟疫流行的国家，疾病广泛传播。二十年前，中国是一个不开明的国家，五分之四的人不会看，不会写。现在这个百分比倒过来了！我们本是一个负债国，背着帝国主义强加给我们的赔款。现在我们已经没有一分钱外债。由于毛泽东思想我们成了自己命运的主人！因此，我认为，现在的下放是中国的一个伟大事件。我想起孙博士去世前对围在他病床旁的人的指示：‘记住要开发我们的西部！’”

Dearest Cynthia:

Your letter has just reached me.

There is no 麦片 in the market, not even in the 供应站, so I am sending you what friends gave me as 备战备荒. I always eat black bread in the mornings and don't eat oatmeal for it makes one fat — & I am fat enough for lack of exercise! I am so happy I can send something useful to you — I wonder why there is none, oatmeal, in the market for it is very good for invalids & children!

You mentioned about Paul Lin & Pearl Sun — the former came some times ago to the East, intending to visit Pekin, but could not obtain

There is an epidemic of influenza raging here. I did not like injections for precaution's sake, but took some 预防药 which is very effective against colds. You must also get a packet & boil & drink it to ensure immunity!

1970年1月25日，宋庆龄致廖梦醒书信手迹

一百六十封信

人老了，行动不便，写信便成了重要的生活内容。写信投寄之后，就是等待回信。妈妈开始了以写信打发日子的生活。宋庆龄也一样。妈妈去世后，我整理她的遗物，发现有宋庆龄写给她的一百六十封信，可是这些信集中在 20 世纪 70 年代。在此之前的信去哪儿了呢？ 1971 年，我们搬过一次家。妈妈对所有朋友都一视同仁，宋庆龄的信和别人的信是放在一起的，很可能是搬家处理旧信时一起烧掉了。

我们从内务部街搬到西便门是因为那一年华国锋调进北京，史家胡同二十五号要腾出来给他住。对我们来说，这是天上掉下来的好事。新的住处比原来的好多了，有洗澡间，里面还有个很大的澡盆，妈妈可以痛痛快快地洗澡了。而且还有地板，那个年代，地板是非常稀罕的，对妈妈来说更是重要，因为地板地不潮湿，自从搬家后，妈妈的手疼就无药自愈了。同时，从东城搬到西城，远离机关，

20 世纪 70 年代初，廖梦醒在西便门家中

妈妈不用回去开会，可以脱离监管，亲友们的来信也可以一封不漏地收到了。

新中国成立后，政府派罗叔章负责与宋庆龄联系，妈妈和宋庆龄见面的机会少多了，但两人一直保持着密切的联系。邮递员三天两头送来个写着“林缄”的牛皮纸信封或什么落款也没有的信，那就是宋庆龄的来函。她给妈妈的信里很少谈公事，大多谈个人的喜怒哀乐，交换对某人某事的看法，回忆老朋友等等。一句话，事无巨细她都写在信里，以致舅舅对妈妈说：“Aunty 打个喷嚏都要告诉你。”她的信，写得十分潦草，使用的什么纸都有，有时是张破纸，有时是精美卡片，并且非常好玩。有一次便条就写在装五香豆的大信封上。她写道：“送你一包新做的上海五香豆。小心黏牙。（如果你有假牙的话！）”还有一次她寄来的卡片上，一面是两只可爱的小狗，笑眯眯地鼻子对鼻子，另一面写着：“在这种鬼天气里给我亲爱的辛西亚开开心！”“鬼天气”是指寒冷的冬天，宋庆龄是南方人，北方的冬天使她难受。她想到什么就写什么，有时一天两封，有时几个月没有一封——那就是说，或者妈妈住院了，或者她自己病倒了。这种事，对两个老太太来说都是家常便饭。既然两人有那么多话说，为什么不见面聊呢？有些朋友也问过我这个问题。但对我们家来说，却好

宋庆龄寄给妈妈的贺卡外封

1978 年 5 月 3 日，宋庆龄致廖梦醒书信的信封

宋庆龄给廖梦醒的贺年片及背面

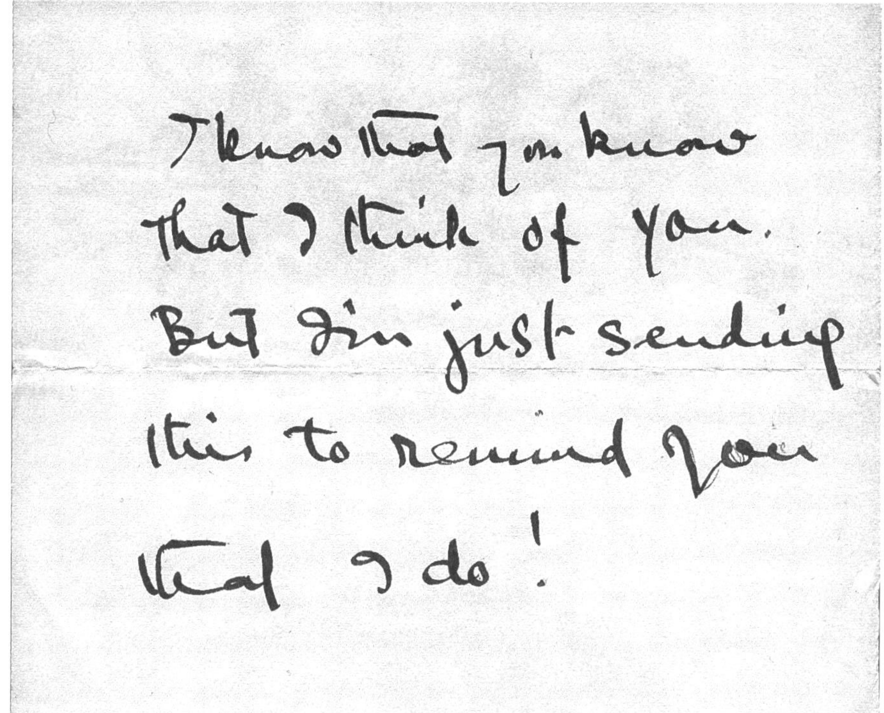

I know that you know
that I think of you.
But I'm just sending
this to remind you
that I do!

宋庆龄写给廖梦醒的卡片："我明白，你知道我想你。但我仍寄上这张卡片告诉你，我的确思念你。"

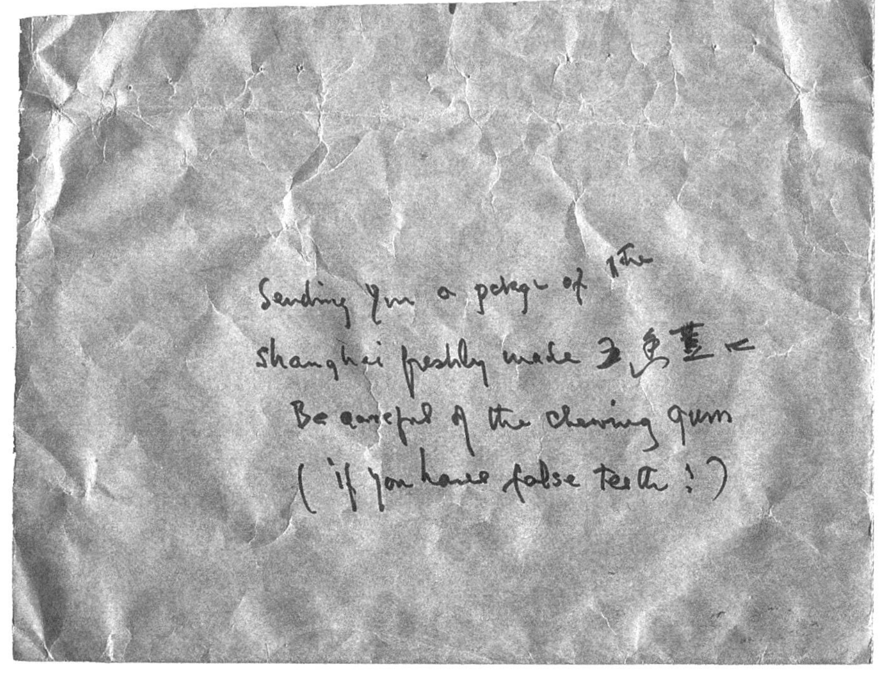

Sending you a pckge of the
Shanghai freshly made 五香豆
Be careful of the chewing gum
(if you have false teeth!)

宋庆龄用来包裹送给廖梦醒五香豆的大信封。上面写着："送你一包新做的上海五香豆。小心黏牙。（如果你有假牙的话！）"

1979 年戴爱莲送给廖梦醒的照片："最爱给予我最好的朋友和同志辛西亚"

像不是问题。从 20 世纪 50 年代到宋庆龄去世的 80 年代初，那些见证了陈平、晓燕从幼儿园孩子直到长大成人的无处不在的牛皮纸信封，以及源源不断的五香豆、熏鱼、点心、芒果，就是宋庆龄。至于那个美丽高贵的宋副主席，反而是个别人。

这话听起来有点儿像狐狸吃葡萄，实际上当然还有具体原因。主观原因，是宋庆龄喜欢安静的生活，宁愿与人通信多于请人到家中；而我妈妈，因为耳朵背，写信比谈话更方便。客观原因，是交通问题。交通工具竟成为这一阶层人士交往的障碍，现在的人们是无法理解的。我一直印象很深的一句话，是戴爱莲用她那"历史华侨"特有的"洋人国语"对妈妈说："我不能来看你，我没有交通。"宋庆龄有"交通"，但她的地位使她拥有的是元首级的"交通"，而这种级别的"交通"并不是谁都能享用的。即便是领导人，用车也有规定。曾经有一次，宋庆龄和我妈妈一同去参加一个什么活动，事后她想送我妈妈回家，被人劝阻了。她回到家就给妈妈写了一封信："我很抱歉不能让你跟我一起上'红旗'车，因为 ×× 告诉我，他已经为你准备了车。看来，现在连这种事也有规定了。我不理解，也不欣赏。不过自从文化大革命以来，我已经学会说话不要太直率了。"

一份重要的文献

宋庆龄写给我妈妈的信中，有一封写于 1969 年 3 月 17 日。对这封信，以前我只注意到它谈及潘汉年的部分。潘汉年和妈妈很熟，1955 年他突然以反革命罪被逮捕，其内情很长时间外界都不得而知。我一直不解，为什么毛泽东过去对潘汉年如此信任（毛泽东早年一本传记就是潘汉年题的书名！），后来却对他如此

1938 年，潘汉年、廖承志等在广州。前排左起：茅盾、夏衍、廖承志；后排左起：潘汉年、汪馥泉、郁风、叶文津、司徒慧敏

严酷。从这封信里，我发现了一些蛛丝马迹。过去我们对党史的许多事毫不知情。近几年，共产国际解密档案中某些与中国有关的部分逐渐公开。当我看到宋庆龄1937年1月写给王明的那封信时，发觉将它与宋写给我妈妈的这封信对照着看，可以就某些费解的事找到答案。

下面是宋庆龄致王明的信中引起人们注意的两段话(摘自2008年6月3日《作家文摘》邵雍、刘雪芹《解读宋庆龄致王明的密函》),当时宋庆龄已加入共产国际，王明是她的上级：

“一段时间以前，作为对毛泽东同志请求帮助提供资金的来信的答复，我在三个月前给他寄去了一笔款项，此事在这里只有一个人知道，他起了联络人作用，通过他，我收到了来信和转寄了钱款。(在同一篇文章里提到毛泽东在1936年通过潘汉年交了一封信给宋庆龄，宋庆龄收信后一个月请潘汉年转寄了那笔款。)”

“几周前，宋子文得到释放蒋介石的保证从西安回来后，想与我见面……当时宋子文问我:‘要是我告诉你，周恩来曾告诉我，不久前你给他们寄去了五万美元，你还会否认你的同志出卖了你吗？’”

这两段话使人产生两个疑问：一、周恩来为什么要把宋庆龄寄钱给中国共产党的事告诉宋子文？二、宋庆龄给毛泽东寄去的款项是她私人拿出来的吗？这两个问题，正好在宋庆龄1969年3月17日寄给我妈妈的信里都有提及：

“潘汉年在被捕前半年把那笔款拿来给我，我以为他想利用我，便让隋同志(宋庆龄的警卫秘书隋学芳）把钱交去给——，此人在黄敬当天津市市长时我在天津见过，不过已忘记他的名字了。他是军人，在潘汉年之后柯庆施从南京调来上海之前掌管上海。对了，他的妻子是广东人。(妈妈在“——”上面填了“许建国”三字。）隋送钱去时他正在开会。隋告诉他，这笔款是潘汉年送来给我的，说是毛主席‘还的钱’。此人立刻把潘汉年从会场叫出来。潘汉年当着隋的面解释了这笔钱的来由。它不是还董‘为党需要’借去的钱，是还毛主席请我向宋子文借的钱（他不知道，自从1927年我去莫斯科后宋子文跟我就分道扬镳了)。不久，这笔以前我赖以为生的钱又再次送回给我。我写这些是为了告诉你，‘董牧师’从我这里拿走的并不是这笔特别款项……

“是王明从莫斯科发报来叫我不要再见董牧师了，而电报是董的女儿露西送来的！”

宋庆龄在以上这段话里谈了三点：一、那笔钱是毛泽东请她向宋子文借的；二、由于她那时已与宋子文分道扬镳，不便向他借钱，因此那笔钱是她自己拿出来的，

Dearest Cynthia:
I am glad you've found an herbalist doc-
tor who has performed a miracle on you. But I hope it will
continue doing you good, which is the most important thing.
Now as regards the "董健吾", Pan introduced
to me, he was a stout & short fellow. It was in 1933 I believe.
Six months before Pan was arrested, he brought me the money.
I thought he wanted to make use of me, so I asked comrade
Shui to take the money to 许建国 whom I met in Tientsin when
黄敬 was 市长 there, but have forgotten his name, a military
man who took charge of 上海 after Pan & before Ko Ching-se was
brought down from Nanking. Well, this man has a Cantonese
wife. He happened to be holding a meeting when Shui went
with the money to him & recounted that Pan gave it to me,
as "return money" from 毛主席. This man immediately called
Pan out of the meeting & Pan explained before Shui what
the money was about. It was not the money 董 borrowed
"for party use", but Chairman Mao asked me to borrow from
T.V. (not knowing that T.V. & I had nothing to do with
each other after I left for Moscow in 1927). Later
This money was again brought back to me & which I had
been giving out all those years. What I wrote you about
is what "董健吾" got out of me, not this special sum.
This military man is now 大使 either in Rumania or
捷克 or 保加利. A good person but I just can't
recall his name now.

1969年3月17日，宋庆龄给廖梦醒的信那是她以前赖以为生的钱；三、另外“董牧师”又从她那里拿走过一些钱，后来王明叫她不要再见“董牧师”了。

这里的第一点与1937年宋庆龄致王明的信引起的第一个疑问有关。周恩来为什么把宋庆龄寄钱去的事对宋子文说呢？因为周恩来知道毛泽东曾请宋庆龄向宋子文借钱。向提供借款的人谈起借款不是很自然的吗？无非就是告诉借出款的人“钱已收到”而已。宋子文曾是国民党政府的财政部长，1936年虽然已辞去财政部长之职，但仍然被认为是中国最有钱的人之一。通过他姐姐向他借钱，应该是行得通的。那时共产党经过长征抵达延安不久，经济十分困难，才会想出此策。周恩来不会想到那笔款根本与宋子文无关。事实上，不仅周恩来，就连毛泽东大概也一直以为那笔钱是宋子文提供的。直到新中国成立后1954年潘汉年还钱给宋庆龄的时候仍称是偿还“毛主席请宋庆龄向宋子文借的钱”！宋庆龄没有意识到，引起这场误会的其实就是她自己。如果当年她直接告诉中共：款项不是宋子文提供的，这场误会就不会发生，也不会让宋子文有机会利用此事挑拨她和中国共产党的关系了。

宋子文的话对宋庆龄是起了副作用的。1954年潘汉年给她送去“毛主席还的钱”时，她以为潘汉年又想“利用”她，故而让隋秘书退还这笔钱——不是直接退给潘汉年，而是交给当时分管公安的另一位上海市副市长许建国。在许建国的追问下，潘汉年不得不当着许建国和隋秘书的面道出：“这是毛主席请宋庆龄向宋子文借的钱”。这个党内机密就这样泄露出来了，这自然不是毛泽东愿意看到的。半年后，潘汉年被捕入狱，导火线并不是这件事，但这件事是否也是他遭受厄运的一个促因呢？

宋庆龄给我妈妈的信里一再谈到的“董牧师”又是另一个误会。董是潘汉年的手下，一个以牧师身份作掩护的地下工作者，1933年潘汉年介绍他认识宋庆龄。之后延安方面告知董：需要用钱就向宋庆龄借。董数次到莫里哀路找宋庆龄，说需要经费维持几部电台。每次宋庆龄都尽可能满足他的要求，当然，用的是她私人的钱。“董牧师”一再要求资助引起宋庆龄不满。后来王明从莫斯科发电报给宋庆龄，叫她不要再见董了。也就是说，不要再给他资助了。董借去的钱一直没有还给宋庆龄。

其实“董牧师”要维持的不仅是几部电台。（宋庆龄与莫斯科的联络也是通过这几部电台，传送电报的人就是董的女儿露西。）董还要维持一个“大同幼儿园”，那里收容着一些革命后代，包括毛岸英、毛岸青等。后来幼儿园遭到解散，原因

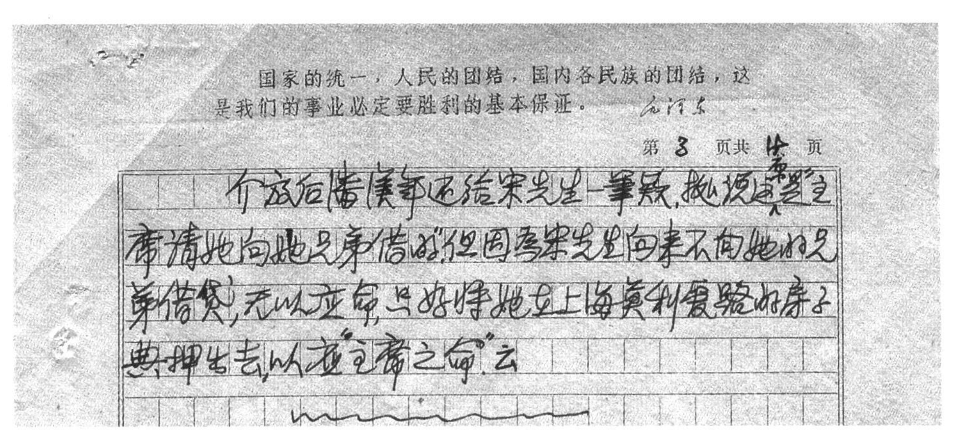

国家的统一，人民的团结，国内各民族的团结，这是我们的事业必定要胜利的基本保证。 毛泽东

第 3 页共 页

解放后潘汉年还给宋先生一笔款，据说这原是"主席请她向她兄弟借的"但因为宋先生向来不向她的兄弟借贷，无以应命，只好将她在上海莫利爱路的房子典押出去，以应"主席之命"云

廖梦醒关于潘汉年借款的回忆手迹

是国民党破坏还是经费不足就不得而知了。

至于谈到潘汉年经手的那笔巨款，它是不是宋庆龄私人的钱呢？“文革”结束后，妈妈单位把她在“文革”中写的交代材料全部发还给她。我无意中在妈妈写的材料里发现几行字 ：

“解放后潘汉年还给宋先生一笔款，据说这原是‘主席请她向她兄弟借的’。但因为宋先生向来不向她的兄弟借贷，无以应命，只好将她在上海莫里爱（哀）路的房子典押出去，以应‘主席之命’云。”

这份材料写于 1969 年 3 月 18 日。交代内容当然不限于以上这件事。当时妈妈每天要在单位写交代材料，有些事因时间久远记不清楚，便需了解清楚再写。3 月 18 日这天她写的材料，一开始便是：“写完上面的材料后（即前一天的交代），因丁同志嘱要‘具体时间、具体人物’，我又收到宋庆龄先生的回信。故云：……”妈妈一面写交代材料，一面还要向宋庆龄核实。因为新中国成立前妈妈跟随宋庆龄工作，许多事情都与她有关。这次交代便是由于涉及 1941 年在香港妈妈陪宋去码头取回一鞋盒美钞的事而写信给宋庆龄核实的。在这种情况下写下的文字，应该是不会有虚假。

除此之外，宋庆龄 1969 年写给我妈妈的信中也说那是她“以前赖以为生的钱”。据一度充当潘汉年与宋庆龄之间联络员的李云在《随宋庆龄走过最后三十年》一文中所述，宋庆龄新中国成立前“只靠孙中山先生逝世后的抚恤金的利息过生活”。抚恤金总额是多少？ 1974 年 4 月 25 日，宋庆龄写信告诉我妈妈 ：

“你的父亲被反对派暗杀时，我曾从上海去信广东，说他的家人应得到与我同样的待遇。我弟弟（即宋子文）写信告诉我，国民党下令给她（指外婆何香凝）五万广东省币抚恤金，与我得到的数目相同。”

也就是说，孙中山逝世后，广东省国民党政府给宋庆龄的抚恤金是五万广东省币。那时，广东用省币，1935 年才统一改用法币。五万广东省币是个什么概念？仅举一例：我的当工程师的姑父 1932 年在广州自己设计建造了一幢三层小洋房，面积约一百七十平米，费用是一万多省币。姑父当年月薪不低，是二百省币。五万省币相当于他二十年工资。可见，五万省币不是个小数目。孙中山逝世后宋庆龄靠五万广东省币的利息过日子是完全可能的。这就是她信中说的“以前赖以为生”的原因。

然而，即便宋庆龄把抚恤金全部拿出来，与五万美元仍有很大差距。在 1936 年，美元与法币的汇率是一比三点七七，即一美元可换三点七七元法币，五万美元约等于十九万法币。广东省币的币值比法币更低一点儿。因此她才需要把上海莫里哀路的房子典押出去。从以上两份材料来看，宋庆龄拿出的巨款是她私人的钱。

鉴于宋庆龄在毛泽东提出要求资助的一个月之内就拿出了这笔款项，有人认为这笔钱可能来自共产国际。不错，宋庆龄曾经为共产国际转交过钱给中国共产党。可是，如果这笔款项是共产国际提供的，潘汉年为什么要把钱还给宋庆龄呢，还说是“毛主席请她向宋子文借的钱”？共产国际在革命的各个时期都给过中国共产党经济上的资助，向来不存在“还钱”的问题。这笔钱在宋庆龄退还之后，不久又送回给她了。这也从另一个角度上说明，钱是宋庆龄私人拿出来的。

生则同衾，死则同穴

“文革”开始不久，国务院侨办的造反派来抄舅舅的家，闹得翻天覆地。外婆住在西翼，与舅舅住的东翼当中虽然隔着一个大客厅，也听得见吵闹声。她问：“那是什么声音，这么吵？”家人答：“是侨办的人来帮着打扫卫生。”后来，周恩来列出了一份包括外婆在内的应予保护的人士名单，外婆家门口便有解放军把守，再也没有人进来骚扰。外界的动乱，家人能瞒则瞒，但外婆也不是什么都不知道。我去看她时，她总是问：“刘少奇现在怎么样了？”

外婆喜欢有人陪她打麻将。每次玩的时候，大家都心照不宣，故意放牌给她，

作画中的晚年何香凝

1964年，何香凝与孙辈下棋，全家围观

让她赢。舅舅更是故意偷牌，让她发现，然后胡闹一顿，逗她高兴。“文革”开始后，一次我去看她，她又要我陪她打麻将。我说：“现在破‘四旧’，不能打麻将了。”她不以为然：“毛主席还打麻将呢！”她的生活没有太大变化，每次我去，她都叫人到隔壁华侨饭店炒一个菜回来，给我加餐。

“文革”对外婆最大的冲击，是舅舅被隔离，四年不能见面。外婆的情绪也从平静渐渐有点儿紧张了。1969年底下放之前，我去看她，她拿出两张百元美钞给我，让我做不时之需。那是她的积蓄，老人都喜欢放点钱“防身”。只是那时“我不敢收藏美钞。我们单位的造反派正发愁找不到罪名治我，万一被他们发现家里有美钞，那我必成“里通外国”无疑。因此，晚上我拉上窗帘，划着一根洋火把二百元美钞烧掉了。烧的时候，我并不心疼这钱，但心疼外婆的心意。

舅舅1967年初住进中南海被隔离审查，1971年林彪事件之后才回家。说来也可怜，这期间母子二人只有在病重时才能相见。1969年的一天，外婆突然派车来接妈妈和我去，原来是舅舅在隔离时心脏病发作，周恩来吩咐把他送进了三〇一医院。外婆要去三〇一医院探视，难得有机会看见舅舅，便让妈妈和我一起去。外婆和舅舅已经两年不见，这两年国家和个人都发生了剧变。本来那么活宝的舅舅，变成一个木讷的人，问一句，答一句，过去的幽默诙谐不复存在。我心里非常难过，多么大的打击才能使人变成这样啊。外婆、妈妈和舅舅，除了彼此问问健康之外，也不敢说什么话。我努力挑起话题，设法打破沉默。外婆终于要走了，舅舅弯下腰去掏床底下的布鞋，想送送老母。有人进来，说：“首长，还是不要出去吧。”舅舅失望地又把布鞋放回床下。我只能这样想：比起许多人，我们已经好多了。

外婆第二次有机会看见舅舅，是她自己病重住进北京医院。外婆得了肺炎，告病危，外地的家人都被叫回北京。我当时在山西干校，也被叫了回来。外婆已经有点糊涂，老是把我叫作“阿醒”，待晓燕去看她，她又把晓燕叫成“囡囡”。一天，听说舅舅获准到医院来看外婆，我立刻跑到对面新侨饭店买了一份煎猪排，等着给舅舅加餐。他是个那么馋的人。新侨饭店，是舅舅在20世纪50年代让他的表妹夫邓文钊帮忙集资兴建的，是北京第一家合资饭店。每次邓文钊到北京，都请我们一家去新侨饭店吃西餐，热闹得很。舅舅应该很久没吃西餐了。

舅舅到医院看外婆的时候，周恩来也去医院，既看外婆，也看舅舅。外婆很怕死后火化，她用哭腔对周恩来说：“我不要烧！”她要求去世后和外公合葬。周恩来连连安慰她：“不烧！不烧！”这样，外婆几乎成了世界上最幸福的人。试问，世界上有几人能与自己心爱的人生同衾、死同穴？我的妈妈、爸爸，生与死都是

20世纪60年代，何香凝（中）与廖梦醒（左）、廖承志在北京王大人胡同家中

20世纪50年代何香凝（右）在北京王大人胡同家中作画，左为廖梦醒

天各一方。

外婆是个长寿之人，尽管她脾气急，爱抽烟，还不忌口。她什么都吃，更爱吃甜食。（妈妈和我都有这个遗传。）1952年我陪她去大连休养，一次吃饭时，她竟在肉末粉丝里洒上白糖才动筷，令我目瞪口呆。不过米饭她吃得很少，盛饭的时候，她总是要“一个麻雀那么多”。开始我以为她说天上飞的麻雀，后来才搞清楚，是麻将牌，广东人管麻将叫“麻雀”。由于她自己在饮食上不讲章法，害得廖晖跟她在香港的那几年吃饭也没有章法。大约有两三年光景，他任何蔬菜鱼肉一概不吃，惟一吃的只是奶酪拌饭。

有人曾问我，知不知道外婆有一个益寿延年的药方。我知道外婆长期服用一帖她自己配的中药。妈妈在重庆时，外婆曾经从桂林去信，让妈妈替她买“党参半斤、付子半斤、北芪半斤、云苓四两、白术四两”，想必这些就是那帖药的内容了。但那是外婆自己给自己开的，还是她的胞弟何季海给她开的就不得而知了。何季海是个很好的中医，曾经在广州的中医考试中得第一名。解放后他要求外婆推荐他当中医研究院院长，外婆没有答应。我们家，从外公开始，都在意“瓜田李下”之嫌，不帮自家人走后门的。外婆四十多岁就患心脏病，久病成医，慢慢琢磨出适合自己的药方也不奇怪。不过外婆长寿并不是全靠服药，她天天作画。书画家大多是长寿的。他们既心静，又有一定的活动。外婆直到耄耋之年每天早晚还在床上做体操，伸伸腿，拍拍肚皮。虽然运动量不大，但持之以恒，故而见效。

1972年9月1日，外婆终以九十三岁高龄寿终正寝。她是在凌晨二时去世的。半夜电话铃响，通知我们这个噩耗，妈妈和我立刻赶到医院。外婆几次因肺炎住院，时好时坏。头脑清醒时，她还能看《史记》。外婆生日那天，妈妈去医院为

1951年10月，宋庆龄与何香凝合影于全国政协一届三次会议召开期间

1959年冬，朱德、何香凝、廖梦醒摄于广东从化温泉

她祝寿。妈妈最后去医院看外婆是8月28日。尽管妈妈有思想准备，但事到临头仍然心里发慌。我头天晚上才从山西干校调回北京，本想第二天去看外婆，谁知永远也见不到了。天刚亮，宋庆龄就到了北京医院，她是向外婆遗体告别的第一个人。她和外婆是半个世纪的朋友。孙中山去世后，两人继承他的遗志最为坚决，几十年来从不动摇，据说周恩来曾感叹："国民党还有什么人？只剩下两个女人！"宋庆龄和外婆的友谊，是与孙中山、廖仲恺连在一起的。外公遇刺时，宋庆龄不在广州。她从上海去信广州政府，要求给予外婆与她本人同等的抚恤金。宋庆龄的年龄介于外婆与妈妈之间，她们母女俩都是宋的朋友。宋庆龄很尊敬外婆，总是称她"廖夫人"，外婆也一直称她为"孙夫人"。她们那一代人，所受的教育与后来的人不同，她们不会像有些书上所写，彼此称"大姐""小妹"什么的。

在那段日子里，飞进我家的牛皮纸信封更多了，整个9月份几乎隔天一封。外婆的去世打破了宋庆龄的平静。

"虽然你亲爱的母亲已经活过了'人生七十古来稀'的年龄，但她的去世仍使我们深深地哀痛。不过她不会再有痛楚，也不会再失望了，因此你也不要太伤心以致影响自己的健康。

"一紧张我又发痒了，一点儿声音都会让我心烦意乱。昨晚我刚上床，接到国务院秘书室的电话留言，说朱德同志将主持9月5日下午四点开的追悼会，总

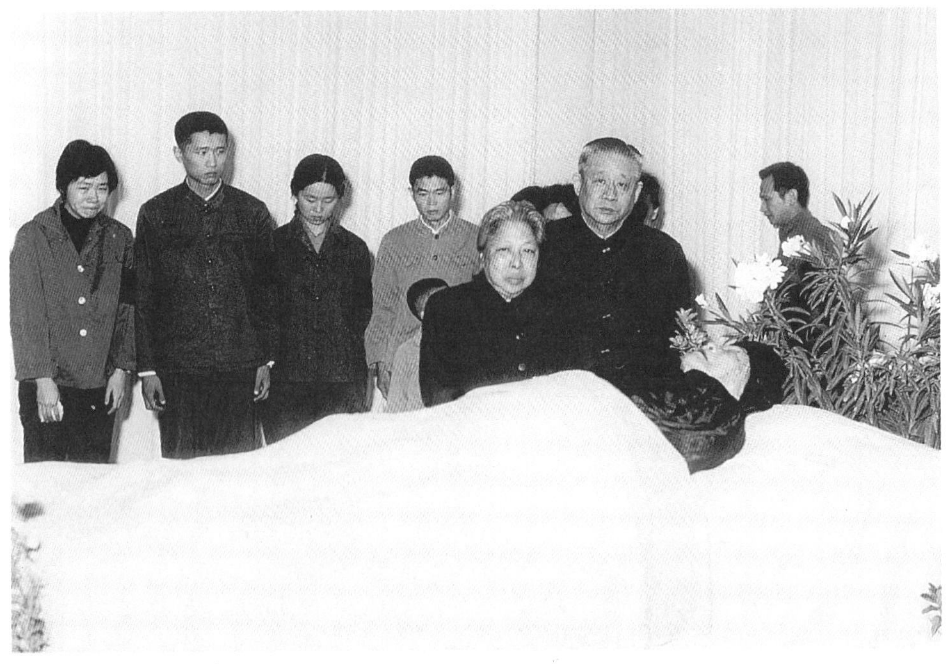

1972年9月4日，廖承志、廖梦醒在北京医院何香凝遗体前

1972年9月6日，廖梦醒（左四）在南京打开的廖仲恺、何香凝墓墓穴背后

理要我致悼词。我猜想，悼词是他们写，而不是我写，因为他们没有提及此事。”（9月3日信）

“我很抱歉不能陪你去南京，因为膝关节炎无法爬上小茅山，连站着超过十分钟都很困难。不过为了读你母亲的悼词，我会尽最大努力站着的。”（9月5日信）

“我在追悼会上读悼词的时候，身上痒得要命，以致声音都变了。悼词是国务院准备的，因此我不能称你母亲为同志，其实她根本就是同志，但他们交到我手上，我只能照念。”（9月8日信）

“追悼会上我分不清你们家族的人。我的眼睛充满泪水，尽管你亲爱的母亲活得很长寿，但看见她离开我们，对我来说仍然是很大的痛苦。如果我的关节允许的话，我定会送她一程。气候已凉爽宜人，但我又开始发痒了。四位医生来看我的皮肤病。从9月1日起，我的血压也上升了。”（9月11日信）

1972年9月5日，北京人民大会堂举行了外婆的追悼会，天安门下半旗。追悼会后，遗体运往南京与外公合葬。当时周恩来已在病中，仍亲自到火车站送灵，并派邓颖超护灵去南京。我们一行人坐专列，9月6日下午抵达南京后，立即在紫金山廖墓举行了庄严肃穆的葬礼，因为遗体不能再放了。外公的墓是一个结结实实的水泥半圆体，南京方面费了很大劲，才在这个水泥球的背后凿出一个洞，以便把外婆的棺材放进去。然而外公的墓是几十年前修建的，经过世事变迁，图纸早已不知去向，凿开以后才发现，准备放外婆棺木的洞穴并不是与外公并排，

1972年9月6日，南京紫金山廖仲恺墓前举行何香凝葬礼

1972 年 9 月 6 日，许世友在南京火车站迎接何香凝灵柩

1972 年 9 月，参加何香凝葬礼人员在南京大桥上合影。站立者前排右二为廖梦醒

而是在外公上面。这时已经来不及重凿了。负责人告诉妈妈和舅舅这一情况时，姐弟俩表情尴尬。舅舅无可奈何时总是做出那种表情。幸好妈妈、舅舅都是开明派，并不迷信，既然生前就是外公听外婆的，死后外婆在上就在上吧。

1972年，江青一伙正处心积虑要除掉南京的领导人许世友。我相信，周恩来派邓颖超去南京，除了护灵之外，也有支持许世友的意思。在如此险恶的形势下，为把葬礼办好，许世友尽了最大努力，并在葬礼后设宴热情招待了我们一行。他穿一双草鞋，不停地劝酒。妈妈不会喝，只能由舅舅、舅妈代劳。舅妈是绍兴人，喝起酒来能与许世友匹敌。许世友是个大孝子，他对舅舅说："你的妈妈就是我的妈妈。"许世友1985年去世前，要求葬在他母亲墓旁，说生不能尽孝，死后要永远陪伴她。

在去南京的火车上，邓颖超把我叫到她的车厢。"文革"开始后，周恩来和邓颖超立下规矩，不与过去的熟人来往，免得影响别人。也许因为我只是个晚辈，所以例外吧，"文革"中我和邓颖超的接触反而比过去多。尽管她在电话里用广东话警告过我要小心"滴滴滴"（暗喻三点水），但在此之前我们仅通过电话，见面还是首次。以前每次我到北京医院看外婆时，她就打电话到北京医院找我听电话，因为家里电话已经拆了。就这样她同我谈过几次。舅舅"解放"后，她不方便打

1964年7月，何香凝生日，邓颖超向她赠送礼物。中立者为廖梦醒

电话到舅舅家，就让我传话。（舅舅 1971 年“解放”，名字第一次见报时，报上登的是：“廖承志久病初愈……”）火车上我把许许多多想不通的问题一股脑儿向她倒了出来。她和我谈到她的另一个干女儿孙维世的死，掉下了眼泪。她说，孙维世绝不是自杀的。她要我记住，任何时候都要坚强。谈到外婆时，我说，我最喜欢外婆的是她的硬骨头，嫉恶如仇，淡泊名利，不为五斗米折腰。这时是 1972 年，有许多事我还不知道。后来云开雾散，拨乱反正，我听到关于外婆的两件事，就更喜欢她了。一是 1953 年批判梁漱溟的时候，所有人都对他很不客气，把他批得一无是处，惟独外婆比较客观，梁漱溟本人回忆这段历史时说，我外婆是惟一在发言中称他为“梁先生”的，并且“明确肯定了我过去是反蒋抗日的”。一是前几年某人有鼻子有眼地对我说，外婆曾为彭德怀抱打不平。我不太相信，因为彭德怀的事是党内斗争的事，她不会很了解。但是我听了还是很高兴，因为这说明，在人们心目中外婆是个仗义执言的人。

痛失周恩来

20 世纪 60 年代，宋庆龄访问亚洲国家归来，周恩来到机场迎接。左为廖梦醒

1976 年是充满悲伤的一年。周恩来、朱德、毛泽东相继逝世。周恩来逝世，首都人民自发地相送十里长街，这在中国数千年的历史上是空前的。据说，只有孙中山逝世后，载着他灵柩的汽车驶出西直门去西山，京城内才有过万人空巷沿途送灵的情况。对于一直深受周恩来关怀的我们一家，自然悲痛万分。妈妈在她的文章《恩情》里（那是她的朋友、作家徐迟帮助润色的）记述了那悲痛的一天：

> 1976 年的新年过得最黯淡。我因腿部骨折在北京医院住院。8 日晚上，不知怎的，我一整夜都这里痛那里痛，总睡不着。9 日早晨，听见一个病房里的病人号啕大哭，哭得我好奇怪。总理以前的保健大夫周大夫来看我，只告诉我总理情况不好，我们已经泪如雨下。其实我女儿早已知道总理逝世的消息了。她到北京医院时，周大夫和她商量，叫她慢慢地告诉我，怕我一下子知道，心脏受不了。因此，她见到我时，只说："总理情况最近恶化。"我看她神色不对，但因为我住的是单人病房，她对我封锁消息是很容易的。直

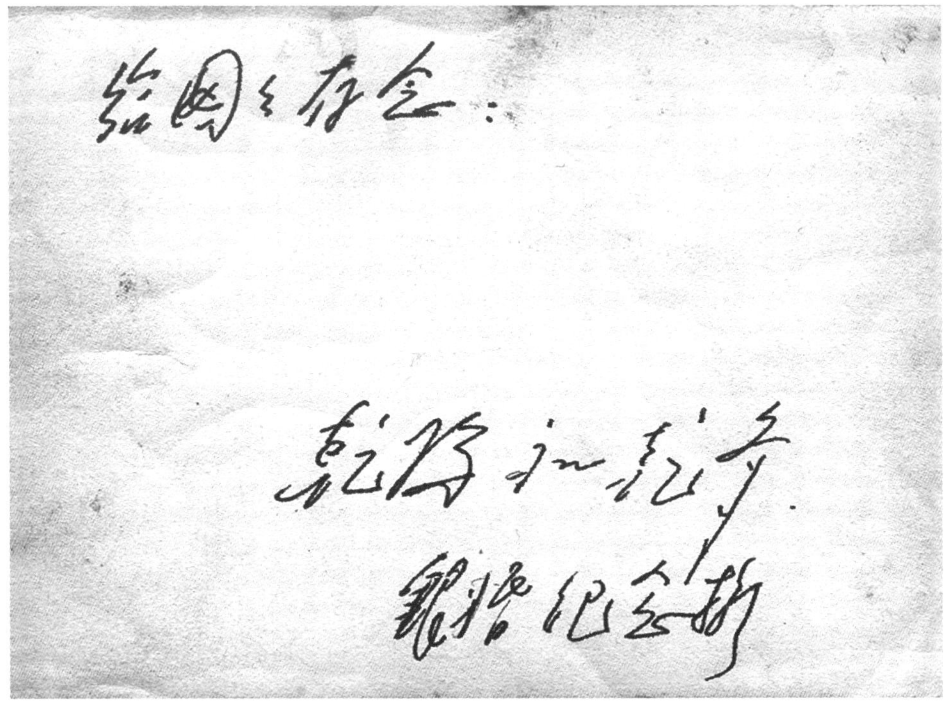

给囡囡存念：

乾爹和乾妈

银婚纪念影

1950年，周恩来、邓颖超赠给李湄的银婚纪念照及背面到10日下午，我女儿向总理遗体告别归来，和周大夫商量好了，才推开我病房的门。我一看他们臂缠黑纱，就号啕大哭起来："你们不必讲了，我知道了。"我的外科主治大夫刘大夫见状立刻推一辆轮椅来，把我抱上轮椅。我女儿和孙女儿推着我去向总理遗体告别。排队的人很多，都顾不上打招呼，只顾饮泣。进入灵堂，看见关怀了我家三代人的总理躺在灵床上。我想起在母亲的告别仪式上，总理在我左耳边低声说了一句话。事后，我顿足捶胸，后悔没有带助听器，总理对我讲的最后一句话是什么呢？现在已经永远不能得知了。这将是我毕生的憾事。奈何奈何！我不由得大哭起来。

妈妈有一件毕生的憾事，我也有一件憾事。那是1962年阴历5月27日，外婆生日，周恩来到外婆家向她祝寿。他们和陈毅夫妇，我舅舅、舅妈坐在小客厅闲谈的时候，摄影师杜修贤举起照相机准备拍照，这时周恩来突然问："李湄呢？"人们找到我让我去小客厅。周恩来挪动了一下身体，在左边腾出一点儿地方，用手拍了拍示意我过去。我高兴地向他走去。不料此时舅妈发话："别过去了！坐下吧！"于是，这张曾无数次发表过的相片就成了这样的格局：周恩来和陈毅之间有个空间，而我却坐在舅舅身边的沙发扶手上。每次看见照片，我都觉得特别遗憾。

周恩来病重的时候，我们一家和全国人民一样，日夜盼望着他早日康复。妈妈知道他喜欢吃广东食品，便让我和晓燕起早蒸萝卜糕，磨芝麻糊，装进几个玻璃瓶，坐公共汽车送到中南海西门，好趁新鲜带去给他吃。除此之外，我们也想不出别的更好的办法表达我们的心意。那时他已吃不下什么东西，一瓶芝麻糊好几次才吃完。但邓颖超告诉我们，他喜欢吃。

1975年6月15日早晨，邓颖超突然来电话，叫我立刻去，因为"我们惦记着的人"上午要回西花厅。这是我最后一次看见周恩来。妈妈行走不便，没有叫她。那天，除我之外，还有周恩来的侄子等人。这时离周恩来去世只有半年多，他非常消瘦，但两眼仍炯炯有神。他坐在沙发上与我们闲谈，又告诉邓颖超他见到了双目失明的蔡畅，还调皮地补充了一句："我亲了她的额头。"经过了九年除了革命还是革命的日子，突然听到一个国家领导人讲出这么有人情味儿的话，心里一下子就产生出希望：人性终究是泯灭不了的。不知道这次是不是他最后一次回家，他只停留了一小时左右。我特别感激邓颖超，把这样珍贵的机会与我们分享。当她向周恩来提起我的孩子时，他疲倦地说："第三代我已顾不上了。"话中隐含着

1962年7月6日，周恩来、陈毅等在北京王大人胡同何家为何香凝祝寿。左起：经普椿、廖承志、李湄、廖菁、何香凝、周恩来、陈毅、陈珊珊、张茜

20世纪80年代，邓颖超与李湄在中南海西花厅

一种不祥之兆，我顿时感到凄然。

那年夏天，妈妈朋友的一个孩子托我们递一封信给周恩来，那是刘少奇的儿子刘源写的。刘少奇已被打倒，王光美入狱，子女被赶出北京，只有最小的女儿在北京。刘源要求让他从山西调回北京，以便照顾年幼的小妹妹。这封信令我很为难。当时针对周恩来“批林批孔”的硝烟刚散，“四人帮”甚嚣尘上，周恩来处境险恶，又在重病之中。为刘少奇的子女说话，是个多大的罪名啊。我硬着头皮打电话给邓颖超说要见她。她看信后，说试试看。很快周恩来做了批示。不出十天，刘源已回到北京。我向邓颖超道谢，她说：“不必谢我，这也不是你干爹的功劳。党中央最近有政策，不株连家属。如果没有这政策，你干爹也帮不了忙。”话虽这么说，我认为周恩来做出这个批示还是不容易的。

待丧事全部结束后，邓颖超才让我去看她。妈妈把国外朋友送的好吃的东西，诸如广东咸鱼、罐头鲍鱼等让我带去给她。她一见罐头鲍鱼顿生感触：“你干爹生病的时候就想吃这个。”我的心紧缩起来，叫道：“您为什么不告诉我们呢？”她说：“我怎么知道你们有啊？”唉，我们还曾绞尽脑汁猜他喜欢吃什么。回到家我告诉妈妈，妈妈懊恼不已。

1976年首都的悲痛气氛从1月延续到4月。人们臂上的黑纱久久没有摘下。清明时节，群众涌到烈士纪念碑去寄托自己对周恩来的哀思。上级传达叫大家不要去天安门，实际上没有谁不去的。4月3日，我下了班直奔西花厅，迫不及待地把在天安门广场上的所见所闻讲给邓颖超听。她微笑不语，待我讲完，才不慌不忙告诉我，她已坐车到天安门绕了一圈。不过她没有下车，看不到那些骂“四人帮”的诗。我就把抄来的诗，一首一首念给她听。她最喜欢那首“三人只是一小撮，八亿人民才成众”。那天晚上，邓颖超情绪很好，不像 3 月份我去时。当时是因为报上登了一句话 ：“党内那个走资派要把被打倒的至今不肯改悔的走资派扶上台”。这句话，像个绕口令，现在的年轻人看了不容易明白它说什么。但在那个年代，中国人都练就了一双金睛火眼，特别敏感，一看就知道，这是批周恩来让邓小平复出工作。我非常气愤，下了班，把报纸拿去给邓颖超看。她的反应出乎我意料之外，非常平静 ：“反正你干爹也死了，爱怎么说就怎么说好了。”我突然明白，周恩来为什么要把自己的骨灰撒向祖国大地。联想起妈妈看见那么多熟人被整得死去活来时，也曾痛心地对我说 ：“幸亏你爸爸不在了，否则现在还不知道怎样挨整呢。”中国人经过“文化大革命”都悟出一些道理，但是，还有什么比庆幸自己所爱的人不在人间更可悲的呢？！

宋庆龄骂“四人帮”

随着“文化大革命”的不断深入，宋庆龄的思想也不断地发生变化。1969 年 3 月 17 日，她写给妈妈的信中还紧跟当时的政治节拍要“揪出”某人。1970 年 1 月 25 日，她关于干部下放的那封信也还是“紧跟”的。但 1971 年 2 月 11 日她给妈妈的信，比起以前的信，在情绪上已迥然不同。她写道 ：

“虽然春节给许多人带来欢悦，可是，唉，爆竹并没有使我快乐，坏消息让我做噩梦……这些日子对我来说只有坏消息。我在这边的亲戚都解放了，因为经过彻底调查，没有发现他们做过什么坏事，只不幸他们是‘四大家族’的亲戚，而这并不是他们本人的过错。他们现在还挤在亭子间里过着捉襟见肘的日子。我自然要帮助他们。但这不过是沧海一粟，因为我现在也只靠工资生活。我只希望我的表亲们不再有人像我的表妹那样自寻短见。她的死我是要负部分责任的。她曾告诉我，她被那些无法无天的暴徒殴打到吐血，还不如死了好。当时我不够警惕，我本应打电报让她住到我（上海的）家，或者把她接到这里来的，可是我听信了那些冷酷无情的人，他们说，她不过在骗我。可怜的杰西卡，我亲爱的表妹就这样去了……

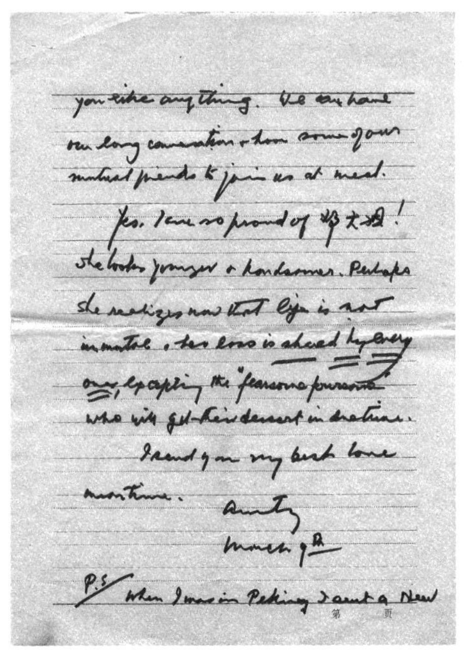

you like anything. We can have
our long conversation & have some of our
mutual friends to join us at meal.
Yes, I am so proud of 邓大姐!
She looks younger & handsomer. Perhaps
she realizes now that life is not
immortal, & her loss is shared by every
one, excepting the "fearsome foursome"
who will get their dessert in due time.
I send you my best love
meantime.
Aunty
March 9th
P.S. When I was in Peking I sent a New
第 页

1976 年 3 月 9 日，宋庆龄在给廖梦醒的信中痛斥“四人帮”

“很快人大就要开会了。我衷心希望当局不要再委派我什么职务，因为现在我已无法担任了。我连站起来都困难，后背和膝关节疼得要命……”

妈妈把这封信译成中文，反映给周恩来。但宋庆龄的职务仍然没有改变。周恩来逝世后，1976 年 1 月 24 日她来

20世纪60年代宋庆龄于北京。后面写着：“你瞧，我仍然想住在农场！”

Dear Cynthia -
So you see I still
want to live on a
farm! SCL

1958年6月，在宋庆龄家中纪念保卫中国同盟成立二十周年。左起：廖梦醒、聂荣臻、陈毅、宋庆龄、邓颖超、周恩来、何香凝、朱德、董必武、×××、康克清

信说："写这封信是秘密告诉你，也许我将能够回家，做出一个改变了。那巨大的震惊以及我的皮炎、关节炎恶化，使什么安眠药都没有用。双眼似乎总是睁着的。""巨大的震惊"自然是指周恩来逝世。宋庆龄在"秘密"字下画了横杠，则使得她所说的"改变"含有特殊的意义，不知道她是不是又重新提出了辞职。她喜欢住在上海，而国家领导人需要大部分时间在北京。

"四人帮"倒台之后，宋庆龄在写给朋友们的信中有些斥责"四人帮"的话。实际上，"四人帮"还在呼风唤雨不可一世的时候，她已经在骂他们了。周恩来的死使她愤怒，谁都明白周恩来的癌症是怎么得的。1976年3月9日，宋庆龄写道："邓大姐看来比以前精神了，好看了。也许她现在已意识到，人总不免一死，她的损失所有人都在替她分担，除了那'可怕的四人帮'之外，他们总有一天会遭到报应的。"她在另一封信里又写道："邓大姐很勇敢！她挺住了。孙博士去世后几天我是那么孤立无援，我把自己关在一间黑屋子里，拒绝见任何人……我们的总理是属于那么一种人，他们将来会被历史学家确认为一个最伟大的国家——中国的最伟大的人物。"

半年之后，1976年7月，宋庆龄所钦佩的朱德也去世了。她写信对妈妈说："参加完我们所爱的同志和领导的沉痛的葬礼后，我又回来了。（指回上海。）他是我知道的最不出风头的人。他为中国做了那么多事，却如此地低调。朱德同志得到所有人的爱戴。在我们最敬重的总理同志刚刚离开人世不久，现在我们又受到一次沉重的打击，真是令人难以承受。"当她知道我妈妈也参加了朱德的遗体告别仪式后，说："我和你的感觉一样，像失去了一个自己所爱的亲人！他从来没有丧失过对生活和对政治的把握，在政治‘浪潮’面前永远保持镇静。”

“四人帮”倒台，宋庆龄和全国人民一样高兴。1977 年新年期间，她从上海给妈妈写信：“如果你在这里，你一定会和我一起过新年的，因为我只有一个人，我们可以天南地北聊天……待我们见面时，我们会有很多事要互相倾诉！‘四人帮’被抓起来了，真高兴。将来有一天该拍一部关于他们的电影。”她不知道从哪里弄来的美国人维特克描写江青的《红都女皇》，把书借给妈妈看，说：“那本关于可怕的毒蛇江青的大厚书已经到了。她真是个妄想自大狂！你会像我一样感到吃惊，一个在那种环境里的女人竟能变得如此卑劣阴险。”

宋庆龄和我妈妈，谁弄到什么有意思的读物，都会互相交换看。“文化大革命”中，我在单位弄到什么手抄材料，也借给她看。1972 年 9 月 20 日她给妈妈来信说：“还给你所有借给我的材料。我日夜赶着看完了，以便囡囡可以及时归还别人。”还在极“左”思潮泛滥的时候，她写信说：“如果你有一本叫《飘》的书，请借给我。虽然我在香港看过这部电影，但当时没有看得很明白——现在作者已经死了。查理 · 卓别林也死了。”

故地重游

《我的母亲何香凝》书影。廖梦醒著，1984年6月出版

外文局属下的日文刊物《人民中国》在外婆去世后，约妈妈写一篇纪念外婆的文章。妈妈开始动笔，用她娴熟的日文撰写了《我的母亲何香凝》。本来只打算在1973年第1期刊登，谁知妈妈不下笔则已，一下笔就收不住，两期也登不完，结果连载了五期。香港《大公报》把这篇文章从日文翻译成中文，在报上连载。第二年，香港朝阳出版社又根据《大公报》的译文出了单行本。20世纪80年代，人民出版社《人物》小丛书出版的时候，请妈妈把译文修订一下出版了单行本。《我的母亲何香凝》是第一本何香凝的传记，虽然写得比较粗糙（只有四万字左右），但骨架搭起来了，后来的何香凝传都离不开妈妈写的主要事实。

《我的母亲何香凝》发表后，日文版《人民中国》的编辑沈兴大经常来约稿，妈妈也就大写特写起来。她都是用日文写，《人民中国》连翻译都省却了。有人以为妈妈在《人民中国》发表的稿子是她用中文写，由别人翻译成日文。其实完全不是这样。她在日本念小学，十五岁才回国，连舅舅都说："我姐姐的日文比我好。"《石头的故事》写的是20世纪60年代的事。妈妈很喜欢南京雨花台的石子，因为那上面染着烈士的鲜血。一次，妈妈托人带了几块雨花石送给日本朋友，告诉他们，相传石子上的红色是烈士的鲜血所染。日本朋友深受感动，许多人都来信向妈妈要雨花石。后来这些朋友成立了一个争取世界和平的团体，就叫“石头会”。妈妈在文章里没有写的是，“文化大革命”中“石头会”也成了审查她的内容之一。

《木屐的带子》一文更引出一段佳话。它讲述了妈妈在东京上小学时的一件小事。一天下雪，妈妈放学回家，路过一座木桥，木屐的带子突然断了，妈妈急得哭起来。一个大学生模样的人走过，问道：“小姑娘，哭什么？”妈妈答：“木屐带子断了。”那个大哥哥便把自己衣服上的带子解下，替妈妈把木屐绑上，还用手试了试，说：“可以走路了，快回家吧，不然妈妈要着急了。”文章发表后，一天，沈兴大送来一个包裹，是从东京寄到《人民中国》转交给妈妈的。打开一看，是一封信，一叠照片，还有一双木屐。原来，一个姓钲键的日本人，读了《木屐的带子》之后，深受感动，便沿着文中所说的路线走了一趟，拍下十几张照片，连同一双木屐寄来。钲健信中告知，六十年前妈妈走过的木桥，现在已经变成钢筋水泥桥了。

日本是妈妈度过小学和初中岁月的地方，她对那块土地是有感情的。由于战争和其他原因，她六十年没有机会故地重游。1979年“中日友好之船”访问日本，妈妈没能去，她感到很遗憾。她还是中日友好协会的理事呢。夏天，曾经在北京长住过的西园寺公一夫妇来探望妈妈，知道了这件事。不久，几位从事日中友好活动的夫人便联名邀请妈妈访日。她们包括宇都宫德马夫人宇都宫辽子、宫崎世民夫人宫崎千代、西园寺公一夫人西园寺雪江等。

1980年4月15日，廖梦醒抵达日本东京成田机场

1980年4月15日至28日，妈妈带着我访问了日本。主人选择这个时候，是因为4月正是樱花盛开的季节，她们知道妈妈喜欢花。而且，4月份天气不冷也不热。两周内我们访问了东京、京都、大阪、奈良和箱根。妈妈腿脚不便，全程坐轮椅。日本对伤残人士照顾周到，没有什么地方轮椅不能到达。我们乘坐的是一辆小面包，坐车的时候，只需打开后门，就有一块铁板落地，把轮椅推

1980年4月，廖梦醒与西园寺雪江在日本箱根吃生鱼片

上去，铁板上升，就把轮椅送进车内。我从来没有见过这样的汽车，觉得很新鲜。两年后，舅舅骨折，国内没有这样的车，他去广州参加仲恺农校的一个活动，每次上车下车都很费劲。当然，如果不是日本有这样便利的条件，几位夫人也不会邀请妈妈过去，她们知道妈妈行动不便。西园寺雪江全程陪同我们，八木敏子充当翻译。八木在中国工作过三十多年，中文很流利。惭愧的是，我连一句日文也不会，八木实际上成了我的翻译，因为妈妈日文呱呱叫，根本无需翻译。日本朋友说她的日文“比日本人还地道”，这倒不是夸张之词，实在因为日本年轻一代，不少女子已不会说女性专用的“敬语”。而妈妈在日本时，受的是传统教育，对女性仪态修养要求很严格，所以妈妈说起“敬语”很习惯。妈妈还会花道、茶道。她与日本妇女交流完全没有隔阂。

这次访日的两周期间，妈妈一直像孩子似的处于兴奋状态。每次坐车出游，她都频频指着窗外，告诉陪同我们的朋友，这里过去怎样怎样，好像老人回到了故乡。不过我却像一只瘟鸡，耷拉着脑袋，提不起精神。日本人开车快、刹车猛，汽车的汽油味特别大，我在东京坐车没有一次不晕车，每顿饭都没有胃口。妈妈可不然，她胃口极好，每顿都像吃不够似的，吃完自己的一份，我又把吃不下的给她，她也消灭掉，而且顿顿不变，总是要生鱼片，真是夸张。八木笑道：“我

1980年4月16日，在日本东京中国饭店举行“廖梦醒先生欢迎会”。前排坐者左起第二人草野心平、第三人黑田寿南、第四人中国大使夫人、第五人廖梦醒、第七人宫崎世民、第八人宫崎千代

们日本人要是天天这样吃也要腻了。”但妈妈一点儿也不腻。只苦了我，我吃不惯生鱼片，老饿肚子，又舍不得买点心吃，日本东西特别贵。带去的备用款，因为妈妈单位交代是应急用的，用剩下的要交还，所以我不敢用，回到北京全数退还给妈妈单位，我的体重却掉了好几斤。妈妈爱吃生鱼片是出了名的。在北京，每次生病住院，舅舅都会买生鱼片到医院与她共餐。可想而知，她到了日本自然不会放过每次机会。

小时候很疼妈妈的柴姐嫁给了东京神田“中华第一楼”的老板伍琼石，舅舅在早稻田大学读书的时候，外婆请伍琼石当舅舅的监护人。现在柴姐和伍琼石都已故去，他们的儿子伍健雄继承父业，成了东京中国饭店的老板。日本朋友在中国饭店举行了“廖梦醒先生欢迎会”。妈妈的答谢宴会也在那里举行。日本报纸登了妈妈访日的消息，《朝日新闻》想采访妈妈，被我婉言谢绝了。妈妈长期病休在家，对于复杂的情况不大了解，我怕她说错话惹来麻烦。

我们在东京的一项内容，是妈妈回佛英和母校（现名为白百合）参观。那是一所法国教会学校，经过几十年，建筑物早已不是原来的样子，校长、老师也换过不知多少代了。但是主人神通广大，找到了几位妈妈小时候的同学，于是几位七八十岁的老人家在学校里欢迎妈妈。更难得的是，当年的小女孩，现在的老婆婆，居然互相还记得名字！这所小学给我留下最深印象的是它到处都一尘不染，地板亮得能照见人。孩子们有专门练毛笔字的大教室。我惊奇地发现，日本人重视书法甚于中国人，学生有专门写大字的教室——把纸铺在地上写。妈妈的毛笔字写得好，也许与此有关。我们的主人为妈妈访日，专门把妈妈在周恩来去世五周年发表的回忆文章《恩情》译成日文，印成单行本，散发给有关人士。妈妈赠书签名的时候，人们都称赞她的字漂亮。

妈妈肾功能不好，一路上随时要进厕所。有时，车子走到半路，不得不停下，找个小饭铺借用洗手间。一次，进入一家只有六张饭桌的小饭铺，它的“迷你”厕所仅能容下一个人，我想进去帮忙都不行。但是，即便这么简陋的厕所，也一尘不染，完全没有我们的厕所生来具有的那种味道。有人说，看一个民族的卫生，只需看它的公共厕所。这话一点儿不假。日本人从小就注意培养孩子的公德心，没有公德心就没有全民族的卫生，二者是不可分割的。1982 年，妈妈和舅舅同时骨折住进北京医院，护士在两个洗手间里都看见挂着一排毛巾：洗脸、洗脚、擦手……分得清清楚楚。那时“文化大革命”结束不久，人们不像现在那么讲究，护士还把这当笑话讲。妈妈爱干净有时达到了洁癖的程度。

邀请妈妈访日的主人之一宇都宫德马夫妇在他们家绿草如茵的大花园里，为妈妈举行了一个有数十人参加的赏樱花游园会。丰富的自助餐就摆放在花园里。一位日本朋友拿出舅舅给他画的一幅熊猫，这只熊猫挺胸凸肚，双手交叉放在腹

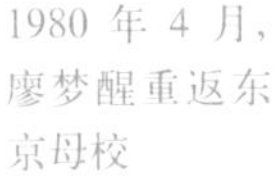
1980 年 4 月，廖梦醒重返东京母校

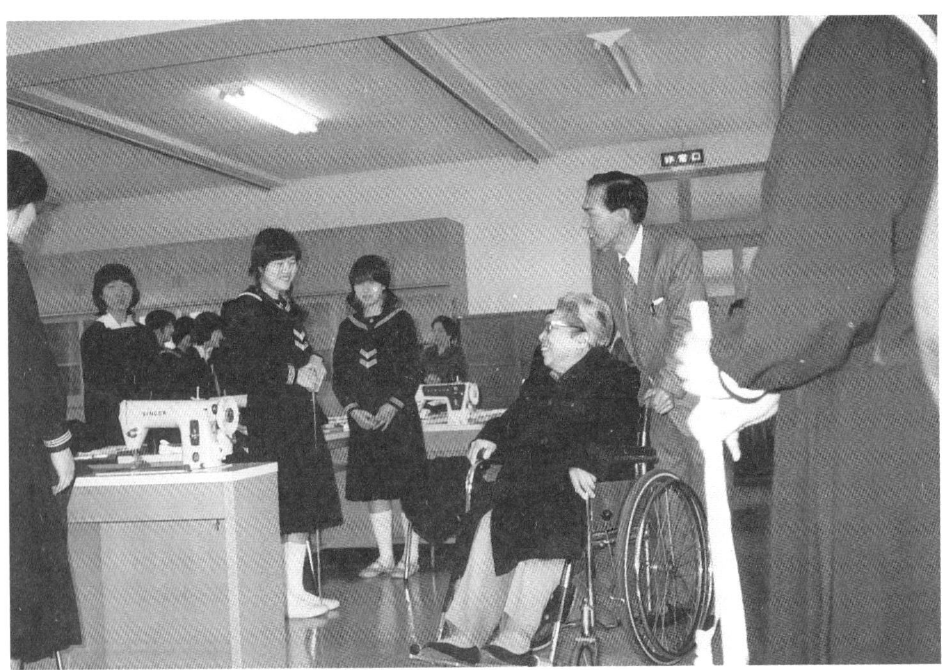

1980 年 4 月，在东京宇都宫德马家中。前排左起：第一人宫崎千代，第二人西园寺公一，第三人廖梦醒，第四人宇都宫德马

部，笑容可掬。舅舅的题词是："自画像。"看见这只确实很像舅舅的熊猫，宾主都忍不住大笑起来。在明媚的阳光下，一位女士边就餐，边与我交谈，她问我对日本印象最深的是什么。我不假思索地答："礼貌和清洁。"她惊讶："中国是文明古国，难道日本人比中国人更有礼貌？"我想起妈妈讲礼貌受到的嘲讽，惟有苦笑。曾几何时，我们把人性中好的东西都归入"封资修"。中华民族原有的东西，现在反而要向别人学习。奈何？

主人带我们去参观东京浅草寺。由于天灾人祸，浅草的雷门几度烧毁，几度重建，现在妈妈看见的，已经不是当年的雷门了，但那些鳞次栉比的小铺风物依旧。路过一家专门出售小手工艺品名叫"肋六"的店铺，本来就喜欢小玩意儿的妈妈便进去看，没想到店主老太太盯住妈妈，说好像以前见过，妈妈大悦，两个同龄人便用日语拉起家常。临走，店主老太太送给妈妈一把只有三公分左右镶金边的小折扇。别看东西小，售价是很高的。这个精致的小玩意儿成了妈妈的珍贵收藏，和她的其他宝贝，诸如一颗相思豆、一首诗、一个别针等一起锁在她床前的抽屉里。那都是能使她回忆起某个特定时刻的纪念品。

在整个旅程中，不论东京的樱花、京都的寺庙、大阪的商场、奈良的梅花鹿、箱根的温泉，都比不上友谊可贵。十四天来，妈妈一直生活在新老朋友的温情之中。日本作家草野心平是妈妈在广州岭南大学的同班同学，隔了半个多世纪之后重逢，

1980 年 4 月，廖梦醒在日本京都。左起：西园寺雪江、李湄、西村政子、廖梦醒

1980 年，廖梦醒在日本京都。左起：吉村启子、廖梦醒、宫崎千代、李湄、八木敏子、西园寺雪江

1980 年 4 月，廖梦醒摄于日本东京浅草

1980 年 4 月，廖梦醒在日本东京松村谦三墓前。左起：廖梦醒、李湄、松村谦三的女公子

两人都很高兴，他们的合影日本报纸登在了显著的版面上。草野心平是个文人，能诗者必好酒，他喜欢喝烈酒。后来两人通信，妈妈总是劝他戒烟戒酒。

大阪的木村一三是舅舅的好朋友，妈妈是在北京认识他的。他为人爽朗热情，每次去北京他都看望妈妈，给妈妈送生鱼片。这次我们在大阪的活动就是他安排的。难得的是西村一家四人分别从不同的地方来看妈妈。东京的信子到我们下榻的高轮王子饭店；西村太郎在大阪相迎；神户的政子半路登上我们去京都的电气火车，陪同我们去京都；敏子早已在京都相候，她的儿子晃一郎用日文拼音的汉语念了一篇欢迎词，我们走的时候又在火车站念了一篇送别词。最难能可贵的是，政子带来一本照相册，打开绸子包袱皮，翻开相册，一页一页全贴着妈妈在 20 世纪 20 年代写给她的信。这可是相隔半个多世纪，而且经过了一场战争保存下来的呀！其中凝聚着多少真挚的友谊！

日本军国主义发动侵华战争，给中国人民带来了灾难，也给日本百姓带来了痛苦。许多日本朋友和妈妈交谈时，都坦诚地表达了对中国人民的歉意。他们说，日本是“以商立国”的国家，离不开原料和市场，因此他们很重视和中国的友好关系。他们并不要战争，战争结束时，东京已被美国飞机炸成一片废墟，日本人直到 20 世纪 50 年代还过着穷苦的日子。我有个华侨朋友就是那时回国的，他告诉我，当时一回到中国，觉得吃的、住的样样都比日本富裕。可惜中国没能把握住三十年宝贵的光阴。

我们在东京的时候，妈妈向松村谦三的墓献了花。松村谦三是日本自民党众议员，他曾四次访华与周恩来会谈，并达成改善两国关系、实现正常化的共识，对两国建交有很大贡献。妈妈还会见了创价学会的领导人池田大作。她希望，作为中日友好协会的理事能更多发挥桥梁作用，为中日友好添砖加瓦。

一件和服

宋庆龄是看着妈妈长大的，她写给妈妈的信，全部都用“最亲爱的”开头。这个称呼，她对别人是很少使用的。妈妈在宋庆龄面前无拘无束，什么都敢说、敢问。1968年底，日本一个什么团体要修建头山满纪念馆，发信给宋庆龄，请她支持。这封日文书信，像过去一样，送到妈妈这里来翻译。头山满早年帮助过孙中山，宋庆龄是个很念旧的人，她准备回信。但是妈妈发觉，纪念馆还将陈列一些在侵华战争中死去者的物品，而且，以头山满为首的黑龙会，在日本侵华战争中起过很不好的作用，因此，妈妈极力反对宋庆龄给他们回信。开始宋庆龄不爱听，叫妈妈别管她的事，但妈妈坚持自己的看法，最后宋庆龄没有回复他们。

前文说过，妈妈一直认为，巴黎留学期间，住在她楼上的那个外国留学生就是后来的南斯拉夫总统铁托。她请宋庆龄替她打听这件事。宋庆龄就像哄小孩一样，说自己不认识铁托，不好去问。有一次，妈妈想吃麦片，买不到，就托宋庆龄去买。宋庆龄也买不到，就把朋友给她备战备荒用的麦片送来给妈妈，而且宽慰妈妈：“我早餐吃麦麸面包，不吃麦片，因为吃麦片会发胖——我缺少运动，已经够胖的了！我很高兴能送些有用的东西给你。”另一次，妈妈不知因什么事不开心，宋庆龄安慰她：“不要闹情绪，最亲爱的辛西亚。你需要帮助的时候就告诉我，我永远不会置你于不顾。”

妈妈要访日了，宋庆龄为她高兴。宋庆龄在那个时期给朋友的信里都提到妈妈即将访日的事。但是在作出国准备的时候，妈妈发觉自己的手提包在“破四旧”的时候都“破”掉了，现在出国，什么“行头”都没有，便向宋庆龄借。宋庆龄回信：

“很高兴你就要去日本与老朋友重逢。我的膝关节炎使我不能外出旅行，否则我也想去访问日本和美国，那里的人对我很好。

“我很抱歉，我已经没有手提包、鞋子和衣料留下了，‘文化大革命’迫使我们毁掉一切的时候，它们都被送进了锅炉房！

“送上一百五十元给你自己买些东西和给我买一件黑绉纱的 kimono。现在有

March 19th

Dearest Cynthia:

Many thanks for your sister's lovely photo which I saw already in magazines. A flood of memories suffused me when I look back on those hectic days when we were trying to raise funds for those fighting at the front. And when we tried to use covered boxes for people to drop their contributions, that wife of 邓仲元's threatened to remove all the guards, as if they were her "private property"! What a terrible woman! But 邓 himself was loyal to the 北伐 cause.

I am so glad you will visit Japan soon and see old friends again. My arthritic knees prevented me

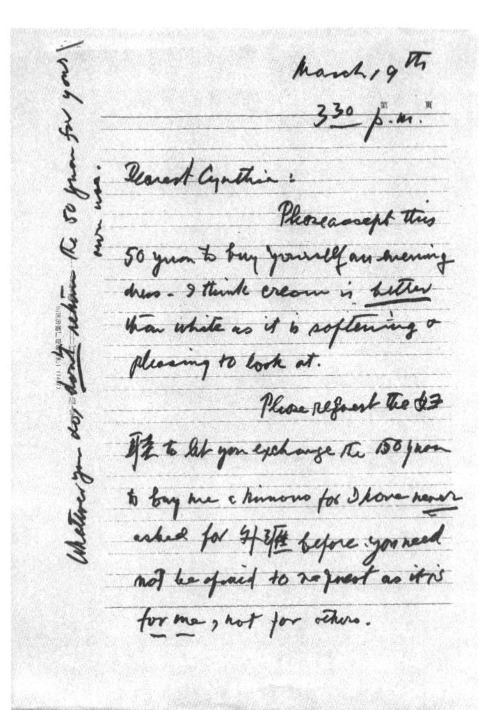

March 19th
3:30 p.m.

Dearest Cynthia:

Please accept this 50 yuan to buy yourself an evening dress. I think cream is better than white as it is softening & pleasing to look at.

Please request the 妇联 to let you exchange the 150 yuan to buy me a kimono for I have never asked for 外汇 before. You need not be afraid to request as it is for me, not for others.

Whatever you do, don't return the 50 yuan for your own use.

1980 年 3 月 19 日，宋庆龄请廖梦醒访问日本时代购晨衣的第一封信和第二封信手迹

人上楼来看我，我只能穿着睡衣。希望以后遇到这种情况，我能穿上一件深紫色或黑色的绉纱 kimono。衬里可以是红色或其他颜色，但外面一定要黑色或深紫色的……要有一条腰带。它们是分开卖的。以前孙博士的 kimono 就有一条腰带用来绑他黑灰色的 kimono，可是它和所有我珍藏的东西一样都失去了……

“别忘了，我那件 kimono 一定要黑色或深紫色（我不喜欢别的颜色）！它一定要长及足踝，太长的话可以改短，但是不要那种短的。”

宋庆龄在“绉纱 kimono”“深紫色”“黑色”“长”“不要短的”等字下面画了横杠，表示强调。kimono 就是日本人的和服，在日本买这类东西是比较贵的，她知道妈妈没有外汇，因此，当天下午，她又来了一信补充 ：

“请要求妇联让你把那一百五十元换成外币为我买 Kimono，我以前从来没有要求过外汇。你无需害怕提出要求，因为这是为我，而不是为别人做的。”她又在“为我”二字底下画了横杠表示强调，她觉得，以她的名义去要求，应该是没问题的。

可是，1980 年春天，国家刚刚实行开放政策，很多规定都死板得很，妈妈向妇联提出要求，她们请示上级后告诉妈妈，不同意出这笔外汇。我不甘心，去作最后努力，找邓颖超寻求支持，也没有成功。那时国内很少人有外币，发给我们的出国零用钱，每人只有四千日元，而这么一件衣服，听说要六万日元，两人的

“文革”结束后，廖梦醒与李湄在一起

零用钱加起来也不够。当时舅舅正在美国做心脏搭桥手术，无法向他反映。于是，这件事便被判死刑。

当然，妈妈可以采取灵活的做法，一是把宋庆龄的希望告诉日本朋友，毫无疑问，任何一位日本朋友都会真心诚意地送一件给她，而且引以为自豪，但民族自尊心不允许妈妈这样做。二是挪用带去的备用款，妈妈以前经手过多少巨款，从来没有“挪用”这个观念。既然领导已拒绝支付这笔款项，挪用备用款便是违反规定，妈妈是个特别老实的人，违反制度的事想都没想过。

那时“文化大革命”结束不久，妈妈和我领护照填表时，“出生地”一项，我们如实填写“香港”,待发回护照,发现我和妈妈两人的出生地都被改成了“广州”。妈妈觉得受了侮辱。似乎我们拿了香港出生的护照，迈出国门就一去不返了。在这种情况下，妈妈当然不可能向香港的亲友要外汇给宋庆龄买和服。

回国后，妈妈把日本朋友送的一件和服给宋庆龄送去，宋庆龄将其退了回来。这件和服不是她要的那种，太短。妈妈有口难言，只能告诉她，日本物价太贵。

回到出生地

20 世纪 70 年代末，廖恩德、廖梦醒、李湄摄于北京

尽管在护照上不能填写香港出生，但妈妈在香港出生却是千真万确的事，意识形态也无法改变这一历史事实。童年度过的地方，不管怎么说，总是有感情的。因此，1981 年，离开香港三十二年后，妈妈有机会重回自己的出生地，她的兴奋可想而知。

这次去香港，是应廖恩德医生邀请，住在他家，一切费用由他负担。因为住在医生家里，妈妈才放心前往。廖恩德原本是外婆的朋友，抗战期间逃难时照顾过外婆，后来和妈妈、舅舅也成了朋友。香港著名律师廖瑶珠就是他的女儿。他住在沙田半山一栋错层别墅，空气和风景都一流。廖太太知道北京很少有鱼，每天蒸不同的鱼给妈妈吃。香港人爱吃鱼，但只有一种做法，就是蒸。不过妈妈基本上晚餐都不在家，她香港熟人多，香港人特别喜欢请吃饭，请客又必须是晚餐，也许因为大家都要上班，中饭时间太短吧。

在香港热闹的应酬与在北京足不出户的平静生活形成了鲜明的对比。朋友们的细微体贴令妈妈感到温暖。妈妈的老朋友陈乙明已经故去，他的儿子陈文裘夫妇专门找人做了一个折叠的小椅子，带着它陪妈妈去逛大公司，好让她在琳琅满目的商品海洋中能够走走坐坐。陈太太芭芭拉知道妈妈爱吃“气鼓”，便买“气鼓”

给妈妈带回北京。她买的是一盒“气鼓”皮儿，另外一瓶奶油，让我们回到北京吃的时候再把奶油挤进皮儿里，以免时间久了奶油把皮儿泡软了不好吃。

岭南大学妈妈同班的同学在香港有十来人，他们知道妈妈到了，便组织聚会。一次不尽兴，再来一次，两次还不够，结果一共聚会了四次。每次在一起，这群老人家个个都像回到大学时代那样调皮，净讲些过去怎样出洋相的事，逗得妈妈哈哈大笑，她好久没有这样高兴过了。

走的时候，廖医生买了两大篮芒果给妈妈带回北京。我们家人人爱吃芒果，但芒果是稀罕之物，过去不是我们省着给妈妈吃，就是妈妈省着给宋庆龄吃，总之，家里其他人很少尝到。这次陈平、晓燕吃了个够，从此不馋芒果。可惜那时宋庆龄已不在人间，否则她会多高兴呢。以前，有人送她芒果，她总是分给妈妈的。她们俩都馋芒果，只要看看宋庆龄给我妈妈的信，就可发现，其中很多封都谈及芒果。

妈妈也把好吃的东西分给邓颖超。我送芒果去的时候，向她讲了妈妈在香港的情况，说妈妈很开心。邓颖超忽然说：“你妈妈可以去香港住啊！”我一愣，以为她在开玩笑。去年还不许我们填写在香港出生呢，现在怎么允许去香港居住呢？可是邓颖超是个一本正经的人，从不开玩笑。难道有了新的政策？

妈妈回过两次香港。第二次是妈妈的好朋友邓文钊的儿子邓广殷和陈乙明的儿子陈文裘两人合请的。他们说，香港最热闹的时候是圣诞节，灯饰特别好看，上次去没看着，因此 1983 年冬邀请妈妈圣诞节去，交通食宿全由他们负责。他们知道妈妈上次回香港很快乐，想让她在有生之年多一次回故乡的机会。他们对内地不了解，以为事情很简单，12 月中旬就热情地寄来了三张往返机票，让我和晓燕陪妈妈去，晓燕当过护士，这样对妈妈会照顾周到一点儿。谁知审批手续一下就拖到 2 月份，而且，还不同意晓燕陪同前往，理由是“年轻人不宜去香港那种花花世界”，于是只好由我一人陪妈妈去，第三张机票任其作废。这次妈妈住在陈乙明的遗孀黄炜贤处。老太太有外国血统，比妈妈大，已经八十多岁。早年香港的首富何东是她的舅舅，她的生活绝对是英国派头，每天五点钟要喝下午茶，茶桌上摆着红茶、牛奶、白糖、曲奇、蛋糕，以及房子形的纸巾盒，一喝就一两个小时，又聊天，又唱歌。一次，我的一个年轻朋友来，主人请他一起喝茶。他看见两个老太太陶醉地唱一首叫《回忆》的英文歌，回忆过去的朋友，说当年“阿迪”如何如何。我的朋友问：“阿迪是谁？”妈妈说：“利铭泽呀。”我的朋友大笑起来。利铭泽是香港十大富豪之一，到老太太嘴里却成了个小青年。

1984年，廖梦醒第二次访问香港。前排左起：廖恩德夫人、廖梦醒、陈乙明夫人、李储文；后排左起：谭干、谭雅士夫人、李湄、廖恩德

1981年，廖梦醒重返出生地香港，与老同学聚会

利铭泽也是妈妈在岭南大学的同学，1981 年妈妈到香港时，他请妈妈去他的利园酒家吃饭，费彝民作陪。后来妈妈在北京住院，他又去医院看妈妈，说舅舅劝他投资广州花园饭店的项目很不顺利。他知道内地劳动效率低，作预算的时候已经打出双倍富裕时间，不想结果比他想象的还要慢得多，预算大大超支。舅舅去世两个月后利铭泽也去世了。

本来妈妈这次去香港也会很快乐的，不料只住了十天左右就出意外。那天早晨我正在洗手间洗漱，妈妈等不及自行下床，跌了一跤，把手臂跌断了。她骨质疏松，一跌就断，平时在家总有人在她旁边，怕她跌倒。我独自一人陪她去香港，难免有看不住的时候，因为我不能不上厕所、不洗澡、不洗脸漱口。妈妈抱着断手匆匆返回北京，当晚就因手臂剧痛引起心脏病发作，半夜叫急救车送往医院。这一病就病了九个月。

1975年，廖梦醒在北京西便门家中。左起：陈乙明、廖梦醒、黄炜贤（陈乙明夫人）、容玉枝（黄雯夫人）

1984年，廖梦醒在香港跌断手臂

宋庆龄的晚年

北京电视台曾做过一个关于宋庆龄的节目，女主持人不断问上镜嘉宾："宋庆龄美丽不美丽？"她又要求我"用两个字来形容宋庆龄"，她期待的回答当然也是"美丽"。

的确，宋庆龄是美丽的。不过，再美丽的女人也会老。也许，越美丽的女人越拒绝老。改革开放之后，许多海外朋友来访华。1980年5月，妈妈在香港保卫中国同盟的同事、蔡荇洲的弟媳伊娃从美国来到北京，宋庆龄设茶点招待她。妈妈、舅舅、舅妈作陪，我是陪妈妈去的。席上除了舅舅之外全是女性，谈话自然离不开女人的永恒话题。当谈到谁多大年纪时，宋庆龄立即制止，她用英语说："不要谈年龄，女人不喜欢。"这时宋庆龄确实已经老了。记得20世纪30年代，那时宋庆龄才四十岁出头，我还是一个三岁小孩。第一次见到宋庆龄，妈妈说："叫婆婆。"宋庆龄和我外婆同一辈分，我自然应该称她"婆婆"。但是宋庆龄反应强烈，

1974年7月11日，宋庆龄在北京。左起：经普椿、廖承志、廖梦醒、邓广殷、邓勤、宋庆龄、隋永洁

15 XI '75

Dearest Cynthia:
Thanks [illegible] the pretty pink + red carnations which warmed my heart! I think you are one of those friends who understand that the deeper the love we share, the greater the pain of sorrow we experience, once that loved one is taken from us. The emptiness and grief in my heart can never be removed as long as I live. It is hard to reconcile to the harsh reality we all have to face in this mortal life of ours. But as you mentioned—we have the sweet and loving memories to cherish.

1975 年 11 月 15 日，宋庆龄致廖梦醒书信手迹

不让我叫她“婆婆”，说：“叫 Aunty 吧。”尽管有点乱套，没办法，我只好和妈妈一样称她为“Aunty”。后来我的女儿晓燕也应她的要求称她“Aunty”。邓文钊和他的儿子邓广殷也遇到同样问题，结果也父子两代都称宋庆龄为“Aunty”。

谈到宋庆龄的称谓，人们有点儿搞不清，因为有时称她“叔婆”，有时她又自称“林泰”。我看到一篇文章说：“林泰是宋庆龄的昵称，只有几位很亲近的人才能如此称呼她。”其实，“林泰”是她与人通信时用作落款的假名字，就是“龄太太”的意思。她给妈妈的信中，“林泰”只出现在信封上，从来没有人当面这样称呼过她。即便较亲近的熟人，如罗叔章、沈粹缜，当面也是称她“夫人”，谁也不会那么没礼貌，称她“林泰”。至于“叔婆”，是新中国成立前妈妈、舅舅、外婆之间写信或谈话中提到宋庆龄时用的代号，后来周恩来、邓颖超等人谈到宋庆龄时也用这代号，实际上谁也没有当面这样叫过她。你想，三岁小孩叫她“婆婆”她都强烈反对，成年人叫她“叔婆”她会有什么反应？

人所共知，宋庆龄从来不出席每年 11 月 12 日孙中山诞辰和 3 月 12 日孙中山逝世的纪念活动。这曾引起一些谣言，有人劝她还是出席一下纪念活动为好。对此，宋庆龄很恼火。1975 年 11 月 6 日，她给妈妈的信里说，有人“想叫我出席。虽然我本来是应该出席孙博士的纪念活动，但我从来没有出席过，这么多年都如此。有些人是那么卑鄙可恶，用他们邪恶的眼光看我，我就算身体好，也不想让他们高兴。现在我的膝盖和脚都很软，不能站久”。

1974年7月11日在宋庆龄家中。前排坐者左起：邓勤、邓广殷、陈乙明儿媳；坐椅者左起：容玉枝、黄炜贤、马海德、宋庆龄、路易·艾黎、陈乙明、经普椿、廖承志、苏菲、廖梦醒、埃尔西（爱泼斯坦夫人）

也许，妈妈是宋庆龄愿意与之交流感情问题的少数人之一，因为她们有着相同的经历，都是少女时代离家出走，义无反顾地奔向自己所爱的人，到了女性成熟的年龄，又突然失去自己所爱，成为寡妇。其中的痛苦，只有过来人才能深切体会。孙中山对于宋庆龄来说，是亦师亦友，碰巧孙中山又是一个真诚、热情、意志坚强,很有感染力的领袖。正当两人的感情燃烧得最炽热的时候,却戛然而止，造成终身遗憾，怎能不刻骨铭心呢。每年孙中山诞辰和逝世的日子，妈妈都会给宋庆龄送去鲜花，从来不会忘记，因为孙中山也是妈妈崇拜的人。后来，每年两次在北京中山纪念堂举行的纪念活动，全国政协都让妈妈去献花。那时妈妈已行动不便，但仍乐意去做这件事，她向孙中山鞠躬是由衷的。宋庆龄给妈妈信中说："你总是那么好，总记得那些对我来说值得纪念的日子。你送来的美丽的玫瑰花使我得到安慰，因为我想到，虽然过了那么久，你从来没有忘记过它们。"1975年11月15日她写道："谢谢你可爱的康乃馨，它们温暖了我的心！我想，你是这样的一个朋友，明白爱越深，一旦所爱的人被夺去，伤痛就越大。我一天在世，心里的空虚和悲伤就一天不会消失。我们生活里人总是要死的，任何人都不得不面对这残酷的现实，真是令人难以接受。不过，正如你所说，我们有甜蜜可爱的回忆作安慰。""时间永远不能消除我的怀念。"

宋庆龄对孙中山的感情是永恒的。因此，她对于自己抚养前警卫秘书的两个孩子所引起的流言蜚语特别愤怒。她虽然"养尊处优"，但生活寂寞，两个自襁褓时起看着长大的孩子与她做伴，给她的生活增添了不少乐趣。（虽然后来也给她带来一些烦恼。）她所处的地位，使她不能和老百姓一样，随心所欲地过日子。她所处的年代，又是一个封建意识远没有消除的年代。如果生活在今天，也许她可以少生些闲气。

越到晚年，宋庆龄越感受到疾病的折磨，生老病死，被誉为完美的宋庆龄也无法避免。她晚年给妈妈的信，几乎每封都谈及她的病。最折磨宋庆龄的是有着家族史的神经性皮炎，这病使她白天心烦，晚上不能入睡，服安眠药也没用，更糟的是，由于身上出红疹，眼皮发肿，不能见人。可以说，神经性皮炎使她痛不欲生，这不是夸张。1972 年她给妈妈的信上写道 ：“我准备服任何药，只要能治好我的神经性皮炎。一个病人，或者说，受害者，如果不够坚强，甚至会自杀呢。当我拉下袜子给我的朋友看那些‘成串的红樱桃’时，她们都惊叫起来。”1981 年 2 月她给妈妈的最后一封信更倾诉 ：“……什么都制止不了我身上极度的刺痒。这么痛苦，活着有什么用！……我感到很不开心，我们两人现在都如此无助！”

痛可忍而痒不可忍。如果是痛，医生有各种各样的止痛药。但是对于痒，医生似乎束手无策。政府请各路名医给她治疗，甚至从加拿大请来专家会诊，都消灭不了这顽固的神经性疾病。1972 年秋，我从山西“五七干校”调回北京，宋庆龄让我给她挖几棵活的大黄带回来。不知谁告诉她，大黄能治疗过敏症。她让花匠把大黄种在后海北沿她家的院子里。开始服用还挺见效，她为此多次来信谢谢我，说 ：“百万次感谢那大黄！”但是北京天气干燥，大黄很难成活，后来只好移植到她上海住宅的花园里。

除了神经性皮炎，她的另一个问题就是与妈妈一样，动不动就骨折。这是因为常年待在家里，缺少阳光和运动，导致骨质疏松的缘故。1973 年到 1975 年三年内两个老太太各跌伤四次，以致宋庆龄叹息道 ：“我真对命运愤愤不平，你和我总是一次又一次受罪，特别是给我们带来那么多不幸。”

“一伙有趣的中国人和外国人”

1981年5月29日，宋庆龄去世。以八十八岁高龄离开人世，也可算是“喜丧”了。她病危的时候，妈妈和我正在香港，待回到北京，宋庆龄已经不在了。政府为她举行了国葬，一连三天在人民大会堂举行群众吊唁。妈妈虽然站立困难，但也拄着拐杖参加了守灵。随后，妈妈撰写了《我所知道的宋庆龄》一文，登在1981年6月3日、4日的《人民日报》上。宋庆龄生前有话，要把骨灰埋在上海她父母的墓旁。因此，6月4日，一架专机把她的骨灰送往上海，护送骨灰去上海的有邓颖超、乌兰夫、陈慕华、我舅舅，以及宋庆龄的生前友好，其中包括我妈妈。

骨灰安放在上海万国公墓宋家的墓地里。北京来人和上海当地的人员排成长队，向宋庆龄致最后的敬礼。我们一行本来丧礼完毕就返回北京，可是不巧，那天下午天气不好，飞机不能起飞，一行人刚浩浩荡荡抵达机场，马上又折回锦江饭店。

1981年6月3日，北京人民大会堂宋庆龄追悼会后。廖承志、廖梦醒与孙家亲属合影

1981年6月4日，廖梦醒在上海宋庆龄墓前。左起：沈粹缜、廖梦醒、李湄、邓广殷

宋庆龄的生前友好，按保卫中国同盟的创始人之一詹姆斯·贝特兰的话说，是“一伙有趣的中国人和外国人”。这伙人平时很难有机会这么齐全地聚集在一起，便不安分地想搞些新意思。正好香港人有个习惯，办完丧事要办丧筵，叫“解秽酒”，意思是冲掉晦气。于是舅舅勒令邓广殷请客。邓文钊1972年去世后，为宋庆龄提供进口食品、日用品的任务便由邓广殷接手，为此宋庆龄临终前留下遗嘱，把她的全部藏书赠给邓广殷。邓文钊父子对我舅舅向来言听计从，舅舅劝邓广殷把这批宝贵的藏书转赠给国家，邓广殷就办了转赠手续。

宋庆龄病危时，舅舅是医疗小组负责人之一。宋庆龄弥留时间很长，舅舅白天全天候戒备，晚上只要宋庆龄一告急，即使服了安眠药入睡，也要被叫起来赶去。这样紧张无序的生活持续了很久，舅舅累得死去活来。宋庆龄去世后，舅舅告诉我：“叔婆要是再拖下去，死的就不是她，而是我了。”

现在，大事已办完，舅舅心里一块石头落了地，正想放松放松。要是舅妈在场会有诸多限制，这次舅妈没有去，舅舅自得其所。于是一伙人约定，六点出发，地点是锦江饭店对面的法国餐厅，吃西餐。法国餐厅在20世纪90年代并入日资花园饭店，它的拱顶大厅仍然气势磅礴。邓广殷订了一个单间，一伙人背着领导悄悄溜到对面。我们不敢张扬，怕被批评“办丧事还吃喝玩乐”。当然，“领导”不包括舅舅，他是发起人。人们下了楼还不见舅舅来，我自告奋勇去叫他。他躺在长沙发上赖着不起，我毫无办法。舅舅的警卫员小李说：“看我的。”他跑过去挠挠舅舅脚心，舅舅怕痒，一下就蹦起来。我大开眼界。过去只见警卫员在首长面前毕恭毕敬，还没见过哪个警卫员敢去挠首长脚底板的。

这次参加晚宴的“有趣的中国人和外国人”有舅舅、陈志昆、黄寿珍、陈燕、邓广殷、马海德、路易·艾黎、爱泼斯坦、艾德勒、宫崎世民、柯如思、罗森堡、我妈妈和我等。除了陈志昆一家三口来自美国（他是孙科的小舅子），邓广殷来自香港，宫崎世民来自日本之外，其他人都在国内。但既然是围绕在宋庆龄身边的人，交谈自然都用英语。陈燕提议，难得相聚，大家在菜单上签名留念吧。于是每个人都在菜单上写下了自己的名字，在长桌上传递，然后各人领走一份。舅舅更在我的菜单上画了一个据说是我的画像，并写上“囡囡小时候”五个大字，那是一个婴儿用两只脚捧着奶瓶吃奶的画像，然后又在马海德的菜单上，三画两画绘了一幅他的速写，当然，最突出的是他的大鼻子。法国餐厅的西餐做得精致可口，因为留下了菜单，所以连当天的菜谱也一并保存了。当天的菜，头盘是烤虾仁和焗蛤蜊，汤是洋葱

1981 年 6 月 4 日，廖承志在上海法国餐厅。前排左起：爱泼斯坦、廖承志；后排左起：邓广殷、黄寿珍

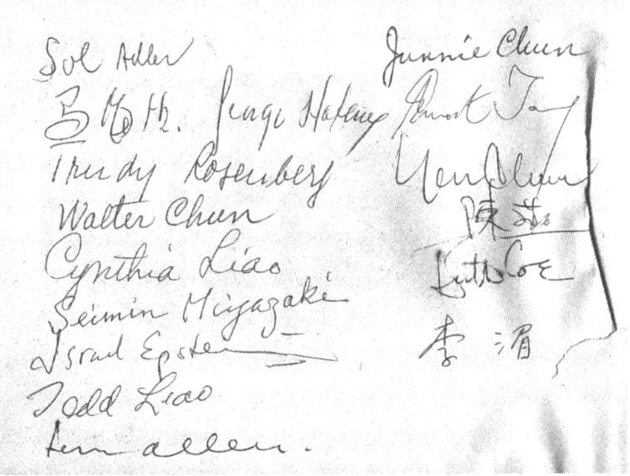

1981 年 6 月 4 日，在上海参加法国餐厅聚餐的人士签名

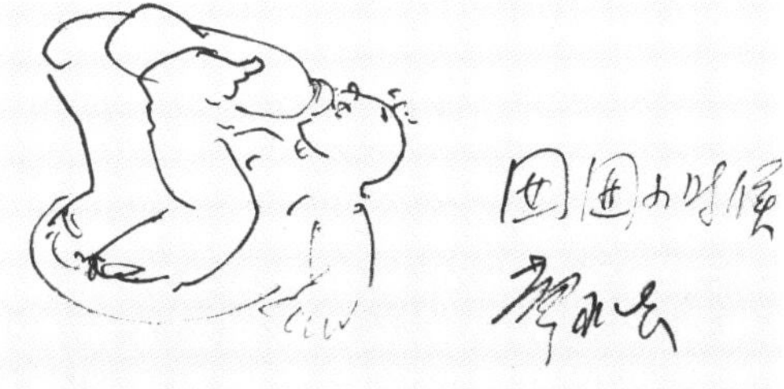

1981 年 6 月 4 日，廖承志在上海画婴儿时的李湄

20世纪80年代，马海德（左一）、廖梦醒、路易·艾黎摄于廖梦醒家中

汤，主菜是奶汁烤鱼和芥末牛排（那是舅舅的心爱），再就是咖啡和一种叫“沙勿来”的甜点了。“沙勿来”是个什么东西，现在已经不记得了，大概不怎么好吃，否则我应该会有印象。

这伙人里，最活宝的自然是舅舅和马海德，有他们在，气氛肯定活跃。马海德1936年和美国著名记者斯诺一同到延安，从此没有再回美国，1949年10月1日中华人民共和国成立那天，他加入了中国籍。他和舅舅都是“没正经”的人，情投意合，是好朋友。一次，妈妈骨折住院（她有八次骨折住院的纪录），马海德正好也在住院。他得知妈妈入院，笑眯眯地来妈妈的病房，态度诚恳地说：“谢谢你跌断腿来陪我！”他称妈妈是“摔跤冠军”。一天我去看舅舅，他像发现新大陆似的告诉我：“马海德说，现在国外的人怕胖，都不吃碳水化合物了。”那时还不会说“减肥”，只说“怕胖”。我问：“碳水化合物是什么？”他答：“就是米饭馒头。”我觉得很奇怪：“不吃米饭馒头，吃什么呢？”他高兴地宣布：“吃肉！”这个新发现太合他意了。

中国人经历了二十年“胃缺肉”，只想吃肉，不想居然有人怕吃肉。1974年著名演员金山从监狱放出来，拿到一笔补发工资，请朋友们到新侨饭店吃西餐。为了孙维世平反的事我帮他与邓颖超联系，所以他也请了我。金山给每人叫了一份“黄油鸡卷”，就是鸡腿里裹一块黄油放进炉子里烤的那种。他得意地说，这是新侨饭店特有的菜。确实，它对“胃缺肉”有极好的治疗作用，我印象深刻，因而三年后，当廖恩德到北京，妈妈想请他吃饭的时候，我不假思索就把他们领到新侨饭店。廖医生用刀切开鸡腿，一股热热的黄油流出来。他瞪起那双本来就很大的眼睛，透过眼镜片，望着我严肃地说 :“这会把人吃死的！”

路易 · 艾黎是妈妈的好朋友，他不像马海德那么风趣，他性格文静，喜欢写东西，外婆和周恩来去世，他都写了悼念的诗。每次他去外地，都会带些当地的工艺品回来给妈妈，一个竹编的小筐、一把紫砂茶壶等等。连宋庆龄也多次问 :“路易是不是给你带罗汉果了？”罗汉果是补肺的，用以煮汤最佳。也许路易 · 艾黎知道广东人最喜欢煲汤，所以不断给妈妈送罗汉果。每次他来，妈妈都很高兴，她总是准备一些点心，两个老人坐着，边喝茶，边交谈，没有热闹场面和哈哈大笑，但充满温馨。

心理治疗

20 世纪 50 年代的廖梦醒

新中国成立以来妈妈几乎没有很健康的时候，除了内科疾病，她也是骨科的老病号，从 1963 年到 1986 年总共骨折过八次。北京医院给她做过一次穿刺，抽骨髓检查，发现她严重骨质疏松，骨头已成蜂窝状。妈妈骨质疏松的一个原因是内分泌问题，性激素水平低，可能与她过早守寡有关。另一个原因，大概与她的饮食有关。20 世纪 50 年代，中国偏信苏联。苏联医生通过翻译告诉妈妈，年纪大的人不宜吃钙，否则石灰质增多，骨头易断。妈妈最听医生的话，既然医生这样说，她就一概不吃钙质丰富的食物，包括牛奶、排骨，更不用说钙片了，结果，严重缺钙。不过，令很多医生跌眼镜的是，到八十高龄，妈妈每次骨折，不打石膏也能自然愈合。只是骨折往往引发心脏病。妈妈最后一次骨折导致她两次心肌梗死，几乎送命。

1982 年春节，上午妈妈的华侨朋友李兆焕来拜年，等来等去不见妈妈起床，我进屋叫她，发现她已昏迷。我们急忙叫车，大家一起把她抬到医院。醒过来后，她又产生幻觉，不让护士输液，又说医院要割她的内脏。舅舅闻讯，立即去看她，说："这都是你的幻觉，没这么一回事。"她用广东话骂舅舅："没你个头！"接着发展到晚上不睡觉，说柬埔寨人换了她的房间，又说旁边有越南人，闹得鸡犬不宁。舅舅只得代她向钱贻简主任道歉。

我请假日夜守在她身旁，哄她，她才肯打针吃药，但还是忧心忡忡。我突然想到，马海德是麻风病专家，他的话妈妈一定听。于是请马大夫来救驾。马大夫赶到病房，以他一贯的幽默语气说："辛西亚，中国已经没有麻风病了。你放心吧。麻风病已被我消灭啦！"妈妈看着他，想了想，点点头表示认可。此后没有再提麻风病问题。可是，她仍然坚持说，现在这病房不是她的，被柬埔寨人换了。我想，她天天都在同一个病房里待着，很难摆脱这种固执的想法，需要有点什么事刺激她恢复过去的记忆才行。于是，在一个晴朗的中午，我和保姆用医院的手推车，把她推到离北京医院不远的新侨饭店去洗头。去新侨饭店洗头是妈妈最乐意的事，只要不是住院，她每个星期都要去一次。这次一进理发室，妈妈就回复到过去熟悉的生活。待洗完头，她精神爽快地返回洒满阳光的病房，第一个反应是："我的房间原来这么大呀！"我趁机做工作："根本没有什么柬埔寨人换你的房间，你一直都住在这间大房间里。"

至于医生、护士的问题，随着妈妈病情好转自然就解决了。我告诉妈妈，舅舅为她向钱主任道歉了。妈妈很不好意思，赶紧对钱主任说："对不起！"钱主任则对护士说："看廖大姐身体好不好，只要看她说不说'谢谢'就知道了。她只要神志清楚，总是很有礼貌的。"我又告诉妈妈，她骂舅舅"没你个头"，她却像小孩恶作剧一样，得意地笑了起来。而我，自此之后，就特别注意不给她看惊险故事了。原来，她的幻觉是从日本电影《追捕》而来。妈妈喜欢看日本推理小说。到晚年，看小说眼睛不行了，我就从电影出版社买处理的电影小人书给她看。她特别喜欢看《追捕》，不想看出了问题。我源源不断供应的小人书，陪同人员和夜班护士都来借。有时妈妈会像小朋友一样和她们争着看。

20世纪60年代，廖梦醒、廖承志在北京王大人胡同。左为日本友人

另类高干

舅舅是1928年入党的，到他去世，有五十五年党龄，是个老资格的老干部。但是他的为人处事，和很多的老干部不同。20世纪50年代，他当团中央书记兼青年艺术剧院院长时，青艺上演《抓壮丁》，这是一个闹剧，讲四川农村一个地主家庭在保长抓壮丁时发生的事。剧中地主的三儿子，已讨老婆，为了逃避兵役，去读小学当童子军。这个人物，虽是大人，动作却是小孩的，要坐在桌子上蹬腿哭鼻子。舅舅觉得这个角色很好玩，自告奋勇要去演。自然，组织上没有批准，他那时已是中共中央委员。

有人情味儿是舅舅的一大特点。他长期负责华侨、港澳工作，境外人士愿意和他讲心里话，因为他总是能够将心比心，从不打官腔。香港华比银行襄理邓文钊是我的表姨父，1938年舅舅在香港主持八路军办事处时吸收邓文钊参与保卫中国同盟工作并让他出面创办《华商报》。新中国成立前后邓文钊对党有许多贡献，

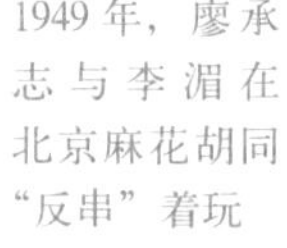

1949年，廖承志与李湄在北京麻花胡同“反串”着玩

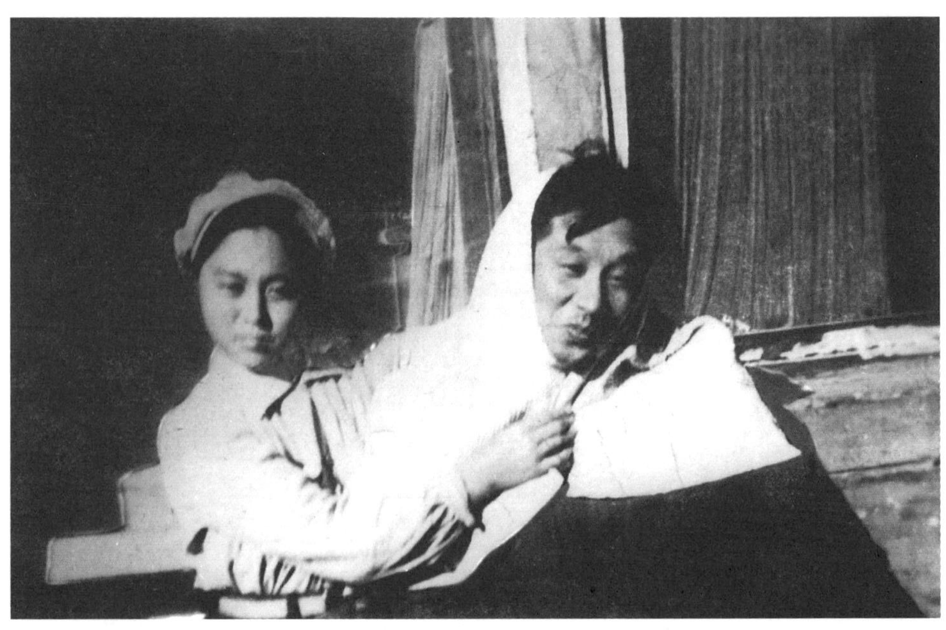

1958年，廖承志与廖梦醒摄于北戴河

后来他被任命为广东省副省长兼工商联主任。1957年大鸣大放时邓文钊因在发言中提出经济领域要有内行领导而险些被划成右派，后来又因目睹他的好朋友、工商联副主任陈祖沛被划右派跳楼自杀，大受刺激，得了精神分裂症。舅舅不但写信开导他，亲自去广州看望他，设法把他的独子邓广殷从北京调回广州照顾他，安排他去北戴河休养，还为他修改检查稿。邓文钊很快恢复了健康，应该说，这与舅舅的关怀是分不开的。

经过“文革”磨难，舅舅的性格依然没有改变。“文革”后他复出时，以前的老部下纷纷要求回到他那里工作。一次，港澳办的沈容不知因为什么事闹情绪，气冲冲地写了一封信，让我递给舅舅，要求调工作。舅舅看了信，随手拣起一张纸给她写了个回条：“小姑娘，别生气……”沈容一看，破涕为笑，再也不提调走的事。

舅舅去世前一年写了一篇文章《我的童年》，回忆他小时候在日本的事。舅舅写作很有特点，想到什么就写什么，总是令人忍俊不禁：“我像一只小水獭似的吃乳娘的奶”；“我像猴子那样大声哭喊，最后被父亲在屁股上狠狠地打了几巴掌，才平静下来”；“小梅的腕力比我强，我总是被她推倒，像古池中的青蛙那样趴在地下”。一篇文章内把自己又比作“水獭”，又比作“猴子”“青蛙”，别说在高干中少见，就是普通百姓也很少这样。

1981 年 10 月，廖梦醒与廖承志在北京医院（香港摄影家陈复礼摄）

1979 年，有一次舅舅住院，瞿秋白的女儿独伊去看他。当时，瞿秋白还背着“叛徒”的罪名，“文革”中连墓都被砸了。舅舅鼓励独伊争取为瞿秋白平反。正好陆定一也在住院。陆定一 1926 年就认识瞿秋白，他很赞成舅舅的想法，后来给予独伊有力的帮助。1985 年，瞿秋白终于得到正式平反，他在八宝山的墓地也得到了修复。为此事独伊一直很感激舅舅，说他是第一个鼓励她为父亲平反的人。

在为潘汉年平反的问题上，舅舅也是一个“敢吃螃蟹的人”。中国共产党十一届三中全会后，在北京召开了《关于建国以来党的若干历史问题的决议》讨论会。舅舅在 1980 年 11 月 3 日的会议上激动地作了长篇发言，提出应该给潘汉年平反。舅舅的主要理由是：潘汉年几十年来领导过上海、广州、香港等多地党组织和情报工作，这些地方的党组织和情报工作点、电台没有一处遭到敌人破坏，这证明他没有出卖过党组织。舅舅曾与潘汉年在香港共事，潘汉年告诉过舅舅，中央确定了打进日伪搞情报的方针。1946 年舅舅从南京返回延安后，曾问过康生此事，康生的回答是肯定的。因此，潘汉年与日伪人员接触不能说是“汉奸”行为。

舅舅发言后，全场寂静。潘汉年案是毛泽东亲自过问的，能够平反吗？会后，舅舅把会上的发言整理成文送给新上任的中纪委主任陈云，并附上一信郑重提议给潘汉年平反。陈云在上海与潘汉年共事多年，对潘汉年十分了解，他率先尽力为潘汉年平反。在陈云的推动下，1982 年 8 月 23 日中共中央向全党发出了《关于为潘汉年同志平反昭雪、恢复名誉的通知》。至此，共和国一大冤案终于得到彻底纠正。

宋庆龄去世时，舅舅写了《我的吊唁》，副标题是“纪念文章之一”。第二年春天，妈妈住院，舅舅买了她爱吃的生鱼片去北京医院与妈妈共进午餐。吃饭时，我问:“你的‘之一’已经发表快一年了,‘之二’怎么还不出笼啊？”他神秘地说：“你知道吗，叔婆是第三国际的人！”我很兴奋：“啊？那你快写啊！”妈妈可能早已知道宋庆龄是共产国际的人，但是我并不知道。不久，舅舅就在他的“之二”里爆出了这一内幕。文章题目是《我的回忆》，文中有这么一段：

1933 年 5 月宋庆龄一个人到母亲家……

“我今天是代表最高方面来的。”她说。

“最高方面？……”我想知道。

“国际！”她只说两个字，随后又补充说，“共产国际。”

“啊？”我几乎叫出来。

“冷静点，”她说，“只问你两个问题。第一，上海的秘密工作还能否坚持下去？第二，你所知道的叛徒名单。”

……

我飞快地写好了，在一张狭长的纸上。十分钟，她出来了，我母亲还躺着。她看见我已写好，便打开皮包，取出一根纸烟，把上半截烟丝挑出来，把我

1979 年 2 月，廖承志、廖梦醒、李湄在北京美术馆的何香凝画展上

1981年10月，廖梦醒、廖承志等在北京医院。左起：李湄、宫崎世民、宫崎千代、廖梦醒、廖承志。（香港摄影家陈复礼摄）

1983年6月24日，廖梦醒（前坐者）在北京人民大会堂廖承志追悼会上

那一张纸卷塞进去，然后放进皮包里。

妈妈预料舅舅的文章一定会引起国内外强烈反应，可是很奇怪，文章发表后，什么响动也没有。这又一次证明了一个道理：无论什么事，越透明，人们越以平常心态对待；越捂，人们越要探究。舅舅说，这件事，他曾当面问过周恩来，周恩来不置可否。周恩来走了，他带走了多少鲜为人知的历史！

1981 年 10 月，妈妈在北京医院住院的时候，舅舅把香港著名摄影家陈复礼带到医院去为妈妈拍照。陈复礼的摄影机像机关枪一样，镜头足有二十公分长，拍起照来“机关枪”“啪啪”作响，频率很高。我这才悟到，怪不得英文的“shot”既可解释为“射击”，又可解释为“摄影”。那次陈复礼一下子就用了好几个胶卷。妈妈去世时选择的“标准像”，就是这天拍摄的。这天，正好宫崎世民夫妇在北京参加辛亥革命七十周年纪念活动，抽空去看妈妈。前一天，在座谈会上，宫崎世民发言中谈到了海峡两岸问题，他认为，中国内地要大力发展经济，经济搞好了，对台湾才有吸引力。但《人民日报》在登他的发言时，别的话都用了，偏偏删去这一段，老头儿很不高兴。见到舅舅，他追问：“我这样讲，错了吗？”舅舅说：“一点儿也不错。”他们说日文，我听不懂，但是可以感觉到，舅舅是在安慰他。

1983 年 6 月上旬，全国人民代表大会开会，据说，舅舅内定在这届大会上就任国家副主席。可是 10 日凌晨，他突然停止了呼吸。当时，妈妈和舅舅都在北京医院住院，妈妈住在一楼，舅舅住在四楼。妈妈几乎每天都让陪住的小阿姨用轮椅推她上楼去看舅舅。舅舅呼吸困难，但他不当一回事儿，鼻子里插着氧气管，还与同时住院的孔原打扑克牌。但舅舅去世时妈妈并不知道。我是接到通知清晨五点赶到医院的，舅舅已全身冰凉。我大哭起来，亲了亲他的额头，他就被护士用白布盖上推走了。那么活生生的一个人，一下子就没了。我痛心地想起一件事。1977 年舅舅赋闲在家，一次我去看他，聊天时他说：“我们这些神仙……”我问此话何解，他说：“没事干就是活神仙啦。”我感到舅舅希望工作。去看邓颖超时我便问她：“为什么不给舅舅一些工作呢？”她说：“他不是在当人大常委吗？让他多活几年吧！一工作他会受不了的。”后来我告诉舅舅，他直摇手：“别说呀！”舅舅跌断腿住院的时候，我去看他，半开玩笑地劝他：“不如退下来写回忆录吧。你文采那么好，又有那么丰富的经历，不写可惜了。”他只是望着我笑。倒是在场的小表弟做出反应：“表姐，你真开放。”唉，要是他真退下来，也许就不会离开我们了。

我等妈妈吃完早饭，才告诉她舅舅走了。这时妈妈想和他告别也来不及了。她十分难过。血浓于水，尽管两人平时见面不多，但感情很深，到底两人一同走过了七十五年，无数苦与乐都是一起度过的。两个七老八十的人，直到生命最后，还是小朋友似的互相以绰号相称，妈妈叫他“肥佬”，他叫妈妈“大聋氏”，因为妈妈一个耳朵是聋的，而他们姐弟俩在背后就称外婆为“Old Lady”。只要见面，心地善良的舅舅总是设法让妈妈开心。妈妈的腿跌断过几次，走路要用拐杖，不过在家里，还是改不了快步走的习惯，像外公一样。这时舅舅就会装出惊喜的样子，夸她：“你真是健步如飞啊！”妈妈就很得意。妈妈得意的时候，喜欢把双手大拇指插在左右两边翻领里，扇动余下的各四个手指（像电影里的列宁那样）。

价值观

妈妈其实是个党性很强的人，她的党性表现在她总是自觉地做对党有利的事，不需要让别人知道。五十多年党龄的妈妈精通英语、日语，她除了政协委员之外，是一堆不用理事的“理事”：中国保卫世界和平理事会理事、中日友好协会理事、宋庆龄基金会理事……好在她并不把“官职”这类事情放在心上。廖家的人好像都对这些相当迟钝，从外公开始，外婆、舅舅都如此。我从来没有听妈妈抱怨过，毕竟我家在各方面都已是“比上不足，比下有余”。对于自己朋友，妈妈也搞不清谁是什么“官”，她只知道，这人是“重庆时代”的朋友，那人是“上海时代”的朋友，这就够了。妈妈不习惯官场习气。我手上有一封信，是外婆的秘书廖承慧写给妈妈的，廖承慧是妈妈的叔伯妹妹。她在信中对妈妈说，“廖主任”（即舅舅）如何如何，“何副委员长”（即外婆）如何如何，妈妈看了很反感，她在信上批了

1981年，廖梦醒在北京西便门家中（陈燕摄）

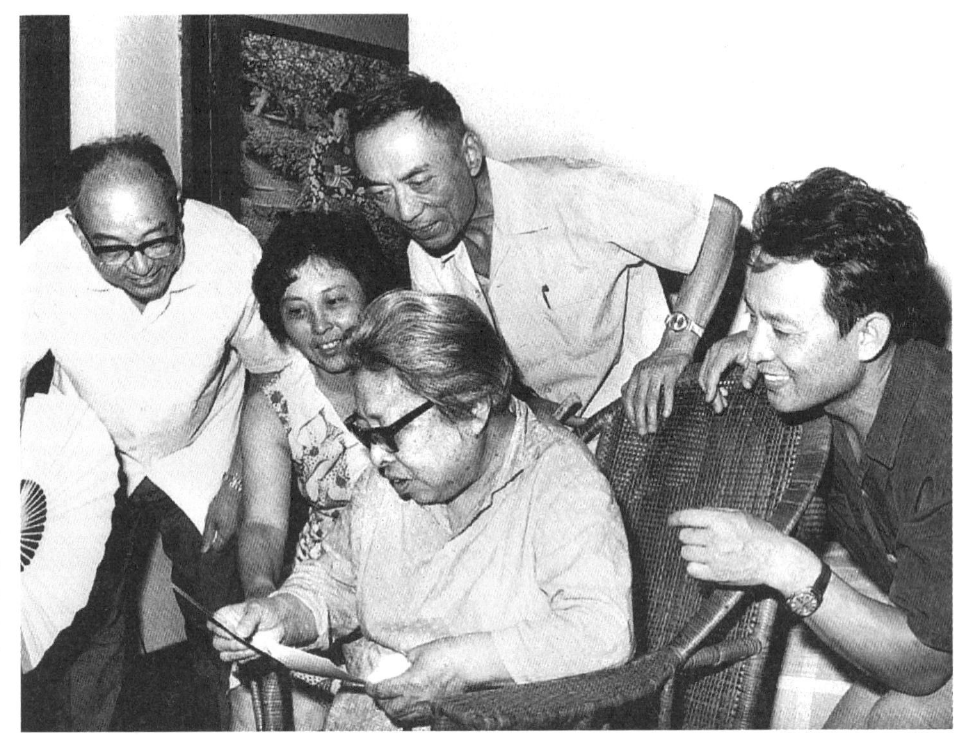

20世纪80年代，话剧《孙中山蒙难记》剧组访问廖梦醒。右起：石维坚、耿震、廖梦醒、李湄

两句："这是什么意思？你把自己从廖家出族了么？"批完，信并没有退回给承慧姨，妈妈只是抒发自己的不满而已。

妈妈的价值观与众不同。别人看重的，她未必觉得珍贵；别人觉得没什么的，她却很珍惜。刚刚改革开放的时候，家用小电器很吃香，海外亲友送的照相机、按摩器、果汁机等等，她随便放在柜里，可是东京浅草老太太送的小扇子却锁起来。一次，我问她："中国名人你认识不少，外国名人你认识哪些呢？"她想都不想就答："罗森医生。"我很意外，说："他又不是名人，只是医生。"她认真地说："他是个有名的耳科医生呀！"萨缪尔·罗森医生是美中友协创始人之一，宋庆龄的朋友，他访华时宋庆龄请他给妈妈看过耳朵。

外婆去世后，新华社有同事很"八卦"地向我打听："你外婆给你们留下很多遗产吧？"外婆娘家当年留给她的遗产，拿来建了广州百子路的住宅，日军轰炸时被夷为平地，后来她卖画为生，新中国成立后全靠薪金。外婆1947年在香港时与她的好朋友、陈铭枢的前妻朱光珍在青山合买了一块地。那时青山还是农村，地价很便宜。1970年，香港政府开发那一带，地价上涨，朱光珍想卖掉这块地，征求外婆的意见。外婆让妈妈给她回信："随她做主吧。卖了多少钱，有人来北京，

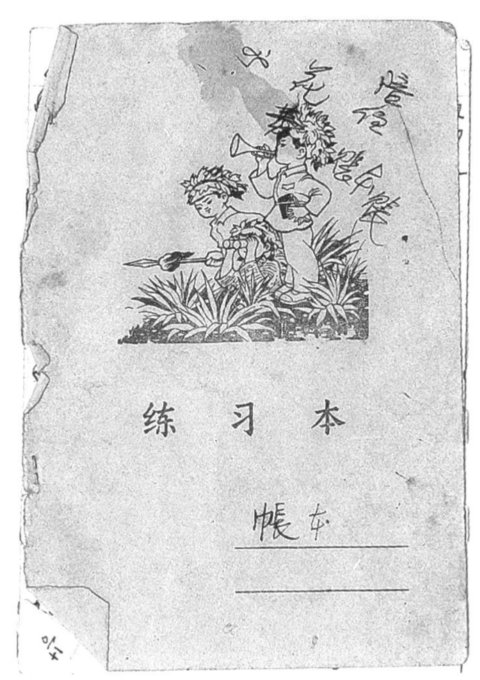

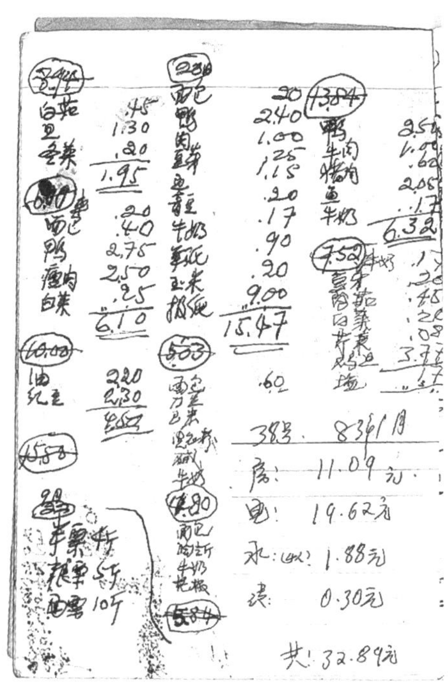

廖梦醒1983年的账本

给我带点儿橙就行了。”

妈妈也淡泊金钱。她从来没有想过要向革命取得什么回报，相反，她不断地奉献着。她最爱的两个人已经为革命献出了生命，她还有什么身外之物舍不得呢？在北京，她级别不高，开销却很大。因为什么都要自己付账，不能报销，如招待海外亲友、请保姆、坐三轮车（她挤不上公共汽车）。不够开销，就靠从香港带回来的积蓄一点一点补贴，或者卖首饰。妈妈结婚时，爸爸的祖母送给她一对翡翠镯子，晶莹碧绿，十分透亮，20世纪70年代，手头拮据，只得卖掉。妈妈是托周恩来的侄女周秉德去卖的，她在首饰进出口公司工作，卖给国家，只卖了四百五十元。

爸爸的祖父李胜在广州河南龙光里有一排房子，也是三个号头相连，其中龙光里十号二楼，李胜死后留给我爸爸作遗产。祖母从香港迁回广州后就住在这里，由当地民政部门按烈属照顾。1972年祖母去世，妈妈把龙光里十号二楼连同里面一厅两房的全部红木家具，统统捐给了政府。那些红木家具，是李胜当年从香港回广州养老时购置的，除了桌椅床柜之外，还有一张很大的鸦片烟床，都是古董。

但在北京，我们家里的家具却是20世纪50年代公家配发的旧家具，到80年代，已经破烂不堪。两张沙发，一大一小不说，两边的扶手也磨得露出棉花。改革开

1979年，西园寺公一、西园寺雪江夫妇在北京西便门家中探望廖梦醒。他们所坐的两个沙发大小不一

放后，常有美国、日本、香港的亲戚朋友到家里探望妈妈。每次来客人，就得找出一些花花绿绿的小布，铺在沙发扶手和后背上，同时还要盖住乱七八糟的杂物架。好在经过我一番打点，客人们照出来的相片还挺像样。除了布置客厅，我还得帮助妈妈翻箱倒柜，找出可以拿得出手的小礼品。客人肯定带礼品，我们要还礼。日本人和香港人都特别喜欢送礼。当时我以为这是由于他们生活富裕的缘故，后来才知道，那里的百货公司不仅有大量礼品供顾客选择，而且连包装也不用顾客费心。我们不行，即便找出可送人的礼品，还要费劲地找包装纸。每次来客人妈妈都特别高兴，只是苦了我。

1984年，妈妈在北京医院住院的时候，隔壁住的是妈妈在香港地下党时的同志林涧青。他得知我们有这些琐碎的难题，就帮我们一一解决。中办给我们送来一套似乎是人大会堂退役的沙发，还好心地加了两条地毯。我们之所以认定沙发是人大会堂来的，因为它们硕大无比，而且是红丝绒面，黄卡其布罩，一副官派样子。1985年香港的上诉法庭庭长杨铁樑来访，就是坐在这张沙发上与我妈妈合影的。他是妈妈表妹的女婿，1988年被任命为香港首席按察司。那时香港还没有回归，香港的制度是政法分家，首席按察司是“法”方面的第一号人物，也就是除港督外，全香港的第二号人物，当时他正参加《基本法》的制订工作。杨铁樑在香港以公正著称，威信很高，是香港高官中少有的中文根底深厚的人，他曾把

1985年5月26日，香港政府上诉法庭庭长杨铁樑夫妇在北京看望廖梦醒。杨铁樑太太谭爱濂是廖梦醒表妹的女儿

《说岳全传》翻译成英文。1996年他和董建华、吴光正一同竞选回归后的香港特首，结果是董建华当选。

1984年，妈妈被调整为副部级待遇。这是因为主持中央工作的胡耀邦对妈妈单位的人说，廖家在中国历史上是个很特殊的家族，老一代的人已经没有了，这一代也因廖承志去世，只剩下廖梦醒了，应该善待她。本来，官职对妈妈并不重要，她这时已行动不便。但提高待遇之后，大米和牛肉有了保证。

温馨的晚年

别看妈妈在单位不吃香，在家里可是“高干”待遇。我们家有一条不成文的规矩，凡是稀罕食品，要集中供应妈妈，自我以下各辈人等不能分享。这些专用食品，孩子们称之为“婆婆级”，它们包括：境外带来的蛋黄月饼、芒果、曲奇饼干；宋庆龄送来的一种粉红罐的美国杏仁糖（宋庆龄喜欢吃这种糖，可能很多人送给她，存货不少，到我家时常常已经哈喇，直到现在，陈平、晓燕还管这种糖叫“哈哈糖”）；本地的水果、牛肉、大米等。大米，在我们家是上等食品。广东人习惯吃大米，妈妈尤其是这样，她几十年也没有习惯吃面食。可是，几十年来，我们每人每月定量供应的大米只有四斤，必须加上我和陈思的，三个人的大米集中起来才够供给妈妈一个人吃。孩子们住校，米票要交学校。自由市场开放后，可以

1980年，廖梦醒与家人在北京西便门家中吃早餐。左起：陈思、李湄、廖梦醒、陈晓燕、薛菁华（陈平摄）

买到高价米，我们才松了一口气。可能早年在日本生活的缘故，妈妈爱吃牛肉，不爱吃猪肉。然而北京很长时间买不到牛肉，即便后来猪肉不用凭票供应，牛肉也不好买。难得买到一点儿，便炖成浓汤给妈妈喝，旁人自然只有看的份儿。陈平结婚后，第一件事，就是要求妻子薛菁华给他炖一次牛肉汤。当他终于尝到以前可望不可即的牛肉汤时，不禁赞叹："果然是'婆婆级'！真好喝。"

1982 年，广州成立廖仲恺、何香凝纪念馆。廖梦醒（前）与陈平（后左）、陈晓燕（后右）在露天会场上

陈平和晓燕从小就很懂事，他们是我妈妈带大的，潜移默化受她影响很深。小时候，他们穿的衣服都是补了又补，裤子短了就接一截，接两截的也有，孩子们从来没有闹着要穿新衣服，也不会回家讲，"同学有什么什么"。我们的收入，不可能让全家五口人都吃水果，但是妈妈必须吃。我对孩子们说："婆婆老了，她的日子过一年少一年，你们的日子还长着呢。"每顿饭后，妈妈吃水果，陈平、晓燕都自觉地不吃，孩子们的懂事常常令我感动。他们长大以后，都像我妈妈一样，正直、善良、真诚。

1985 年国庆前夕，陈晓燕推廖梦醒上西长安街看花

中国人的宗法制度有很多讲究，儿子生的儿子叫"孙子"，

1954年，陈平与陈晓燕在北京东四四条。后为廖梦醒

女儿生的儿子就叫“外孙”，表示不那么“正”的意思。但是妈妈对于我的儿子、女儿都视为“正支”，她经常对人说：“我不‘外’他们。”实际上，她是特别爱。陈平、晓燕叫我妈妈作“婆婆”，广东人管外婆叫“婆婆”，和北方人不同。他们是妈妈的感情寄托。自从有了他们，家里就有了生气，妈妈的生活内容也丰富了。孩子们之间、孩子和老人之间的磕磕碰碰，都成了生活的点缀。

住在内务部街的时候，锅炉房就在我们住房旁边，锅炉的大烟囱立在我们院子里。一次，不知因为什么事妈妈冤枉了陈平。那时陈平还在上小学，孩子特别委屈，哭着爬上大烟囱以示抗议。妈妈怎么叫他也不下来，毫无办法。突然，妈妈灵机一动，大声打电话给我，说陈平爬上大烟囱了。陈平一听，急忙下来。妈妈很得意，其实她根本没有打电话，而是装的。这个老地下党员，陈平可斗不过。因此，当妈妈自己收起什么东西随后又找不到时，陈平就说：“一个老共产党员藏的东西，十个鬼子也找不到！”

妈妈重感情，两个孩子自小感情也很好，有些趣事已成为我家的经典：陈平一岁八个月的时候，周末从托儿所回来，发现家里多了一张小床，床上有个小人儿。他好奇地过去，拿起晓燕的小手指一个一个地掰，吓得我冲过去赶紧把他抱走；晓燕还没有上幼儿园的时候，周末哥哥回来，她特别高兴，老想亲亲哥哥，可是那个一进门就喊“我要吃大肉！”的哥哥，对于被人亲并不感兴趣，于是在院子里，一个追，一个逃。妹妹没有亲着哥哥，哭了，哥哥好端端地背上惹哭妹妹的罪名，也噘起嘴；晓燕上幼儿园后，陈平还是摆哥哥架子，一次，晓燕看见我在擦皮鞋，她也擦自己那双心爱的红皮鞋，哥哥不屑：“臭美！臭美！”晓燕很委屈：“别说了，

别说了，再说我就要哭了！哇……”没说完就哭了起来。

妈妈有一个温馨的家是出了名的。邓颖超两次对我说：“我很羡慕你妈妈，她晚年很幸福。”我明白，她无儿无女，生活寂寞。我说：“这么多人关心你，只要你愿意，他们都会来陪你的。”然而，朋友的陪伴，和天伦之乐是无法相比的。

自从妈妈第一次大腿股骨颈骨折之后，她就不能自己洗澡了，因为我们家的洗澡盆很高大，她跨不进去。开始是我帮她洗，后来我一个人力气不够，就由我和小保姆两人帮她洗。她很喜欢洗澡，不管天气多冷，每个星期至少要洗一次。在国外每天洗澡是很平常的事，但在北京，有条件每个星期洗一次澡就算是很好的了。每次进了澡盆，妈妈都像小孩子一样不肯出来。一次，她舒舒服服地躺在洗澡盆里，突然对我说：“幸亏我没有改嫁，否则你就不会对我这样好了。我来世变什么报答你呢？”

浓浓的亲情存在于我们家人之间，深深的爱情存在妈妈心里。妈妈和我都很少谈及爸爸，因为一谈起来她就难受。但每年的10月8日，妈妈在爸爸的相片前都要摆上他爱吃的烟台梨，浅绿色的花瓶里插上几枝他喜欢的剑兰。妈妈不喜欢菊花，因为外公遇害后，他的临时墓地堆满菊花，妈妈看见菊花就想起那不祥的日子。到晚年，妈妈的记忆力已经很差，10月8日这天，我让晓燕不要提醒妈妈，

1982年6月，廖梦醒（右）与李湄摄于西便门家中

1985年秋，廖梦醒在北京西便门家中。左起：陈思、李湄、廖梦醒、薛菁华、陈平（抱洋子）、陈晓燕（抱霏霏）；后排：吴建；前排：袁孝源

少让她感伤。但是感伤是深藏在心里的，一不小心就会勾起。一晚，大家在客厅唱老歌。当唱到一首叫《Feeling》（《感觉》）的英文歌时，妈妈唱了两句就声音哽咽，然后更声泪俱下。她说，这是爸爸喜欢的歌。爸爸离开已经四十多年，妈妈对他依然魂牵梦萦。

妈妈是个很容易满足的人，她要求并不高，无非是温情而已。亲友们亲她一下，写一封信，送一束花，寄一个慰问卡，都会使她感到暖洋洋，觉得世界美好，人人关心她。托尔斯泰说："良知纯洁的人，才会觉得人生甜美！"其实快乐并不缘于拥有得多，而是因为计较得少。

改革开放之后，境外人士来华日渐增多，妈妈的许多亲友也不断访问北京。能见到面的，都不是通过单位来的。通过单位，肯定被挡驾。妈妈的表姐、我三姑婆的女儿黄宛芬，一个和妈妈长得很像的老太太，以八十岁高龄只身从美国回广州参加廖仲恺铜像揭幕仪式，然后专程飞往北京，只为见妈妈一面。因为妈妈住院了，没有去广州参加活动。

日本人心很细，也许是岛国文化使然，曾听说，日本生产的草纸都有大便纸、小便纸之分。妈妈的日本朋友带给她的礼品都是很具心意的。妈妈喜欢吃寿司，晓燕也学会了做寿司。日本朋友知道后，专门从日本带来一包米送给妈妈。这并不是因为北京米不好买，送这包米的时候，大米已敞开供应，而是因为做寿

1987年，阎明复（站立者左一）、李湄（左二）、黄宛芬（左三）、于在渊（左四、廖蕙的丈夫）摄于广州廖仲恺铜像揭幕仪式后

司，不用日本米就不地道。这种日本米在其他国家是买不到的，因为日本禁止出口。妈妈的老朋友夏衍、王震、孙平化都知道她爱吃日本料理，宴请日本外宾之后，也会送一盒生鱼片来给她。而她一见生鱼片，哪怕已是晚上九点钟，也要打开盒子先尝几块，然后才心满意足地上床。

美籍日裔有吉幸治曾作为美军观察组成员被派驻延安，妈妈在重庆时认识他。20世纪50年代美国麦卡锡主义盛行时，有吉因思想左倾被迫害。后来他在夏威夷开了一家小小的花店，代售中国杂志。1976年，宋庆龄得知有吉患了癌症，经济上困难，通过妈妈要求舅舅在有吉10月份访华时给他一些资助。可是到10月，有吉已病重不能前来。他托代表团带来两枝鲜艳的红掌花，一枝给宋庆龄，一枝给我妈妈，各放在一个八十公分长的大纸盒里。收到花不久，有吉就病逝了。妈妈很难过。红掌花谢了之后，妈妈长期保留那个大纸盒，说："这是有吉送来的。"它一直放在妈妈床底下，每次大扫除妈妈都舍不得扔掉。

我的朋友芭芭拉给妈妈起了一个雅号"kissing mamie"，就是"爱亲吻的妈妈"，真是再合适不过了。妈妈的熟人都知道她有这个洋习惯。洋派人见面和告别亲亲她，是十分自然的事。最令我感动的是，并非洋派的朋友也按这个规矩办事。在总后工作的解放军高级将领蒋泽民，1945年在重庆时任毛泽东的警卫员，是八路军办事处身材最高的人。妈妈身材矮小，只到他肩膀，因而戏称他为"大人国"。

这个身高一米八二、体格魁梧的北方汉子，去北京医院探望完妈妈，走出房门，突然想起还有一件事没做，又返回来，笨拙而自觉地弯下腰亲了亲妈妈，然后才离开。曾家岩时代的“李太太”，谁都知道，是个洋派同志，特别讲礼貌。

每年夏天，妈妈的老朋友、作家叶君健、苑茵夫妇都会送桃子来给妈妈尝。他们家桃树结的桃子特别甜，每年结了果子，都分送给朋友。他们家在北海后门旁边，是一个小四合院，种了许多花草树木。苑茵很会种花，妈妈也喜欢养花，经常向她请教。不过妈妈种热带植物多，光长刺，不开花，只有从叶君健家移植来的桃树不但开花，而且果实累累。“文革”中，造反派搬进了前院，孩子们常常在桃子还没成熟就连摘带毁，妈妈很心疼。她想出一个办法，在树枝上挂满毛主席语录：“桃子该由谁摘？这要问桃树是谁栽的，谁挑水浇的。蒋介石蹲在山上一担水也不挑，现在他却把手伸得老长老长地要摘桃子。”果然，这个办法帮妈妈保住了桃子。叶君健夫妇翻译过不少儿童文学，也许因为这个缘故，所以他们很喜欢小孩。陈平和晓燕小时候常到他们家去玩儿，苑茵就留他们吃饭，她很会做菜。

1976年7月28日午夜，唐山发生地震。当时我们正在梦乡。刚一感到地震，反应灵敏的陈平就从窗口跳到院子里，但一想不对，婆婆还在屋里，随即又敲门回来救婆婆。我们把大木床抬到院子里，支上蚊帐，让妈妈睡在里面。睡了几天，

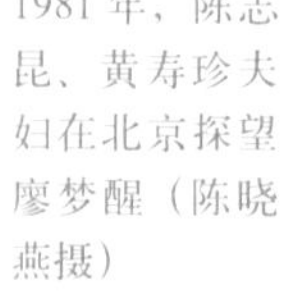

1981年，陈志昆、黄寿珍夫妇在北京探望廖梦醒（陈晓燕摄）

觉得不是办法。妈妈在上海的干儿子黎绍良、曹衍诚、柳济钧等把她接往上海住。他们都是解放前在上海搞学生运动时认识妈妈的。妈妈与他们的忘年交一直持续到生命的终点。

我们家有电视机，是在“文革”后的1978年。那是一台十四英寸的国产电视，曹衍诚帮妈妈买了托人带来的。它让妈妈在七十四岁时开始有了娱乐。她因为心脏病缺氧，不能到影剧院等人多的地方，因此基本上没有文娱生活，实际上她是个喜欢热闹的人。在此之前，曾有日本朋友送过一台小电视机给妈妈，但中转途中不翼而飞。后来香港的朋友又送了一台十八英寸的给她，于是每天晚上成了妈妈最高兴的时候。她坐在电视机前的沙发上，全家人围着她，不管播放什么节目，不到电视说“再见”她都不睡。妈妈和舅舅都是足球迷。每次看电视转播的比赛，她都十分投入，像年轻球迷一样，又叹气，又顿足。妈妈已经年过八十的时候，一年，北京举行国际足球赛，比赛中，一个外国球员把容志行踢伤了，妈妈大怒，费劲地从沙发上站起来，去拨电话给荣高棠。荣高棠在重庆是红岩办事处的，和妈妈很熟。妈妈愤慨地对那个外国球员表示不满，又问容志行伤得怎样。荣高棠安慰了她一番，才使她平静下来。

很长一段时间，理发是妈妈除看病之外的主要生活内容之一。发型是人的形象中很重要的一环，妈妈很注意自己的发型。她把头发剪得很短，但是要吹得很

1982年，廖梦醒在北京人民大会堂纪念廖仲恺、何香凝大会上。右起：廖梦醒、康克清、史良

1983年，廖梦醒与家人摄于北京西便门家中。前排：廖梦醒、薛菁华；中排：李湄、陈平；后排：陈晓燕、吴建、陈思

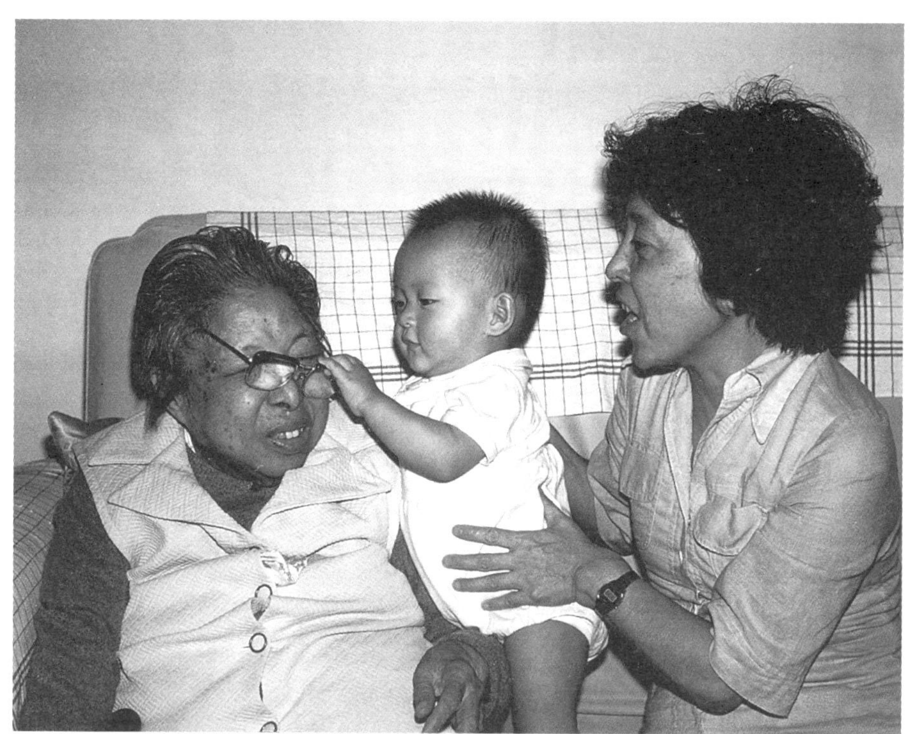

1985年，廖梦醒与重孙女陈洋子在家中

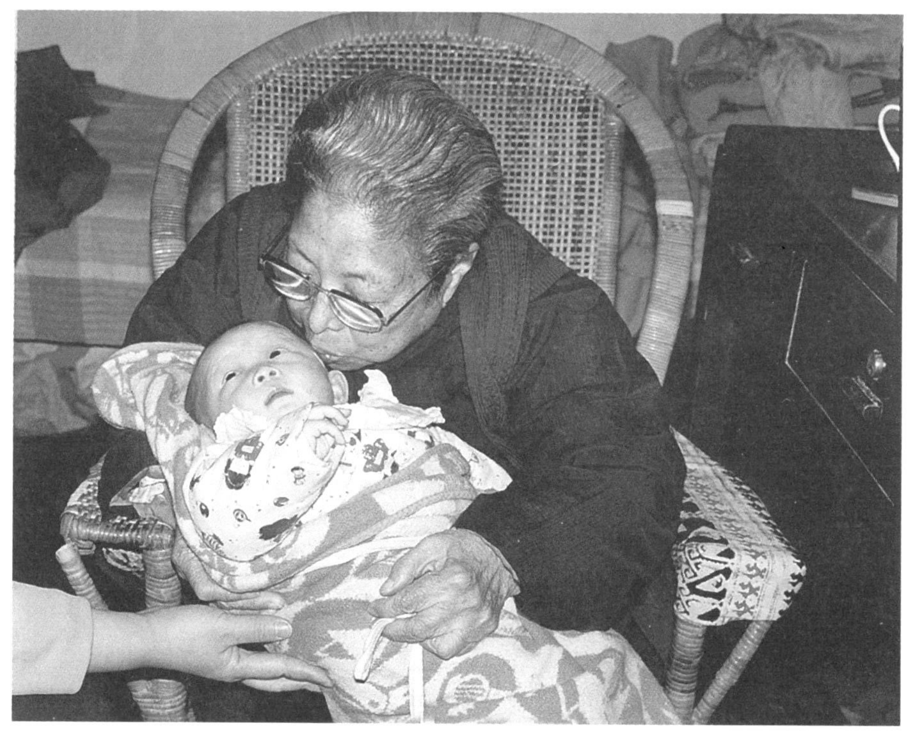

1985年夏，廖梦醒与重外孙女吴霏在北京西便门家中

好看。我们住东城内务部街的时候，附近有一家春明理发馆，妈妈是那里的常客，每个星期去吹一次头发。当时妈妈还可以自己行走，走出胡同口没多远就到了。搬到西便门后，理发就不方便了，妈妈走路也不如以前便捷。于是，她就趁每周去北京医院取药之便，顺路到新侨饭店理发室洗头。妈妈晚年，去新侨饭店洗头成了她的一大“娱乐”，每次洗完头都有几天很精神。只是每次跟机关要车，总得硬着头皮。记得 20 世纪 80 年代，新侨饭店的理发师傅只收妈妈四元理发费，纯粹是照顾。妈妈脖子短，冲水的时候很容易弄湿领子，他们就想办法，用大塑料布从两边兜住。十几年下来，当年的年轻理发员已成手艺高强的师傅；妈妈也从每星期去，到完全不能去了。妈妈去世后，尽管告别仪式人数有限制，我还是带着感激的心情，亲自去新侨饭店请师傅们出席妈妈的遗体告别仪式。

“可惜太晚了”

妈妈最后一次参加活动，是1985年4月20日在人大会堂出席庆祝爱泼斯坦七十岁生日的招待会。我用轮椅推妈妈过去祝贺爱泼斯坦，旁边坐着邓小平和邓颖超，妈妈过去同他们打招呼。邓小平和妈妈握手时说：“梦醒同志，我们在香港见过面，你记得吗？”妈妈很高兴，她心里几十年的疑问得到了解答。她一直说，她入党那天见到的那个小个子是邓小平，我还不相信。这一晚，妈妈的老朋友荣高棠、路易·艾黎、马海德等都来亲她，她特别开心。

第二天，邓颖超请妈妈去中南海西花厅赏海棠花。前一年海棠花开时节妈妈正好住院，没有去。妈妈晚年，正像北京医院的钱主任所说，家里、医院两头住。这天，重庆时代的同志很多都去了。妈妈坐在邓颖超的轮椅上，人人都过来同妈妈握手。邓颖超问：“这是你的轮椅吗？”我答：“这是您的。”她大笑说：“我坐你的，你坐我的。”前一年邓颖超去泰山，借用了妈妈的轮椅，回来后才想起自

1985年4月20日，邓小平、邓颖超、廖梦醒在人民大会堂庆祝爱泼斯坦七十寿辰宴会上

20世纪80年代，邓颖超与廖梦醒在北京

己该买一辆。

1987年，邮电部发行外公、外婆的纪念邮票，上海、重庆、内蒙古各地纷纷寄来首日封，请妈妈签名。他们附来的信都写得很真诚，很热情。爸爸是个邮票迷，妈妈也集邮，她完全能够体会来信者的心情，因此很乐意为他们签名，虽然那时她连坐起来都已很困难了。其中有一封信，信封上只写“北京廖梦醒老人收”，居然她也能收到，这使妈妈很高兴，因为她想起了大革命时代在广州的情景。那时，只写“广州廖梦醒收”，她就能收到。没想到在北京也能这样。我想，寄信者或许只是碰碰运气，并没有把握一定能投递到。当他意外收到妈妈寄回的带签名的首日封时，其高兴的程度也许不亚于我妈妈。下面是上海汽轮机厂吴天明1990年写的文章：

“那是1987年4月23日，正值民主革命的先驱廖仲恺诞生一百一十周年纪念日，邮电部发行了一套两枚纪念邮票，第一枚是廖仲恺像，第二枚是廖仲恺和何香凝的合影。当时我贸然有个想法，如果请廖何夫妇的女儿廖梦醒签名该有多好啊！于是我恭恭敬敬地在信封右上角贴上廖仲恺像的邮票，同时写了一封信，表达了对廖先生革命一生的崇敬之情，讲述了这年年初在南京时，从中山陵步行了一个多小时，瞻仰了紫金山麓的廖何合葬墓，并请她在百忙之中签名留念。信寄出后，我的心忐忑不安起来，廖老毕竟年事已高，工作繁忙，这样打搅她未免太冒失了。

“时隔一个月，我竟收到八十高龄的廖老委托她女儿李湄写来的回信，用的是‘中国电影家协会’的便笺。‘家母因病卧床已一年余，为签邮票勉强坐起，故写得不好，请谅。谢谢你在南京专门步行去廖何合葬墓！’在我寄的信封正面和廖何合影邮票的白边上均用黑色钢笔端端正正地签有‘廖梦醒’三字，旁边盖有‘梦醒’的红色印章。看到这苍劲有力的签名，我感触颇深。

“梦醒同志的一家是革命之家……她一生为党做了许多工作，但从不居功自傲，不争名誉地位，品德高尚，秉性清廉，为人正直谦虚，热情诚恳。这些品德

1987 年 4 月 23 日，廖仲恺诞辰一百一十周年纪念首日封。信封上有廖梦醒的亲笔签名

1977年，廖梦醒在西便门家中。左起：沈宁、夏衍、廖梦醒、李湄、赵双

从她在病中为一位素不相识的同志签名也可略见一斑。”

不管大事小事，只要觉得自己对别人有用，妈妈就很高兴。并不为报答，只为证明自己的存在价值。妈妈住院期间，詹姆斯·贝特兰去探望她，那时妈妈已经有点儿糊涂了。看完妈妈出来，贝特兰问我：“她有没有写回忆录？”我答：“没有。”他叹了一口气：“可惜，现在已经太晚了。她做过那么多的事。”妈妈不是没写过东西，只是她仅写别人，不写自己。自己做过多少事，她早已想不起来了，别人问起，她也只是说三言两语。在人人都推销自己的年代，她还是没有学会这一套。

妈妈晚年的时候，社会上已经有很多不正之风，那是“文化大革命”的后遗症，人性中丑恶的东西沉渣泛起。本来好好的人，莫名其妙被整得死去活来，人们丧失了对良知的信念。每次听到负面的消息，我都想，不能让妈妈知道。她一生最爱的人，和她自己的一生，都献给革命了。我不忍心让她在最后的时刻，发现原来还有这么多丑恶的事。我对妈妈进行了善意的封锁，我让她平静地、快乐地、保持着美好的理想度过了晚年。我的想法是对的。妈妈去世后，她的朋友罗叔章后来也病重住院。我去看望她时，她拉着我的手难过地说：“怎么会变成这样？我们原来的理想不是这样的！”

最后的日子

妈妈生命的最后两年是在北京医院度过的，中间只出过一天院，就又因跌断腿返回医院。这次骨折是致命的，因为它引发了两次心肌梗死，使妈妈的身体急转直下。妈妈的公费医疗单位本来是北京医院，“文革”中她被赶了出去。夏衍从监狱放出来后，得知这个情况，通过彭宁反映给胡耀邦，妈妈的医疗关系才得以回到北京医院。她最后的日子能在北京医院接受治疗，是革命给她的最好回报。海外亲友到医院探望，都赞叹病房条件好。他们说，在国外，即便百万富翁，住这么久医院也受不了。

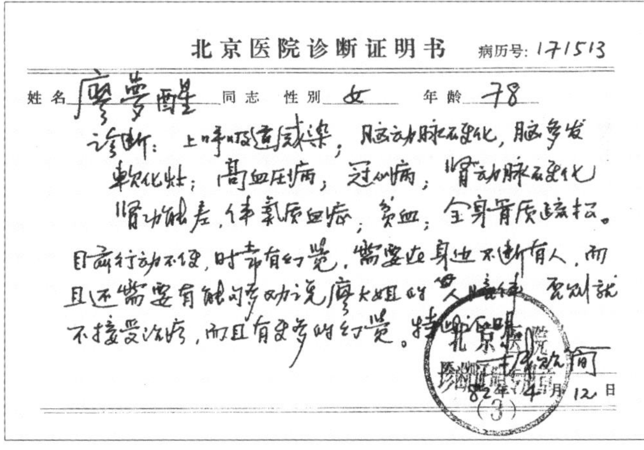

北京医院诊断证明书 病历号：171513

姓名 廖梦醒 同志 性别 女 年龄 78

诊断：上呼吸道感染；脑动脉硬化，脑多发软化灶；高血压病；冠心病；肾动脉硬化，肾功能差，伴氮质血症；贫血；全身骨质疏松。

目前行动不便，时常有幻觉，需要在身边不断有人，而且还需要有能够劝说廖大姐的人陪伴，否则就不接受治疗，而且有更多的幻觉。特此证明

北京医院

82年4月12日

(3)

1982年，廖梦醒的诊断书

1985年底，上海一位朋友知道妈妈爱吃醉蟹，专门带了一坛醉蟹来。按中医的说法，螃蟹是很“寒”的。妈妈体质差，本来是不应该吃的，但她又很爱吃，接连吃了几天后，就感到浑身不舒服，睡不好觉。到医院去看，医生以失眠来治，开了大剂量的氟安定。妈妈走路变得很困难，腰弯到九十度，几乎双手垂地。到来年1月，她已变得昏昏沉沉，憋气、心绞痛，要靠吸氧来维持了。当时医院没有床位，只得每天去医院灌五个氧气袋回家供她用。妈妈患有多囊肾，加上血管硬化，影响肾功能，小便频繁。每次小便都得连拖带抱才能使她坐上便盆。后来情况越来越坏，我们便不管有没有床位，先把她抱到医院再说。一检查，她的血色素只有五克！医生大惊，马上让她住院。这一住就再也没有出院。

妈妈的病主要在心脏、肾脏、脑血管。她从年轻时候开始，天天早晨冷水擦澡，

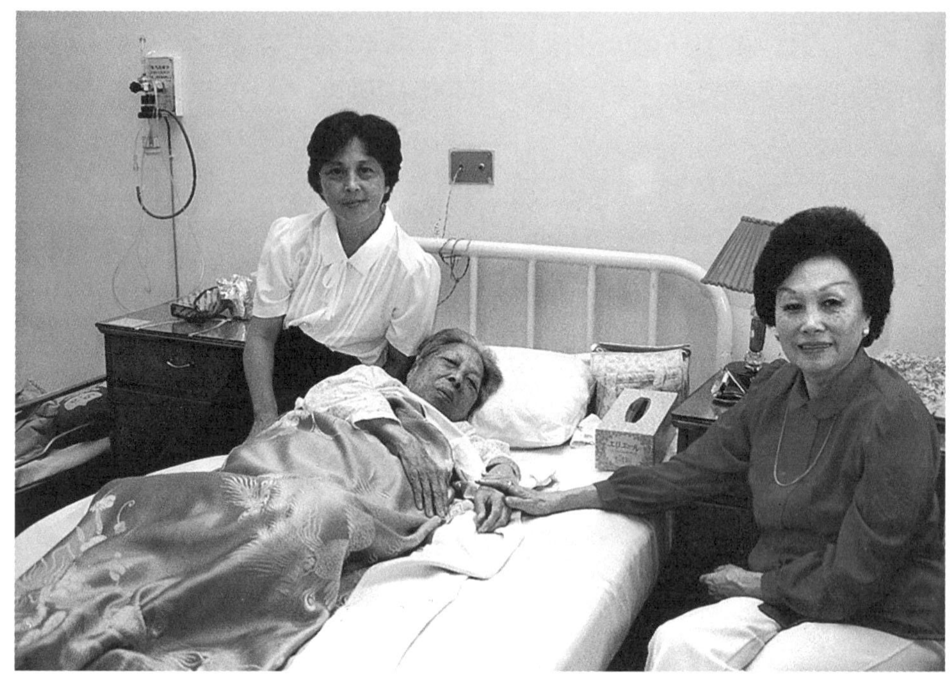

1986年7月，陈香梅（右）前往北京医院探望廖梦醒

所以很少感冒，几乎没有得过肺炎。但她的三种病都是致命的病。20世纪70年代，妈妈治心脏病主要是服用中医研究院张家鹏大夫的中药。自1986年1月住进北京医院后，就完全吃西药了。内科钱主任曾预言："将来廖大姐出问题就出在这三方面，也许是其中之一，也许三种病一起来。"这几种病，用药互相矛盾，给医生带来很大困难。妈妈每周检查一次血和尿，医生根据检查结果不断调整治疗方案。因为妈妈血色素太低，所以每月要输血。每次输完血精神都很好，可是不到一个月，上升了的血色素又降了下来，人又变得没精神。到后来，三个星期就要输一次血。最后，输血产生反应，每次都发高烧和呕吐。医生一筹莫展。

不但用药困难，饮食也困难。肾功能不好，不能吃高钾、高蛋白食物，可是缺钾又会引起心绞痛。而到底什么食物是高钾、高蛋白，我们心中没数。幸亏晓燕是北大肿瘤医院的护士，她从北大医院图书馆借了一本有关的书，抄下一份各种食物含钾、含蛋白的表，按"本本主义"给妈妈吃饭。这份表后来很多病友都借去抄。有了"本本"，日子仍不好过。医院订的饭，是大路货，绝大部分她都不能吃。妈妈本来就挑嘴，拣饮择食，她爱吃的东西——牛肉、鱼、鸡、烧鸭、海参、肉松、笋、榨菜、菠菜、香蕉、橙子……不是钾高，就是蛋白高。每天光是想给她吃什么，就绞尽脑汁。一次，我看天气热，冬瓜又利尿，就给她炖了一个广东人爱吃的冬瓜盅，把冬瓜当中掏空，放进肉丁、火腿、虾米、笋等隔水炖，妈妈很爱吃。第二天，她的尿量一下子从平时的1000cc增加到2000cc，我还以为是好事。谁知尿多使钾大量流失，晚上妈妈就犯心绞痛，很快变成大面积心肌梗死。医院给中央报了病危。经过抢救，十天后才脱离危险。

另一次心肌梗死，是心情引起的。那时，阎明复几乎每月都发烧住院，和妈妈住在同一层楼。妈妈和他的爸爸阎宝航都是重庆时代在周恩来直接领导下做隐蔽工作的地下党员。1941 年阎宝航与国民党高层周旋中，获知德国将于 6 月 20 日进攻苏联，立即报告周恩来，党中央通报了苏联，为此斯大林致电毛泽东表示感谢。一天，阎明复去看我妈妈，妈妈问起他父亲的情况，阎明复讲了他父亲在“文革”中被迫害致死的情况（阎明复自己也被关了八年）。妈妈听了难受起来，话没讲完已发心绞痛。待我下午到医院，阎明复对我说，他闯祸了。晚上，心绞痛变成了心肌梗死。我让阎明复赶快帮我打电话通知邓颖超的秘书赵炜，说妈妈报病危了。像妈妈身体这么虚弱的人，一发病就徘徊在阴阳界，“推一把就过去，拉一把就过来”，好在钱主任医术精湛，这次又抢救过来了。

妈妈在医院躺了七百三十多天。她一向喜欢亲吻，在家里，我向她道早安要亲她，道晚安又要亲她。频繁的亲吻使我对亲吻产生抗拒心理。可是，妈妈生命

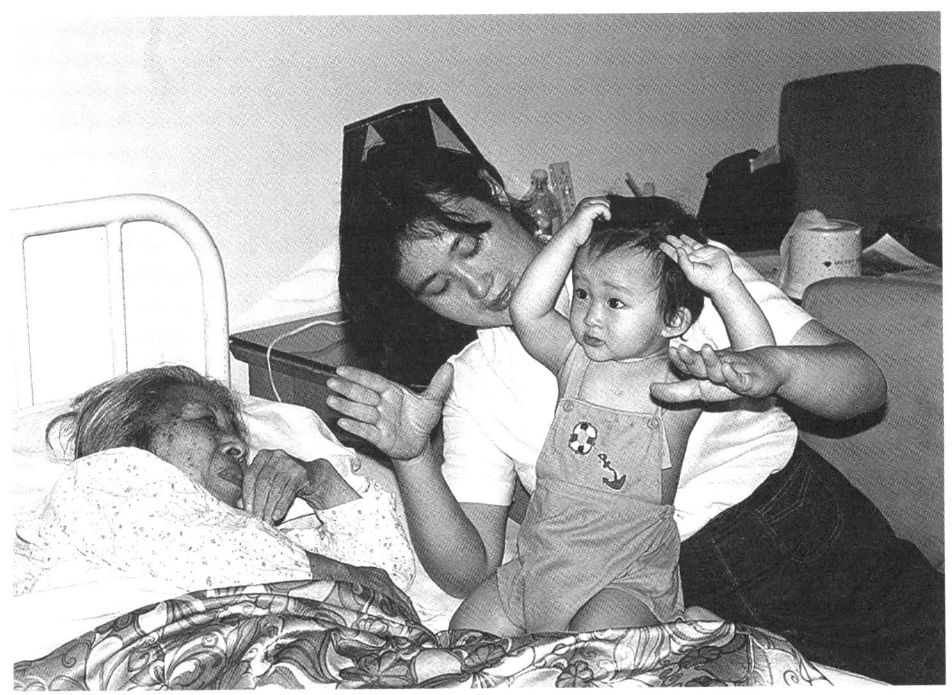

1986 年，廖梦醒、陈晓燕和吴霏在北京医院

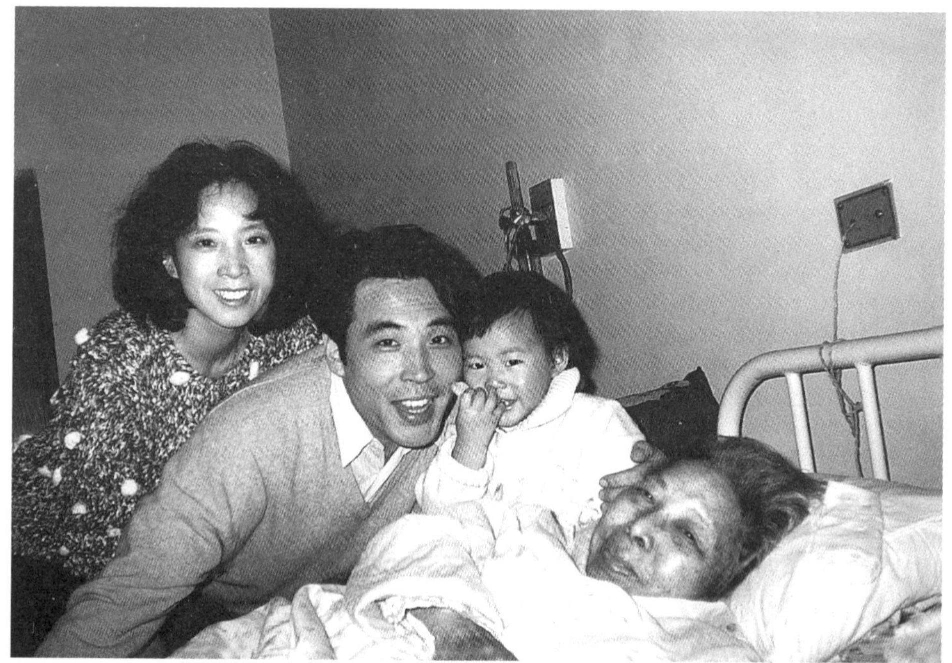

1986年冬，北京医院。右起：廖梦醒、陈洋子、陈平、薛菁华

的最后两年，不能起床，不能看书，不能看电视，只靠“爱”支撑着她求生的欲望，我突然意识到亲吻对她的重要性。于是我尽量多去亲她，带感情地亲她，不再敷衍了事。妈妈一生中，父亲和丈夫两个最爱她的人，都是突如其来失去的，她很怕我也会突然离她而去。每天睡醒午觉，她都把小闹钟对着自己，分分秒秒计算我该到的时间。我必须四点之前到达，否则她就会心绪不宁，以为我发生意外。那两年里，我每天上午去电影家协会上班，下午四点前赶到医院，晚上等她睡了才回家继续翻译稿子，春夏秋冬，风雨不改。幸亏这时我已调到电影家协会，那里的同事很有人情味，他们很谅解我。

星期天的下午，是妈妈最快乐的时刻——她的第四代要去看她。三岁的洋子和两岁的霏霏是妈妈的宝贝。她们在妈妈的病床上爬来爬去，摇着床框“开汽车”，翻她的饼干罐，甚至捏她的鼻子，这时妈妈就会发出微弱的“妙妙”声，回应小宝贝的亲热。从星期一到星期五，妈妈数着手指头盼星期天。因为孩子小，寒冬腊月，又住在郊区，很难带她们去医院。我们太老实了，没有早点想起利用妇联的车，等我们想起何不请求妇联派车时，妈妈已经时日无多。孩子们只去过几次，妈妈就与世长辞了。

1988年元旦，下午晓燕带霏霏去看妈妈，妈妈很高兴，临走的时候，她拉住霏霏的手不放。霏霏，就是“仙霏”的霏。晓燕跟我妈妈长大，对妈妈很有感情，因此用妈妈的名字命名自己女儿。晚饭妈妈吃得很香，吃了一块带鱼。邓颖超这时也在住院，她的病房在四楼。六点钟，赵炜拿了西花厅大师傅做的饺子给妈妈吃。妈妈吃完饭，又吃了两个饺子。七点，张宝珠大夫查房，一切正常。七点半，妈妈突然说不舒服，我给她揉，不行。服硝酸甘油一粒，不见效，两粒仍不见效。张大夫让吃“救心”。心脏和血压都正常，可是她的手抖得越来越厉害。我一直抚摸着她的手，心乱如麻，不知该怎么办，不停地让小保姆去找医生，但医生认为只是普通的心绞痛。八点半，妈妈开始呼吸困难，一位年轻的男大夫紧张起来，因为妈妈的血压下降了。到九点，她的嘴已歪斜。半小时后，血压、脉搏、呼吸全部停止，瞳孔散大，手脚冰凉。妈妈从感到不舒服，到完全失去知觉，总共只有两个小时。虽然对于这一刻的到来我已有思想准备，因为她一周来高压一直在二百以上，医生已说过很危险。但是当这一刻真正到来时，我仍然心慌意乱，手足无措。医生做人工呼吸，注射升压药。脉搏恢复了，血压升高了，用上了呼吸机,但知觉从此没有恢复。北京医院的几位院长都来了。赵炜哭了。我离不开病房，她帮我通知家人、廖晖和妇联领导张帼英，他们立刻就赶到。不一会儿，中办的温家宝和杨德中也来了。

2日上午，章文晋兴冲冲地拿着贺年片走进病房，见状愕然。医院召开紧急会议，院长、主任都参加。他们向我介绍妈妈的病情。她的病尚未确诊，估计是脑水肿。因呼吸困难，脑向下坠，压迫中枢神经，所以昏迷。但为什么会突然呼吸困难？内科说是脑的问题，脑系科说是内科问题。我表态：“妈妈已几次告急，如果不是北京医院细心治疗，人早已没了，我很感激医院。这次，尽力而为吧，我没有什么意见。”沈主任问，如果妈妈去世，遗体可不可以给医院解剖。我说，妈妈早交代过，死后遗体给医院做解剖用，特别是我们家族的手骨，可供遗传学研究。

下午阎明复来了，叫我要有所准备。我说不想办丧事，“祭而丰不如养而孝”，生前尽了孝，丧事无所谓，反正人已死，什么都不知道了。他说，中央恐怕不会同意，或者可以采取路易 · 艾黎的葬礼方式。（路易 · 艾黎过完圣诞节就去世了，我一直没敢告诉妈妈。）阎明复说会让政协来帮忙处理。

3日上午，伍修权、徐迟等人来医院，他们将要南行，特来道别，没想到妈妈已是这种状况。

下午，政协秘书长周绍铮来了。妈妈是政协委员，如果要办丧事，我希望由政协办。周说，最好是政协和妇联一同办。中组部也来人，说有问题可找他们。

妈妈的瞳孔完全缩回去了，脚也好像有点儿反应，我产生了一丝希望，希望她这次也能逢凶化吉。晚上晓燕留在医院值班，我回家睡了个觉。

4日一早，晓燕来电话，说妈妈情况又不好了，医生让家属去。我和陈平、菁华去拦出租车，白白耽误了一小时。妈妈的小便前两天还有1000cc，今天只有500cc。现在我们全家都不敢离开医院了。廖晖也天天都来医院。

5日，妈妈小便没有了，插管也没有，医生很伤脑筋。呼吸机不能用太久，管子顶住咽喉会弄伤气管。切喉管怕感染，不切生命又维持不了几天。邓颖超告诉医生："不要给她弄个窟窿。将来我如果这样，也不要给我开窟窿。"

6日，张帼英问，有没有外地亲友要通知？她要出差，已交代妇联的人随时应急。晚上，陈平、菁华走后，妈妈开始不好。心跳140—150次／分，血压下降，呼吸有时停几秒钟。我和晓燕守在病房。我太累了，竟在门口椅子上睡着了，待晓燕叫我时，妈妈已不行了。

7日清晨五点五十分，经过五天抢救，妈妈终于离开了我们。

一大早赶到医院的，除了我们全家人，还有舅妈、廖晖、赵汝衡、廖茗。妇联的王淑贤书记是个知识分子，对妈妈很好，她一直在哭。

晓燕边流泪边帮着护士长石慧琴把遗体洗干净。妈妈停止呼吸以后还排泄过一些黑色的粪便。晓燕当过护士长，懂得处理。这是她最后一次为疼爱她的婆婆服务了。遗体洗干净后送进了太平间，医院的化妆师马师傅说一定好好为我妈妈化妆。周恩来去世时，他为周恩来化过妆；在外婆、舅舅、舅舅的女儿丁丁入殓时，他也为他们化过妆。

身后哀荣

政协和妇联商量后，通知我关于举行妈妈的遗体告别的几件事：

一、时间：1 月 18 日。

二、地点：北京医院。

三、人数：三百人（参加告别仪式的人数，不管实际上去了多少人，见报时只能按规定写。妈妈虽是政协委员，但按政协常委规格，所以可报三百人）。

四、骨灰放在八宝山侧室。

五、遗体告别式后，新华社发消息并登照片，电视台播放新闻（政协委员只发消息，不登照片，政协常委才登照片。妈妈因按政协常委规格，所以登照片）。

六、按规定发抚恤金（两千元）。

妈妈机关印的讣告，我没有参与。我自己设计了一份非官样文章的讣告通知境外亲友。这份讣告很小，右边印着：“廖梦醒 1904 年 2 月 4 日生于香港。

您的友谊

给她的生活带来了温暖和快乐

廖　梦　醒

(Cynthia Liao)

1904年2月4日生于香港。

1988年1月7日因病在北京去世。

1988年1月18日在北京医院举行遗体告别仪式。

廖梦醒去世后，家属发给亲友的唁告

1988 年 1 月 18 日，邓颖超在廖梦醒的遗体告别仪式上

1988 年 1 月 7 日因病在北京去世。1988 年 1 月 18 日在北京医院举行遗体告别仪式。”左边是妈妈的照片和一句话：“您的友谊给她的生活带来了温暖和快乐。”

虽然新华社要到遗体告别式之后才能发消息，但中新社当晚就向境外发了消息，1 月 8 日，香港各报登载。于是，1 月 8 日起，唁电像雪片般从境外飞来，大部分来自香港和日本。境外亲友全都知道了妈妈的死讯，但内地的亲友还不知道。

我们去八宝山买骨灰盒。一般的百多元，放在架子上；稍好一点儿的三百多元，放在玻璃柜内。我看中了一个放在柜里的，售货员说，要部长级才能买。陪同我们去的妇联干部告诉他们：“廖大姐是副部级待遇。”售货员听了说，那可以。可是，我已经完全没有购买的欲望了。妈妈两个好朋友的后代，香港的邓广殷和陈文裘接到通知，准备来参加告别式，我请邓广殷带个好一点儿的骨灰盒来。五年前舅舅的骨灰盒也是他带来的。

妈妈如果能看见自己的告别仪式，一定非常欣慰。灵堂堆满了她最喜欢的鲜花。隆冬腊月，鲜花很稀罕。在她生前，平时我们只买一朵康乃馨，放在小花瓶里，摆在她的床头。现在，她的遗体全被鲜花包围。由于妈妈的告别仪式，东单花店的鲜花都卖光了。妈妈的好朋友几乎全都来与她告别。因为人数太多，我无法一一列出他们的名字。但是无论何时翻开签名簿，看见那些名字，我都会想起，有那么多人为她哀伤，她这一生真是没有遗憾了。本来家属只有六口人（不算两个第四代），但是那天家属竟排了二十来人。舅妈、廖晖率领全家十来口和我们站在一起（舅舅去世的时候，我们也和他们站在一起），每次有人故去，廖氏家族就成为一个整体。

许多国家领导人出席，使妈妈的遗体告别仪式规格大大提高。新华社消息说：“李鹏、邓颖超、杨尚昆、宋平、胡耀邦、阎明复、彭冲、杨静仁、康克清、钱昌照、周培源、马文瑞、雷洁琼、汪锋等同志参加了向廖梦醒的遗体告别的仪式并献了

1988年1月18日，家人在北京医院与廖梦醒告别

花圈。献花圈的还有：徐向前、蔡畅、王震、习仲勋、刘澜涛、程子华、庄希泉、胡子昂、吕正操、王光英、赵朴初、屈武等同志。”这么多党和国家领导人来向妈妈告别或献花圈，说明党对妈妈一生的肯定。

邓颖超很少参加遗体告别，外婆和舅舅的告别仪式她都没有去。这次是我要求她来的。她来了，但是只默哀，没有向遗体鞠躬。人们都以为妈妈丧礼规格的提高是因为邓颖超说了话，其实她并没有说话。胡耀邦由于人所共知的原因当时公开场合一般不出席。我托一位认识他的人请他出席妈妈的遗体告别，因为妈妈生前胡耀邦屡次表现出对她的关心，我一直很感激。他托人告诉我，他要请示中央才能决定是否出席。结果他来了。温家宝那天穿了一件天蓝色的短腈纶外套，走在这么多老人中，显得特别年轻，以致那个在每位领导人进来时都大声通报的人漏报了他的名字。

告别仪式之后，全家护灵到八宝山火葬场。但是我无法忍受妈妈被火化，陈平、晓燕让我先回家，他们代我送妈妈这最后一程。骨灰一半放在八宝山，一半我带回了家，放在自己的卧室，这样，妈妈就永远和我们在一起了。惟一的遗憾，是妈妈没有活到现在。现在，如果她看见第三代都成为正直、善良、自食其力的人，第四代也大学毕业工作了，她该多高兴啊！如果她发现出租车满城跑，想什么时候洗头就可以什么时候去洗；她喜欢吃的食品商店里都有，想吃什么可以买什么；甚至想去香港、日本旅游也随时可以去，她该多高兴啊！现在，什么什么都有，只是她没有了！

后 记

妈妈去世之后，她的老朋友纷纷劝我为她出一本书。一位长期在北京医院住院的长辈甚至半开玩笑地对我说："你有时间写这写那，怎么就没时间写写你妈妈？你不写，下次就不要来看我了！"十五年来，为妈妈出一本书始终是我心头一件事。

最初，我只是想把她的五篇较长的文章《我的母亲何香凝》《父亲廖仲恺之死》《一个普通的共产党员李少石》《恩情》《我所认识的宋庆龄同志》编成册出版。可是，在这些文章中，妈妈只写别人，很少谈自己，而我希望有一本以她为主体的书，于是产生了用上述文章为基础，由我为她写生平的打算。然而妈妈由于过去工作的隐蔽性，很少对我谈及她的事。爸爸更甚，他做过什么事，绝大部分连妈妈也不知道。因此十五年来我根据点滴回忆，想到什么就写什么，所记录下来的素材，大都是生活方面的。我想，就作为我在尚未"太晚了"的时候给后代留下一份先人的足迹吧。他们那一代人，确确实实是无私奉献的一代。

妈妈是个真诚的人，我希望写她的书也是真实的。可是过于真实往往会产生问题，这使我在一段时间内踯躅不前。直到去年，已进入21世纪，史实披露的环境比过去宽松很多，我也有时间着手整理妈妈的旧信和手稿了。我惊奇地发现，妈妈保存着许多有历史价值的信件，如外公廖仲恺1922年写给她的信，距离现在已有八十年之久！我觉得这些史料不应该永远躺在箱子里，那样太埋没它们，于是考虑，2004年2月4日是妈妈一百周年诞辰，何不出一本书作为对她的纪念呢？

为了配合文字材料，我翻箱倒柜查看有什么老照片可以用。不找不知道，一找才发现原来我家老照片如此之多。起先只准备用一百多幅照片，结果竟用了三百多幅。更令我始料不及的是，"文革"之后退回的妈妈写的"交代材料"，在本书的写作过程中竟起了不小作用，因为妈妈"交代"的她新中国成立前的具体工作，都是我没有听说过的。

妈妈的一生，时间跨度很大。她年轻时，我年龄尚小，待我长大参加工作后，和她在一起的时间又不多，因此对一些人和事可能记述不清楚，难免有错漏。好在写的大多是妈妈的老朋友，我想他们是会见谅的。

李湄

2003年11月2日

补　记

本书原名《梦醒——母亲廖梦醒百年祭》，是 2004 年为我母亲诞生一百周年纪念而作。现在人民文学出版社出版此书的修订本，将书名改为《家国梦萦——母亲廖梦醒和她的时代》。

当年为赶在母亲冥寿之前出版，时间仓促，书中史料上有些不准确之处。幸蒙友人曾宪新等不吝赐教，现趁修订之机一一改正。曾宪新是党史专家，对史料熟悉，经他校正，本书质量上更有保证。在此特向他表示谢意。

本书初版到现在已过了十年。十年间发生了许多变化。原作引用了宋庆龄给我母亲的一封信（见初版 270 页），由于当时有关情况尚未公开，我未能看出其中的奥妙。如今对照有关史料才发现其中大有文章。为此，修订版特增加了一章《一份重要的文献》，抛砖引玉，供读者探讨。此外，其他地方也多有增改，照片重新制版编排，比较初版更为清晰美观，希望读者能够喜欢。

李湄

2014 年 2 月

1932年9月3日，廖梦醒与七个半月的女儿李湄摄于香港家中

1935 年，廖梦醒与李湄摄于上海

1947年，廖梦醒与李湄摄于香港

1964 年，廖梦醒与李湄摄于北京

1980 年，廖梦醒与李湄摄于日本

1988 年 1 月 18 日，李湄吻别母亲廖梦醒